남북한 언어의 이해

남북한 언어의 이해

조오현 · 김용경 · 박동근 지음

도서출판 **역락**

새 천년의 시작은 우리에게 많은 변화를 가져왔다. 아니 변화라고 하기에는 표현이 적절치 않은 것 같다. 모든 것이 새로운 세상으로 바뀌었다고 생각하는 것이 적당한 표현인 것 같다. 정보통신 분야의 발달에 의한 생활 패턴의 변화는 말할 것도 없고 지구촌이란 말이 이제는 낡은 언어처럼 들린다. 그만큼 세상이 변했으면서도 지구의 한 모퉁이인 한반도는 아직도 과거의 이데올로기가 상존하고 있으며 헤어진 가족의 소식마저 알 수 없는 실정이다. 그러나 이러한 겉 분위기와는 달리 이미 많은 사람들은 통일을 준비하고 통일 이후를 염려하고 있다.

1988년 서울 올림픽과 새 천년의 시작, 그에 이은 남북 정상회담은 남북한 문제를 바라보는 국민들의 생각에 많은 변화를 가져왔다. 이제는 통일이 환상이 아니라는 것과 적어도 앞으로는 남북한의 교류가 더욱 활발해 질 것이며 또 그렇게 되어야 한다는 생각을 갖게 되었다. 그러나 반세기 동안의 단절은 남북한 사이에 너무나 많은 이질감을 갖게 하였다. 그 중에도 언어 이질화 현상은 특히 심각하여 이대로 둔다면 통일 이후에 적지 않은 혼란이 예상된다. 그래서 국어학을 연구하는 많은 사람들이 남북한 언어 이질화 문제에 관심을 갖고 있으며 최근에는 이에 대한 깊이 있는 연구물들이 많이 나오고 있다. 그 내용도 다양하고 깊이가 있어서 국어학을 공부하는 입장에서 많은 도움을 받을 수 있었다. 그러나 지금까지의 연구물들은 대부분 전문가들을 대상으로 한 것이어서 대학에서 교양 과목의 교재로는 적합하지 않고 특히 국어학을 배우지 않은 사람들이 읽기에는 부담스러웠다.

이 책은 대학에서 교양 과목의 교재로 활용하기 위해 계획한 책이다. 책의 짜임새로, I장에서는 남북한의 언어 사상과 정책에 관련된 내용을 소개했고, II장에서는 남북한의 어문 규정을, III장에서는 남북한의 어휘를 그리고 IV장에서는 남북한의 언어 사용법을 소개했다.

이 책은 3명이 함께 썼는데 I장과 IV장의 1절은 조오현 교수가, II장과 IV장의 2절은 박동근 교수가, III장과 IV장의 3절은 김용경 교수가 썼다. 쓸 때의 심정은 통일을 위해 무엇인가 기여해야 한다는 심정이었으나 막상 출판을 하려하니 부족한 점이 많은 것 같아 망설여지기도 했다는 것이 솔직한 심정이다. 그러나 채찍도 공부를 위한 과정이라는 생각으로 용기를 내어 이 간행사를 쓰게 되었다.

2002년 3월
글쓴이 일동

차 례

차 례

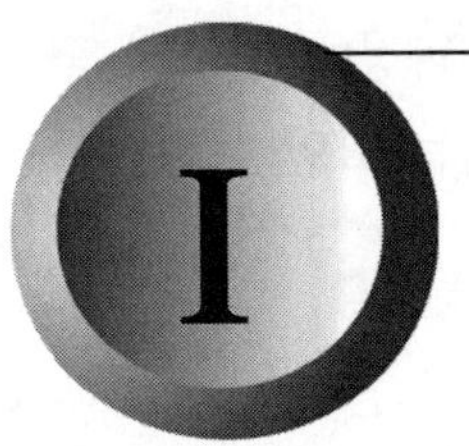

남북한의 언어 정책

1. 남한의 언어 정책

　　남한과 북한의 언어 정책에는 근본에서부터 큰 차이를 가지고 출발한다. 첫째, 남한에서는 학문의 자유라는 틀 안에 학술 단체나 학자들의 견해에 따라 다양한 정책이 제시되고 있으며 정책적 방향이 조금씩 바뀌고 있는데 반해 북한의 경우 김일성의 교시와 그를 이은 김정일의 언어 이론에 따라 일관되게 추진된다. 둘째, 남한의 경우 순수 민간 단체에 의해 주도되었는데 북한의 경우 관 주도로 이루어지고 있다. 셋째, 남한의 경우 언어를 표현과 이해의 수단으로 보고 있는데 비해 북한의 경우 혁명의 도구로 본다. 넷째 남한에서는 언중의 현실 언어를 중시하기 때문에 새로운 말을 받아들이고 만드는 데에 있어서 국가가 관여하지 않으나 북한의 경우 받아들이는 것이든 만드는 것이든 새말에 대해서는 국가가 일일이 통제하는 통제주의 언어 정책을 쓰고 있다. 다섯째, 남한의 경우 규범주의 언어관과 현실주의 언어관이 학자에 따라 다르나 북한의 경우 규범주의 언어 정책을 쓰고 있다. 여섯째, 남한의 경우 말을 다듬는 일이 엘리트 학자들에 의해 이루어지고 있는데 북한에서는 대중에 의해 토론되고 평가받는 인민대중주의를 택하고 있다.

언어를 바라보는 관점의 차이는 정책 결정 과정에 미치게 되었고 궁극적으로는 남과 북의 언어이질화를 심화시키는 요인이 되었다.

1.1. 남한 언어 정책의 특징

앞에서 논한 바를 잘 검토하면 남한의 경우 언어에 대한 일관된 정책이 없어 보인다. 이 일관된 정책이 없는 점이 남한의 언어 정책의 특징이다. 즉 학술 단체나 학자의 견해에 따라 다양하게 제시되고 주장되는 정책을 정부에서 받아들여 교육하거나 어문규범을 정하고 있을 뿐 국가에서 정한 일관된 정책이 없다. 따라서 남한의 국어 정책은 각 단체가 주장하는 관점을 소개하는 것으로 족하다고 생각한다.

남한의 국어 정책의 관점 중에서 가장 첨예하게 맞서는 것은 한글만으로 쓰자는 소위 한글 전용론과 한글과 한문을 함께 쓰자는 국한문 혼용론이다. 이 두 주장은 정부 수립 이후 지금까지 지속되고 있으며 당분간은 지속될 것으로 보인다. 그러나 머지 않아 이 쟁점은 사라지게 될 것으로 추정된다. 그것은 그동안 국한문 혼용을 주장하던 한문 세대들이 차츰 사라지고 있기 때문이며, 컴퓨터의 보급으로 펜에 의한 필기에서 컴퓨터 자판에 의한 필기로 바뀌게 됨으로써 컴퓨터 사용에서 불리한 위치에 있는 국한문 혼용론은 점점 명분을 잃게 될 것으로 추정된다.

문자 정책

한글만 쓰기와 한자 함께 쓰기의 주장의 대립

한글만 쓰기를 주장하는 단체와 한자 함께 쓰기를 주장하는 단체는 역사적 뿌리를 달리하고 있다. 한글만 쓰기를 주장하는 단체의 뿌리는 조선어학회에서 활동한 최현배, 정인승, 허웅 등으로 이들은 연희전문학교 출신들이 주축을 이루고 있으며 주시경의 학풍을 잇고 있다. 이와 같은 생각을 가지고 활동하는 단체는 한글학회 이외에 한말연구학회, 세종대왕기념사업회, 외솔회, 한글단체모두모임 등이다. 한자 함께 쓰기를 주장하는 단체는 한국어문회, 한국국어교육연구회 등으로 경성제대에서 일본인 小倉進平, 下野六郎으로부터 국어학을 배운 이희승, 이숭녕을 축으로 활동하고 있다.

한글만 쓰기를 주장하는 쪽은, 글자는 소리를 기호화한 것이므로 소리의 기호인 한글로만 써야 한다는 점과 기계화, 교육, 과학 발전의 용이성, 우리말의 정체성 등을 들어 한글만 써야 한다고 주장하고 있으며, 한자 함께 쓰기를 주장하는 쪽은 한자어는 눈으로 뜻이 들어온다는 점과 한자의 조어력이 더 우수하다는 점, 그리고 동음이의어를 식별하기 위해서 필요하다는 점을 들어 한자 함께 쓰기를 주장하고 있다.

한자에 관한 정책은 한글만 쓰기와 한자 함께 쓰기가 수시로 바뀌었지만 근본적인 방향은 점점 한자 함께 쓰기를 늘리는 방향으로 확대되고 있다. 최근에는 도로 표기에 한자를 병기하는 문제와 호적이나 공문서에 한자를 병기하는 문제 등이 쟁점이 되기도 하였으나 한자 병기 쪽으로 정책적 결정이 나서 주민등록증 갱신을 늦추는 사태까지 벌어진 적이 있다. 정부의 이러한 정책에도 불구하고 일반인들은 한자 사용을 잘 안 하는 경향으로 급속히 변화하고 있다.[1]

표기법의 변천

1933. 10. 29.	한글맞춤법 통일안 공포
1937. 3. 1.	한글맞춤법 통일안 고친판 펴냄
1940. 6. 15.	한글맞춤법 통일안 개정판 펴냄
1946. 9. 8.	한글맞춤법 통일안 일부 개정판 펴냄
1948. 10. 9.	한글맞춤법 통일안 개정판 펴냄
1958. 2. 20.	한글맞춤법 통일안 개정판 펴냄
1980. 8. 28.	새로운 한글맞춤법 펴냄

---

1) '최용기(2001), 남북한 국어 정책 변화사 연구'에서는 해방 이후 남한의 문자 정책 역사를 다음과 같이 다섯 단계로 나누고 있다.
　제1기(1945~1957) : 학교 교육과 한글 전용
　제2기(1958~1960) : 한글 전용 실천 요강의 공포
　제3기(1970~1983) : 한글 전용의 시행과 한문 교육의 강화
　제4기(1984~1989) : 국어연구소의 실립과 이문 규정이 개정
　제5기(1990~현재) : 국립국어연구원의 설립과 21세기 국어 정책

1989. 3. 1.   한글맞춤법 공포

1933년 조선어학회에서 제정한 한글맞춤법 통일안은 광복 이후에
도 법률로 확정하지 못하고 여러 차례 개정을 거쳐서 1988년 1월 19
일 당시 문교부가 고시99-1로 제정 고시하여 법률로 확정되었고 이듬
해인 1989년 3월 1일부터 시행에 들어감으로써 표기법이 민간단체에
서 정부로 이관되는 변화를 가져왔다.

1.2. 국어 정책 추진 기관

국가 기관

우리나라 국어 정책은 1989년까지 문교부에서 추진하다가 1990
년 1월 문화부가 출범하면서 문화부로 이관되었다.

문화관광부는 1948년 11월 4일 대통령령 제15호에 의해 신설된
공보처를 뿌리로 하여 여러 번에 걸쳐 직제를 개편하여오다가 1968년
7월 24일 대통령령 제3519호에 의해 문화공보부로 명칭 변경되었고,
그 뒤에 몇 번에 걸쳐 직제가 개편되다가 1990년 1월 3일 대통령령
제12895호에 의해 문화부가 신설되면서 기존에 문교부에서 관장하던
국어심의회는 문화부 어문과로 이관되었다. 문화부는 1993년 3월 6일
문화체육부(대통령령 제13869호)로, 이어서 1998년 2월 28일 문화
관광부(법률 제5529호)로 개편되어 현재에 이르고 있으며 국어 정책
에 관한 일은 문화정책국 국어정책과에서 담당하고 있다.

① 국어정책과
"국어정책과의 주요 업무는 우리말과 글자에 관한 종합 계획 수립
및 추진, 우리 말과 글자에 대한 체계적인 정리와 보급, 우리말과 글자
에 대한 해외 보급에 관한 사항, 우리말과 글자에 대한 정보화 및 어문
자료 교류에 관한 사항, 어문 연구 단체의 육성과 지원, 국립국어연구
원의 지도 및 감독, 한글날 기념식 거행, 세종 문화상 및 한글 발전 유

공자 포상, 문화 정책 관련 자료의 수집 정리와 정책 자료실 운영 등 국어정책 전반에 관한 내용을 관장"[2]하여 실질적인 국어 정책의 추진 기관으로 자리매김하고 있다.

② 국어심의회

1969년 12월 4일 대통령령 제4389에 의해 문교부에 설치된 장관의 자문기구이다. 주된 업무는 국어에 관한 주요 정책을 심의한다. 1990년 1월 3일 문화부의 신설과 동시에 문교부에서 문화부 어문과로 이관되었으며 이후 직제와 명칭의 변경으로 인해 현재는 문화관광부의 국어정책과에 소속되어 있다. 한글분과위원회, 한자분과위원회, 국어순화분과위원회, 표기법분과위원회, 국어정보화분과위원회로 구성되어 있으며 각 위원회의 정원은 10명 내외로 총 정원은 60명이다.

③ 국립국어연구원

1984년 문교부 산하 학술원의 부설연구소로 출발하였던 민간 연구 기관인 국어연구소를 확대 개편하면서 정부의 직속 기관으로 확대 개편한 기구이다. 1991년 1월 23일 국립국어연구원이 설립되면서 민간 기구에 의존하던 남한의 국어 정책이 어느 정도 정부의 주도로 이루어진다는 의미를 지닌다. 남한의 어문 정책 전반에 관련된 연구를 주관하고 있으며 어문규범연구부, 어문실태연구부, 어문자료연구부 등 세 개의 연구부로 구성되어 있다. 국어연구소에서 간행하던 『국어생활』은 국립국어연구소의 개설과 함께 『새국어생활』, 『새국어소식지』 등을 정기 간행하고 있으며 『기본 외래어 조사 자료집』, 『신어의 조사 연구』, 『기본 외래어 용례집』, 『서울 토박이말 자료집』 등과 같은 어휘 조사에서 『한자 사용 실태 조사』, 『한자의 자형 조사』, 『한자 약체 조사 연구』, 『한자, 외래어 사용 실태 조사』 등 외래어나 한자에 관한 실태 조사 및 『북한의 언어 정책』, 『북한의 국어 사전 분석』, 『남북한 외래어의 비교 연구』, 『남북한 한자 어떻게 다른가』와 같은 북한의 자료, 그리고 『국어 순화 자료집』 등 전 분야에 걸쳐 자료를 발굴 소개하고 있다. 또

---

2) 최용기(2001), 남북한 국어 정책 변천사 연구, 13쪽 인용.

한 10월의 문화인물을 연구하여, 주시경, 이윤재, 최현배, 이희승, 정인승 등 근-현대의 국어학자에서부터 최세진과 같은 중세의 학자에 이르기까지 자료를 찾아서 소개하고 있다. 또한 최근에는 국어 정보화 사업으로 '21세기 세종계획'을 추진하고 있다.3)

민간 연구 기관

남북한의 국어 정책 연구에서 빼놓을 수 없는 것은 민간 연구단체들이다. 남북이 분단되기 이전에는 모두 이 민간 연구 단체들에서 국어 정책을 결정하고 한글 보급 운동을 하였기 때문에 남한이든 북한이든 모두 이 민간 연구 단체의 직접적인 영향을 받았다. 특히 남한에서는 국립국어연구원이 발족할 때까지만 해도 모든 정책 과정에 한글학회, 국어학회와 같은 민간 연구 단체들이 중요한 역할을 해 왔다. 그 가운데 한글학회는 어문규범에서 한글교육, 국어교과서 편찬 등 한글 보급과 연구 및 정책 결정에 깊이 관련되어 있다.

① 한글학회

세종대왕은 대궐 안에 정음청(언문청)을 두어 우리나라 어문정책을 시행했는데 연산군대에 이르러 훈민정음 사용은 금지되고 정음청은 폐지되었다. 1894년 갑오경장으로 한글은 숨통을 트게 된다. 새 교육령으로 모든 공문과 교과서 용어는 한글로 쓰게 되었고 독립신문, 협성신보 등이 한글로 발간되었다.

이에 주시경은 '국문동식회'를 조직하여 한글을 연구하였으며, 정부 안에 '국문 연구소'를 설치하게 되었다. 국문 연구소의 중심 인물이던 주시경은 『국어 문전 음학』, 『국어 문법』, 『말소리』 등을 출판하면서 국어운동에 앞장섰다. 주시경은 여기서 그치지 않고 1907년 '하기 국어 강습소'를 설치하고 한글 보급 운동을 하다가 1909년에는 '한글모(조선어 강습원)'를 차리어, 1914년 이승을 떠날 때까지 한글 보급 운동을 계속하였다. 이 기간동안 주시경으로부터 교육을 받은 사람이 장

---

3) 이상 『국립국어연구원 10년사』에서 일부만 발췌하였음.

지영, 권덕규, 김두봉, 신명균, 최현배, 김윤경, 이병기 등이다. 주시경에 의하여 설치된 '하기 국어 강습소'는 한글학회의 모태가 된다.

3.1운동 이후 1921년 12월 3일 휘문학교 교장인 임경재를 비롯하여 최두선, 이규방, 권덕규, 이승규, 장지영, 신명균은 휘문 의숙에 모이어 '조선어 연구회'를 조직하였는데 이것이 한글학회의 탄생이요 우리나라 민간 학술단체의 효시이다. 이렇게 하여 탄생된 한글학회(조선어학회)는 국어의 보급과 연구, 정책 결정에 이르기까지 모든 분야에서 독점적 지위를 누리게 된다. 한글날(처음에는 가갸날)을 정하고 1946년에는 한글날을 공휴일로 정하는 등 정책 결정에서 실질적이고 주도적으로 활동한다.

1927년 2월 10일 동인지로 창간한 『한글』은 월간으로 간행되다 1928년 10월 9호를 끝으로 재정난 때문에 중단되었다가 1932년 5월 1일 기관지로 창간되어 현재까지 간행되고 있다. 1929년 10월 31일 각계 인사 108명의 발기에 의해 '조선어 사전 편찬회'를 조직하고 사전 편찬의 바탕이 되는 '한글 맞춤법 통일', '표준말 사정', '외래어 표기법'을 제정하기로 결의하였다. 이어 1930년 12월 13일에는 총회의 결의에 따라 한글 맞춤법 제정위원 12명을 선발하였고, 3년간의 노력으로 1933년 한글날에 『한글맞춤법통일안』을 발표하였다. 이 때에 제정된 『한글맞춤법통일안』은 우리나라 최초의 어문 규정이며 1989년 『한글맞춤법』이 공포될 때까지 우리나라의 어문 규정의 역할을 한다. 학회는 이어 표준말 사정에 들어가서 1936년 한글날에 발표하였다. 1931년에는 '외래어 표기법 및 부수 문제 협의회'를 조직하고 외래어 표기법, 일본말 표기법, 우리말 로마자 표기법, 우리말 음성기호 표기법을 제정하여 1940년에 발표함으로써 어문 규정의 체계를 모두 갖추었다.

'조선어 사전 편찬회'가 설립된 이후 1936년 3월 3일에는 이우식을 비롯한 14인이 모여 '조선어 사전 편찬 후원회'를 조직하여 사전 편찬에 필요한 돈을 모금하였다. '조선어 사전 편찬회'는 본격적인 사전 편찬 작업에 착수하여 1942년에 조판에 착수하였으나 1942년 3월에 발생한 조선어학회 사건으로 중단되었고 다시 6.25 동란으로 2차 중단되었다가 1957년 10월 9일에 6권으로 완성하였다.

1945년 조국이 독립되자 한글학회는 명실공히 우리나라 국어 보급의 중추 기관이 되었다. 각급 학교, 관청, 은행, 회사, 공장, 사회단체들의 요청에 의해 한글강습회를 열었고, 1945년 9월 11일부터 1946년 1월 18일까지 사범부를 두어 1,836명의 교원을 양성하는가 하면 국어 교육을 위하여 국어 교본을 편찬하였는데 이 때에 한글학회가 편찬한 교본은『중등 국어 교본』,『한글 첫걸음』,『한글 교육 지침』,『초등 국어 교본』,『중등 국어 교본』 등이다.

1948년 9월 29일 국회의원 권태희 외 138명에 의해 발의된 "대한민국의 공용 문서는 한글로 쓴다. 다만, 얼마 동안 필요한 때에는 한자를 병용할 수 있다."로 된 한글 전용법이 법률 제6호로 공포되었다.

한글학회는 이후에도『중사전』,『새 한글 사전』 등을 편찬하였고,『큰 사전』을 다시 간행하였으며『금강경 삼가해』,『석보상절』 등의 고서를 영인 발굴하여 보급하고 있으며 국립국어연구원의 설치 이전까지 실질적으로 국가의 국어정책과 국어교육에 중추적 역할을 하였고 지금도 한글 전용 운동을 계속하고 있다.4)

② 세종대왕 기념사업회

1956년 10월 9일 학·예술계와 교육계의 중진 다수 및 28개 문화단체 대표들의 발의로 발기하고 1957년 5월 14일 문교부장관으로부터 사단법인 설립 허가를 받아 설립되었다. 세종대왕의 업적을 찬양하고 유훈을 기리는 사업을 한다.『겨레문화』,『세종학연구』 등의 기관지를 펴내고 있으며 국역사업에 중점을 두고 있다. 세종대왕 전기를 비롯하여 세종실록, 경종실록, 헌종실록, 철종실록, 숙종실록 등 왕조실록을 국역하였으며『국조인물고』,『심양장계』 등 많은 고전들을 국역하였다.

---

4)『한글학회 50년사』에서 발췌하여 정리함.

2. 사회주의 언어 정책

2.1. 러시아 혁명과 언어관

'전체적으로 볼 때 소련 언어학의 주된 흐름은 이미 19세기 말부터 형성되기 시작한 러시아 언어학의 구조주의적 전통을 유물변증법적 인식론의 체계 속에서 새롭게 발전시키려는 노력으로 간주될 수 있다. 물론 교조적인 태도로 언어학에 있어서 이념만을 성급히 강조한 마르 및 그의 추종자들의 비과학적인 태도 역시 위와 같은 맥락 속에서만 이해되고 평가될 수 있다.'5)

러시아 혁명이 이루어진 뒤 수년동안은 모스코 학파의 전통이 계속되었다. 모스코 학파란 모스크의 비교문법 교수 필립 · 페드로비츠 · 포르뚜나또프(Filip Fedorovič Fortunatov : 1848~1914)의 언어관에서 비롯되었다는 점에서 포르뚜나또프6) 학파라 불리기도 하는데, 뻬슈꼬프스키(Peškovskij), 샤호마또프(Šaxmatov), 벨리츠(Belić) 등이 주축이 되어 슬라브어를 연구하였다.

러시아에서 이데올로기의 언어관이 자리잡은 것은 마르주의에서 비롯된다. '언어가 사회적, 경제적 요인에 의해서 조건지어진다'는 주장은 마르크스 주의와 밀접하게 일치하는 것이었기 때문에, 소련에서는 다년간 마르의 설에 대해서는 비평마저도 할 수 없었다. 그러나 소련 이외에서는 자료에 입각한 진지한 비판의 결과, 마르주의를 비과학적인 것이라고 거부했으며, 그 중에서도 피착취자의 언어가 착취자의 언어를 정복한다는 마르의 공리가 사실에 맞지 않는다는 것7)은 비판의 논거가 되기도 했다.

유형 무형의 수천의 실마리가 언어를, 사람들과 그리고 사람들의 관계를 연결시키고 있다. 바로 이러한 까닭에 마르는 항상 언어학자들

---

5) 이기웅, 1960년대 이후 소련 언어학의 흐름, 『언어학 연구사』 참조.
6) 포르뚜나또프의 이미 공시태와 통시태의 구별 필요성을 이해하고 있었다.
7) 『언어학사』, 김방한 역. 108쪽 정리.

에게 물질문화사와 사회적 관계의 역사에 정통할 것을 호소하였다. 즉, "신언어이론에는 그 기원이 생활과 일체로 되어 있는 상층구조가 있다." "언어 행위 발달에 있어서의 창조 과정에 내적 원인에 모든 주의를 집중할 때, 우리는 이 과정이 언어 그 자체 속에서만 진행되는 것이라 인정할 수는 절대로 없다. 언어는, 미술이나 예술 일반과 마찬가지로 상층 구조적 사회적 가치다. 우리들은 사물의 힘에 의하여, 언어 사실의 증거에 의하여, 언어 행위의 창조 과정과 창조의 요인을 물질 문화사 속에 그리고 그 위에 형성된 사회성 속에 또한 이 기초 위에 구축된 세계관 속에 탐구하지 않을 수 없다."8) 이 언어에 상층구조가 있다는 주장은 마르의 언어학이 비과학적이라는 비난을 받는 주요한 원인이 된다. 사회주의의 언어학-맑스, 레닌, 스탈린의 언어학-의 근간을 이루는 것 가운데 중요한 한 이론은 언어를 고급의 언어와 하급의 언어로 나누려는 서구의 언어관을 비판하면서 언어 발달 과정의 단일성을 제기한 점이다. 여러 민족으로 구성되는 쏘비에트 연방과 세계 공산화 전략을 위해서 소수의 언어, 심지어는 방언이나 죽은 언어에도 가치를 인정하려는 맑스 이론에 마르의 상층구조설은 정면으로 위배되는 것이었다.

　맑스의 유물론적 사고에 의하면, "개체적인 것은 그것이 발전적인 것에로 인도된다. 전체는 다만 개체 가운데서 개체를 걸쳐서 존재한다. 모든 개체는 이렇든 저렇든 전체이다. 모든 전체는 부분이거나 지엽이거나 다 개체이다."9) 미래의 단일어를 단련하는 사업에서 하나의 민족어라도, 하나의 종족어라도, 그들이 아무리 지금 씨족이 없고 종족이 없어 보인다 치더라도, 그들에게는 심지어 고립어라든가, 단독어 가운데서 세계적 규모에서 전체 인류 창작의 전 시기의 귀중한 유물이 고대로 있기 때문에, 그들은 간과할 수 없는 것이다. "민족 문화가 자기의 모든 잠재력을 발휘하면서 확대하고 발전되도록 만들어 줘야 될 것이다. 왜냐하면 그들 잠재력을 한 개의 공통 언어를 가진 한 개의 공통적인 문화에로 합동되게 조건을 창조하기 위하여서다. … 바로 여기에 레닌의 민족 문화 문제 제기에 대한 변증법성이 있는 것이다."10) 세계

---

8) 마르선집 2권 107~108쪽. 『조선어연구』 1권 6호에서 인용.
9) 레닌 선집 2권 325쪽. 『조선어연구』 1권 8호에서 인용.
10) 스탈린, 전연맹 공산당 제 14차 당대회 보고에서의 속기. 『조선어연구』 1권 8호 41~42쪽.

문화의 합류 — 세계의 공산화 — 를 위해서 다민족어를 인정하고 있는 레닌과 스탈린의 사회주의 언어 정책에 마르의 상층구조설은 비판의 대상이 되었다.

마르주의에 대한 비판이 공개적으로 이루어질 수 있었던 것은, 스탈린이 소련 언어학에 대해 불만을 나타내면서이다.

2.2. 레닌의 언어관

신언어이론은 맑스-레닌의 방법론에 의하여 말에 의하여 창조되고 마르의 제자 메쉬챠니노프에 의해 계승된 것임은 이미 밝혀진 사실이다. 여기에서는 소련의 사회주의 언어학에 결정적인 영향을 끼친 레닌의 주요한 언어관에 대해 알아보기로 한다.

노동에 의한 창조설

언어는 집단적 노동의 과정에서 사유의 기관이 발달하여 창조된 것이라는 언어관을 가지고 있다. 또한 언어는 새로운 사회적 생활 형식의 현실적 출현과 함께, 새로운 사회생활의 사유에 적합하도록 개조하여 간다는 것이다.

인간 개조 도구로서의 언어

언어는 인간 교제의 가장 중요한 수단이라는 도구관을 가지고 있다. 레닌에 의하면 언어는 인간과 사회를 개조시키는 도구가 되는 것이다. 따라서 레닌은 인간의 사유와 언어를 동일시한다. 이 견해에 비추어보면 낙후한 언어는 쇠약한 정신으로서 생긴다면 한편에 있어서 발전된 언어는 위대한 정신으로서 제약된 것이다. 그렇기 때문에 언어를 개인의 감정과 정서를 표현하는 것이라는 서구의 이론에 대해 강하게 부정하고 투쟁한다. 결국 레닌에 있어서의 언어란 공산화를 위한 하나의 도구인 것이다.

명확성, 단순성, 평이성의 강조

언어는 인류 교제의 가장 훌륭한 수단이며 혁명적 사상의 선도자로서의 관계에 의하여 제약된다는 것이 레닌의 언어관임을 앞에서 밝힌 바 있다. 이러한 언어적 역할을 다하기 위하여 사상은 최대한도로 명확하게, 단순하게, 평이하게 기술해야 한다는 것이 레닌의 요구이다. 그는 언어를 군중과의 연락, 군중을 교착시키는 수단으로 생각한다. 그래서 그는 평이하지 못한 언어, 모호성이 있는 언어를 보면 분개했다고 한다. "설마 당신들이 노어로서 자기의 사상을 모든 사람들이 리해할 수 있게 진술하지 못하겠습니까? 노어는 퍽도 풍부합니다. 만약 당신들이 이것을 못하면 당신네들이 쓰는 그 언어가 잘못인 것이 아니라, 당신 자체가 당신입니다."11) 레닌은 기형적인 생략에 대해서도 비판적이었으며 문체론적 오류에 대해서도 많은 지적을 한 것으로 되었다.

외래어 문제

"우리들은 로어를 전락시키고 있다. 외래어를 필요 없이 사용한다. 그것을 옳지 못하게 사용한다. … 만약 아무 필요도 없이 외래어를 사용하는 사실이 나를 격분시킨다고 한다면,(이것은 군중에게 대한 우리들의 영향을 곤란케 하는 것이기 때문에) 그것은 곧 신문들에 모이는 몇몇 개의 오류들이 아직 나의 기분을 손상시킬 수 있다고 나는 고백한다."12) 레닌이 외래어에 대해 가지고 있는 생각을 잘 반영한 말이다. 그는 외래어를 러시아어를 왜곡시키는 것으로 보고 다음과 같이 말한다. "로어를 왜곡하는 그들과 전쟁할 때가 아닌가?"13)

---

11) 로잔스끼(1949), 학교에서의 로어, 『조선어연구』 1권 8호. 51쪽.
12) 레닌 선집 24권 662쪽.『조선어연구』 1권 제8호, 55쪽.
13) 레닌선집 24권 662쪽.

2.3. 스탈린의 언어관

스탈린의 언어관은 변증법적 유물론과 사회적 유물론에 관한 맑스-레닌주의에 철저한 기반을 두고 있다. 비교-역사 언어학파의 이론을 거부하면서 언어가 가지는 사회적 제약성과 사유와의 변증법적 통일성을 해명하려 하였다. 언어는 인간의 집단적 노동 과정에서 창조된 것이라는 맑스-레닌의 학설을 계승하고 언어를 도구화하여 사회주의 혁명을 위한 무기로 생각하였다. "쓰딸린 동지의 교시는 1세기간의 맑스주의 발달의 종결이며, 유물론적 언어학의 전체 체계의 확립을 위하여 거대한 원칙을 가진다"[14]는 체다노프의 평가는 소련에서 스탈린의 언어관이 정책적으로 절대적인 역할을 했음을 말한다. 따라서 레닌 이후의 소련의 언어학은 스탈린의 언어관에 의해 결정되었다고 판단하기에 충분하다.

물질과 정신의 관계

언어의 본질 — 기원과 발달의 합법칙성 — 은 사회적 존재와 사회적 의식의 상호 관계에 관한 맑스-레닌주의의 이론에 입각해서만 해결할 수 있다고 생각한다. 스탈린은, 물질과 정신의 관계에 대해 사회의 물질적 생활과 그의 존재가 1차적이며 사회의 정신적 생활과 의식은 2차적이며 부차적이라는 생각을 갖는다. 그러면서도 이 두 가지는 서로 분리할 수 없게 연결되어 있으며 함께 발전한다는 것이다. 인간의 의식에 대해서는 네 것과 내 것을 구별하지 않던 원시공산주의 시대에는 의식이 공산주의적이었으나 소유의 사적, 개인적 특성을 지닌 시기에 인간의 의식도 사적 소유의 감정으로 침투하였고, 앞으로는 인간의 의식은 사회주의로 침투될 것이라는 것이다. 이것은 언어와 사회와의 관계를 규정하는 기본이 된다. 의식과 존재, 관념과 물질은 서로 분리될 수 없으며 그들은 서로 다른 두 개의 형태에 지나지 않는다는 것이다. "발

---

14) 체다노프(1949), 이·브·쓰딸린과 쏘베트 언어학, 『로싸야어 교육』 제6호. 황부엽 역.

달 과정에서 내용이 형식에 선명하며, 형식은 내용에 뒤떨어진다"[15]는 스탈린의 말은 생활의 물질적 조건에 의하여 형성되는 의식과 사유가 내용으로서 앞서며 의식과 사유의 외적 표현인 언어는 형식으로서 부차적인 것이라는 논리에 닿는다. 따라서 언어 생활은 사회생활의 부차적인 산물이며 그의 반영에 불과하기 때문에 언어는 사회와 관련해서 연구해야 한다는 것이다.

언어와 사회의 관계

스탈린은 변증법적 방법의 기본적 특성으로 자연과 사회에 있어서의 제 현상의 관계는 서로간의 의존성과 제약성, 그리고 주위의 환경과의 유기적 통일성에 있다고 본다. 따라서 사회적 제약 관계에 있는 언어학은 언어 사실의 연구에 있어서 사회 현상과 분리될 수 없고 특수한 사회적 현상이 언어의 특수성에 적용되는 구체적인 현상과 관련해서만 연구하여야 한다는 것이다. 이는 변증법적 유물론의 방법만이 언어 연구의 유일한 방법임을 나타낸 것으로 언어 연구는 언어를 발생시키고 언어의 발달을 규정하는 사유와 사회로부터 분리하지 말고 사회적 이데올로기와 사회적 생산과의 관련 속에서 연구하여야 한다는 것이다. 여기에서 언어의 자연 진화설이 부정되고 단계적 발달에 관한 설이 나온다. 언어는 전체로서의 사회와 마찬가지로 세계관과 생산 양식의 교체에 의해서 어떤 단계로부터 다른 단계로 이행한다는 것이다.

언어 발전의 단일성

언어학에 관한 스탈린의 또 다른 생각은 언어 발전의 단일성에 관한 이론이다. 세계의 모든 어군은 조어로부터 음운의 변화를 겪어서 나타난 개별적, 고립적 창조물이 아니고, 세계의 모든 언어는 발달 과정의 단일성을 가지고 있다는 것이다.

---

15) 스탈린전집 1권 316~317쪽. 『조선어연구』 제2권 3호.

그의 개별적인 사회-경제적 구조의 구별적인 다양성을 지키는 사회 발달의 력사적 현실이, 한 형식의 생산 관계로부터 다른 형식의 생산 관계로 이행하면서 결국에는 단일한 운동 과정을 형성하는 것과 같이, 그의 발달에 있어서 가장 다양하게 표현되는 인간 언어도 물질 문화, 경제, 사회 관계 그리고 이데올로기에 있어서의 변화와 련결해서 변화되면서 일정한 단계를 통과한다.16)

이 언어 발달 단계의 단일성과 단계성에 관한 스탈린의 생각은 언어를 고급과 하급으로 나누었던 마르에게 치명적인 상처를 입히는 계기가 된다.

민족과 민족어

스탈린의 언어관의 특징 중의 하나는 민족과 민족어에 대한 개념에 있다. 그는 민족어를 인종이나 씨족의 관계에서 설정한 서구의 이론에 대립해서 어족은 상호 교류에 의해서 이루어진다고 주장한다.

> 민족이란 네 가지의 기본적 표식의 공통성 우에서, 다시 말하면 언어, 령토, 경제적 생활, 문화의 공통성 가운데 나타나는 심리적 상태의 공통성의 기초 우에서 발생한 력사적으로 형성된 공고한 사람들의 공통성이다17)

이는 민족어란 오직 일정한 사회적 조건 하에서만 형성되며, 인간들의 교제 형식으로 이루어진다는 것으로 맑스-레닌의 언어간의 교류와 접촉에 의한다는 이론의 계승이다. 그는 "쏘베트 사회주의 민족의 제언어는 다채로운 쏘베트 생활의 위대한 성과를 자체 안에서 채현하고 있다"18)는 생각 아래 "민족적 문화가 하나의 공통적인 언어를 가지는 하나의 공통적인 문화로 융합하기 위한 조건을 주기 위해서 전체 그의 잠재력을 동원해서 민족 문화를 발전시키며 힘껏 발달시켜야 한다."19)고 주장하였다.

---

16) 체다노프(1949), 앞에 든 책에서 인용.
17) 스탈린 전집 11권 333쪽. 위에 든 책에서 인용.
18) 『조선어연구』 제2권 제3호에서 인용.
19) 『조선어연구』 제2권 제3호에서 인용.

언어의 기능

언어에 관한 스탈린의 또 다른 생각은 언어를 인간이나 사회 개조의 도구로 본다는 것이다.

> 언어 - 이것은 발전과 투쟁의 무기이다. 여러 민족에는 여러 언어가 존재한다. 로쌰어 프로레타리아의 관심은 로씨야 인민의 프로레타리아가 보다 자유롭게 교육받을 수 있으며, 그들이 회의 석상에서 사회적, 국가적 및 기타의 기관에서 적과 더 우수하고 투쟁할 수 있는, 그러한 언어를 사용할 완전한 권리를 로씨야 인민의 프로레타리아가 소유한 것을 요구한다. 이런 언어가 모국어라고 불린다.[20]
>
> 오직 모국어에 의해서만, 민족에 의해서만 문화적 정치적 및 경제적 발달의 사업에 있어서 성공을 거둘 수 있다.[21]

스탈린이나 레닌이나 맑스에 있어서 언어는 사회주의 혁명을 위한 중요한 도구였던 것이다.

2.4. 마르주의

마르주의는 니꼴라라이 · 야꼬블레비츠 · 마르(Nikolaj Jakovlevič Marr : 1864~1934)에 의해 창시된 언어학파이다. 젊은이 문법학파의 영향을 받은 마르는, 오늘날 존재하는 언어의 유형은 모두 한 기본 언어에서 발생한 것'이라는 생각을 가짐으로써 일원기원설에 동조한다. 즉, '그의 생각에 의하면, 사람은 최초 몸짓에 의해서 의사를 소통시키고, 최초의 말은 마술의 보조로서 신비스런 의식에서만 발성되었다고 한다. 미르는 sal, ber, jon, roš라는 음의 결합이 기본적인 음성 요소로서, 뒤에 이 요소에서 세계의 모든 언어가 상호 작용의 과정에서 생겼다고 「발견」조차 했다.'[22] 마르는 이 일원기원설에서, 단계론을 이

---

20) 스탈린 전집 1권 44쪽의 내용을『조선어연구』제2권 제3호에서 인용.
21) 스탈린전집 12권 355쪽의 내용을『조선어연구』제2권 제3호에서 인용.
22) 『언어학사』, 김방한 역. 105쪽 인용.

끌어 냈는데, 그의 단계론은, '모든 언어는 단계적 변화에 의해서 발전하고 시간이 경과함에 따라서 차례로 고위의 발전 단계에 이른다'[23]는 생각인데, 이 이론에 의하면 언어 구조 사이에 판이한 유형적 차이가 있다는 것은 이미 최고의 발전 단계에 이른 언어와 그렇지 못한 언어가 있다는 사실과 직접적인 관계가 있는 것으로, 모든 언어 사이에는 명확한 계층적 서열이 있다는 것이다.

마르주의의 주요 사상

마르는 진정한 역사비교언어학을 부정하고 국제주의의 언어학을 주창하였다. 즉 진정한 언어 이론은 세계의 모든 언어의 언어학적 분석 위에서만 구축할 수 있는 것이라는 생각으로 한 개의 어족의 일면적 자료를 바탕으로 연구하려던 당시의 비교역사 언어학자들을 언어학 연구에서 타도의 대상으로 삼았다. 즉 세계 언어의 특성을 모두 고려에 넣는 이론이야만 비로소 언어에 대한 과학이라 인정받을 수 있다[24]는 언어관을 가지고 있다. 따라서 그는 언어 연구의 방법으로 산 언어나 죽은 언어나 문자 있는 언어나 문자 없는 언어나 민족어나 방언이나 강대 민족의 언어나 약소 민족의 언어나 모두 연구의 대상으로 삼아야 한다는 생각을 가졌다.

> 언어학에 대한 일반적 과학은 오늘날까지 존재하지 않았으며, 또한 존재하지 않고 있다. 세계의 모든 언어 중 참으로 전어학적으로 연구하여 모든 일반 이론적 명제의 기초로 된 것은 거의 전적으로 인도구라파 제언어뿐이다. 언어학 교수, 그 중에도 일반 언어학의 강의는, 바로 인도구라파 어학자의 손에 맡겨져 있었다. 언어에 관한 일반적 명제, 언어에 관한 일반적 과학은 인도 구라파 제언어로 교육받고, 인도구라파 제언어로 사색하여 결국 인도구라파어 이외에는 단 하나의 언어도 모르는, 그러한 인도구라파 어학가의 가르치는 바에 정석으로 의존하고 있다.
>
> (마르 선집 제 1권, 201쪽)

---

23) 『언어학사』, 김방한 역. 105쪽 인용.
24) 마르 선집 1권. 신언어리론 발전의 현단계, 『조선어연구』 1권 6호 80쪽에서 재인용.

> 야페트 학설에 의거한 신언어리론의 금후의 발전은 전적으로 무엇보다 문자를 가지게 된지 얼마 안되는 언어, 또는 전연 가지지 않은 언어의 연구, 그리고 대중의 언어의 연구와 연결되어 있으며, 또한 이 언어를 사용하는 대중들의 운명, 즉 그들의 생활과 연결되어 있다.
>
> (마르 선집 제 1권, 276쪽)

위 두 단락은 언어 연구에 있어서 협착성과 제약성을 보이고 있는 당시의 비교역사언어학자들을 비판하면서 세계적 언어 과정의 연구를 촉구하는 마르의 언어 연구 방법을 단적으로 보여준 말이다.

① 언어 발달 과정의 단일성

"친족성이란 결국 전세계 인민의 경제적, 기술적 및 사회적 교제에 기인하는 교제에 인한, 여러 언어의 연결의 유대를 말한다."[25)]는 말은 마르가, 비교역사언어학에서 사용하던 음운 변화에 의한 조어 연구 방법을 부정하고, 의미에 의한 새로운 친족설을 규정한 말이다. 마르에 의하면 언어는 역사적 상호 교차와 혼합으로 말미암아 친족이 된다는 견해를 피력했다. 즉 현대의 언어는 한 개의 조어로부터 나뉘어진 것이 아니라 결국 전세계 인민의 경제적, 기술적 및 사회적 교제에 의해 형성된다고 주장했다. 따라서 친족에 관한 연구는 음운에 의한 연구보다는 역사적 의미론을 그 기초로 삼아야 함을 주장한다. 모든 언어에는 일반적으로 동일한 법칙성이 관찰되는데 그것은 의미 부분에서의 동일성이다. 다시 말해서 언어의 모든 계통은 이데올로기라는 점에서 아주 긴밀히 연결되어 있기 때문에 한 계통의 민족의 언어가 다른 계통의 민족으로부터 고립되어 있다고 말할 수는 없다.

② 언어와 사유의 변증법적 통일

마르는, 구조주의 언어학은 언어행위를 사유와 분리해서 연구하였기 때문에 형식의 분석에만 치우쳤다고 비난하면서 기능의미론의 법칙과 한 의미가 서로 반대되는 의미로 양분되는 의미의 양극화 법칙을 역사적 사실 가운데에서 발견하려 하였다. 즉 언어의 발달 과정은 사회적

---

25) 마르 선집 3권, 70쪽. 『조선어연구』 제1권 제 6호, 97쪽에서 재인용.

의식의 요구에 의해 제약된다는 생각에서 언어가 갖는 두 가지 기능, 즉 현실적 의식으로서의 언어와 교제의 중요한 수단으로서의 언어를 연구하였다.

③ 언어에 있어서의 역사주의

"언어학에 있어서의 역사주의란 무엇보다도 먼저 언어 사실에 대한 접촉을 의미한다. 독립적 자족적인 고립적 현상으로서의 언어가 아니라, 어떠한 언어 현상, 어떠한 언어 상태를 낳은 그러한 환경과 필연적 관련을 가진 언어, 그 자체에 대한 직접적 접촉을 의미한다. 유형 무형의 수천의 실마리가 언어를, 사람들과 그리고 사람들의 관계를 련결시키고 있다. 바로 이러한 까닭에 마르는 항상 언어학자들에게 물질문화사와 사회적 관계의 역사에 정통할 것을 호소하였다."26) 언어의 역사에 대해 마르는 민족어의 공통성을 선사시대에 옮겨 놓는 계통수설과 원시공통어설을 부정하고 언어가 분기하여 방언이 된 것이 아니라, 방언 그 자체가 다른 방언과 교차하고 접근하면서 민족어를 이룬 것이라는 설을 제기하였고, 모든 언어의 역사를 이런 방식으로 연구하려 하였다. 마르는 언어의 역사에서 상층 구조적 범주를 인정하였다.27)

> 언어는, 미술이나 예술 일반과 마찬가지로 상층 구조적 사회가치다. 우리들은 사물의 힘에 의하여, 언어 사실의 증거에 의하여, 언어 행위의 창조 과정과 창조의 요인을 물질문화사 속에 그리고 그 위에 형성된 사회성 속에 또한 이 기초 위에 구축된 세계관 속에 탐구하지 않을 수 없다.28)

④ 언어와 사회적 관계

마르는 언어를 정신적 사회생활의 현상, 이데올로기의 현상의 하나로 규정하였다. 언어와 사유는 개인적, 독립적인 체계 다시 말해 언어 그 자체로 고찰할 수 없고 오직 물질적 사회생활의 조건과 사회적 존재 속에서 찾아야 할 것이라 하였다. 언어는 정신적 사회생활과 마찬가지

---

26) 쭈께르만(1948), 신언어리론 발전의 현단계, 황수경 역.
27) 이 상층구조에 관한 이론은 뒤에 마르가 비판을 받는 요소로 남는다.
28) 마르선집 제2권 107~108쪽을 조선어연구 제1권 제6호 117쪽에서 재인용하다.

로 물질적 사회생활의 반영으로 보아 유물론적 언어관을 나타내고 있
다. 또한 언어는 자연적으로 발생한 것이 아니라 창조에 의한 것인데
그 창조에 작용하는 것은 노동이라고 하였다. 언어는 일정한 사회적 조
건하에서 노동의 과정으로 창조되었으며 이렇게 창조된 언어는 새로운
사회생활이 출현함에 따라 그 새로운 사유에 적합하도록 개조하여 간
다는 것이다.

마르주의의 붕괴

1924년 자기 자신을 언어학에 있어 마르크스주의 투사라고 선언한 마
르는 1929년 초에 과학원 언어학 분과 내에서 있었던 논쟁에서 보두에 드
꾸르뜨네의 제자로이며 마르크스주의자였던 뽀리바노프(E.D.Polivanov)
에 승리한 뒤부터 소련 언어학 전반을 주도하였다. 비판을 받지 않고 절대
적 위치에서 군림하던 마르주의는, 소련의 최고 통치자인 스탈린이 소
련 언어학에 대해 탐탁하게 생각지 않게 되자 곧바로 비판의 대상이 되
었는데, 1950년 초에 『프라우다』지를 통한 논쟁에서 마르주의는 심한
비판을 받았고, 비판을 받은 마르주의는 곧 붕괴되었다. 마르주의를 붕
괴시킨 이론은 언어는 기층이나 상층 구조와 직접 관련되지 않는다는
주장이었다. 다음은 마르주의의 기저를 이루던 모든 사상을 뒤집어 놓
은 주장이다.29)

첫째, 각 기층에는 상층구조가 있고 그것은 기층과 불가분하게 결합되어 있어
서 기층의 파괴와 더불어 상층구조가 소멸한다. 러시아에서 혁명 후 자본주의가
폐지되고 사회주의가 수립되었으나 언어가 새로운 단계에 들어서지 않았다.
　둘째, 각 상층구조는 그 기층에 따른다. 이것은 언어의 경우, 각 계급은 그
들 자신의 언어를 가져야 한다는 것을 의미한다. 그러나 현대의 유럽 제국에서
자본가나 프롤레타리아나 동일한 언어를 사용하고 있다.
　셋째, 상층구조와 기층은 시간적으로 연결되어 있다. 이 말은, 상층구조는
기층보다 오래 지속하지 못한다는 것을 의미한다. 그러나 푸쉬킨이 사용한 러
시아어는 봉건제도나 자본주의보다 오래 살아 있다.
　넷째, 상층구조는 인간의 생산활동과 직접 연결되어 있지 않다. 그러나 언

---

29) 아래 첫째에서부터 넷째까지는 『언어학사』 김방한 역. 109쪽 정리한 것임.

어는 연결되어 있다. 기층은 변하지 않아도 문명의 새로운 성과는 사회생활에 새로운 말은 가져다 준다.

마르주의가 득세하는 동안 소련의 언어학은 상당한 손실을 입게 되었다. 가장 큰 손실은 소련에서 고전적인 언어학의 전통이 중단되었으며, 다른 세계에서 일어난 언어학과 단절됨으로 인해 소련의 언어학 발전에는 상당한 손실을 입게 되었다. 그러나 마르주의가 붕괴한 50년대에는 러시아의 고전적 언어학이 새롭게 평가되었으며, 서구의 구조주의 이론들이 활발히 토론되고 활성화되었다.

마르주의 이후의 소련 언어학의 흐름

소련의 언어학은 1950년대 서구의 구조주의 이론들에 대한 활발한 토론에 이어 '1960년대부터 새로운 과학적 방법론들이 본격적으로 모색되기 시작하는 시기, 1970년대에 걸쳐 보수파의 새로운 공격이 시작되는 시기'[30] 등으로 나눌 수 있다.

소련의 언어학은 기능주의와 형식주의가 지배하는데[31], 인문과학을 사회과학 속에 넣고 연구하는 소련의 학문 분류 방법상 소련에서는 언어학의 연구에서도 사회성을 중시하는 경향이 있다. 따라서 기능주의에 대한 접근 방식도 서구의 연구 방식과 달리 언어의 사회적 역할을 중시하는 경향을 띤다. 그러다 보니 자연히 언어에 대한 관심도 의사소통의 기능보다는 언어와 사회와의 관계, 언어와 역사와의 관계, 그리고 언어와 사고 및 언어가 사회적 의식에 어떤 영향을 미치는가 하는 문제에 관심을 갖는다. 따라서 연구의 방향도 주로 소련 사회의 교양과 규범을 규정짓는 언어인 문화어로서의 러시아어를 규정하고 기술하는 것에 연구의 모든 역량을 집결시킨다. 또한 언어의 규범을 이론적으로 규정하는 데에 정열을 쏟는다. 이들의 이론에 따르면 규범은 주로 ①음성, 문법, 어휘의 체계를 구성하는 요소들, ②이것들을 텍스트 내에서 조직화하는 법, ③언어를 구성하는 하위체계들로서의 사회적 문체들을

---

30) 이기웅, '1960년대 이후 소련 언어학의 흐름', 『언어학 연구사』 서울대 출판부.
31) 이기웅(1991), '1960년대 이후 소련 언어학의 흐름' 참조.

조직화하는 법32) 등에 의해 결정되는 것으로 보고 있다. 이 가운데 이들이 주로 관심을 갖는 문제는 '사회적 문제'인데 문체의 규범과 인간의 사회적 활동 사이에 나타날 수 있는 상관관계이다. 그러나 이들은 이론적인 문제보다는 경험적인 차원에서 얻은 구체적인 사실들의 기술에 더 많은 관심을 가졌기 때문에 언어 이론을 발전시키는 데에는 한계가 있었다.

기능주의의 대극에는 형식주의가 있었는데, '이때 형식주의적이라 함은 수리논리학적으로 구성된 모델을 통해서 자연언어의 본질적인 측면을 설명하려는 시도를 말한다.'33) 1960년대 소련 언어학은, 짧은 기간이나마 이 두 경향 사이에 논쟁과 대립, 그리고 균형의 시대가 된다. 1965년 기능주의자인 V.I. Abaev가 「언어과학의 비인간화로서의 현대주의 언어학」이란 논문으로 형식주의자들을 비판하자 형식주의자인 P.S.Kuznecov는 「다시금 휴머니즘과 비인간화에 관해서」라는 논문으로 반박하는 등 1960년대의 소련 언어학은 기능주의와 형식주의 사이에 적대적 비판 관계 속에서 나름대로 균형상태가 유지된다. 그러나 1970년대에 접어들면서 1971년 Voprosy jazykoznanija의 편집진에 있던 형식주의자인 I.I.Revzin이 추출되고 마르주의자였던 Filin이 편집책임자로 임명되자 형식주의에 대한 공격이 개시되었고, 이를 계기로 형식주의자들은 대부분 편집진에서 추출됨으로 인해 다시 언어학의 사회적 기능인 언어의 역사적, 사회적 기능을 중시하는 방향으로 급선회함으로써 60년대의 적대관계 속의 균형은 깨졌고 70년대에는 다시 언어의 보수화 바람이 거세어졌다.

---

32) ①~③은 김방한 엮음, 『국어학 연구사』 718쪽 참고.
33) 김방한 엮음, 『언어학 연구사』 720쪽 인용.

3. 김일성의 언어 정책

3.1. 김일성 언어 이론의 배경 분석

김일성의 언어 정책은 맑스·레닌의 유물론적 언어 사상을 이론화시킨 사회주의 언어 정책 — 신 언어 이론34) — 을 북한의 실정에 맞게 고친 것이다. 북한에서는 이를 주체의 언어이론이라 부르고 있으며, 이 이론은 김일성이 독창적으로 개발하고 김정일이 심화 발전시켰다고 주장한다.

> 우리 시대가 요구하는 로동계급의 언어리론, 언어연구방법론은 력사상 처음으로 위대한 수령 김일성동지께서 독창적으로 밝히신 주체적언어리론과 위대한 령도자 김정일동지께서 심화발전시키신 주체적언어리론에 의하여 전면적으로 체계화되게 되었다.35)

그러나 민족주의 언어관, 규범주의 언어관, 주체 사상 등 몇 가지를 제외하고는 북한의 언어학은 맑스, 레닌, 스탈린, 마르에 의한 사회주의 언어 이론을 바탕으로 형성된 이론임이 확실시된다. 본래 사회주의의 언어 이론은 다민족 국가로 형성된 소련의 입장에서 소수 민족의 언어를 보호하고 동등의 가치를 인정하면서 사회주의 혁명을 위한 도구적 입장으로 골격을 이루었으나, 북한의 주체 이론은 단일민족으로 구성된 북한의 정치 체제에 맞게 주체 사상을 도입하여 '공산주의 도덕교양'의 도구로 활용하는 언어 이론이다. 그러나 김일성은 민족적인 특성을 살리는 것을 '일정한 시기까지는'이라 제한함으로써 궁극적으로는 세계의 공산화 시기까지로 제한하는 모습을 보이고 있다.

---

34) 신 언어 이론은 야페트 학설의 창시자인 마르가 야페트 이론을 레닌의 유물론적 언어사관에 맞게 고친 이론으로 러시아 언어학의 유일한 언어 정책으로 자리잡았다. 1950년 초 스탈린이 마르의 언어관에 대해 불만을 나타내자 일시적으로 비판을 받기도 했으나 60년대와 70년대의 쏘련 언어학의 보수화 바람으로 다시 쏘련 언어학의 중심으로 등장하였다.

35) 최성후·박새수(1999), 『주체적언어리론 연구』, 머리말에서.

> 온 세계가 다 공산주의로 되려면 아마 상당한 시일이 걸릴것입니다. 그러므로 일정한 시기까지는 민족적인것을 살려야 합니다. 민족적인것만을 보고 세계공통적인것을 보지 않는것도 잘못이며 반대로 세계공통적인것만 보고 민족적인것을 보지 않는것도 잘못입니다.
>
> (1차 교시)

> 온 세계가 다 공산주의로 되기까지는 사람들이 민족별로 갈라져 살기 마련이며 조선사람은 조선땅에서 살게 될것이므로 조선말을 계속 쓰게 될것입니다.
>
> (2차 교시)

김일성의 1차 교시와 2차 교시에 담긴 이와 같은 내용으로 미루어 앞에서 말한 '일정한 시기까지'는 바로 온 세계가 공산화될 때까지임을 알 수 있다. 또 온 세계가 공산주의로 바뀐 이후에는 세계공통적인 것에 합류하려는 의지를 보임으로써 맑스-레닌의 세계주의 합류론에 힘을 실어주고 있다. 북한의 주체언어 이론은 김일성에 의해 창시된 것이 아니라 그 근본은 소련의 사회주의 언어 이론을 토대로 하여 북한의 실정에 맞게 고친 언어 정책으로 보아야 한다.36)

3.2. 주체언어 이론의 특징과 사상

김진우(1978)는 북한의 언어정책을 특징면에서 Socialization, Nativization, Prescriptizm으로 구분하였고37), 강영(1989)은 김일성의 언어학자와의 담화에서 나타난 김일성의 1차 교시와 2차 교시를 분석한 뒤에 맑스-레닌주의에 바탕하고 있으며, 언어관 역시 맑스-레닌주의에 바탕을 둔 스탈린의 언어관에 영향을 받은 것이라 결론을 내렸다.38) 국립국어연구원(1992)은 언어 본질에 관한 김일성의 언어관을 언어도구관, 언어사상일체관, 언어사상형성관이라 특징짓고 있다.39) 또

---

36) 주체의 언어 이론에 대해 맑스, 레닌, 스탈린, 마르의 언어 이론을 북에서 실천하는 과정으로 보는 견해도 있고, 주체 사상에 의한 사람 중심의 언어 이론을 그들의 역사성과 체제에 맞게 실현시키는 과정으로 파악하려는 견해도 있다. 자세한 내용은 국립국어연구원(1992), 『북한의 언어 정책』을 참고하기 바람.
37) 서해길외 3인 공저(1995), 『남북한에 있어서의 철학 사상 언어의 비교연구』. 문경출판사, 154쪽 참고.
38) 강영(1989), 언어학에 관한 김일성 교시 분석, 『북한의 어학혁명』. 12쪽 참조.
39) 자세한 내용은 국립국어연구원(1992), 『북한의 언어 정책』, 29쪽을 참고하기 바람.

같은 책에서는 스탈린의 언어관을 언어도구관, 언어의 비계급성, 국제어 합류설로 특징짓고 1964년의 1차 교시를 분석한 다음 1차 교시에 담긴 김일성의 언어관이 이 이론에 정확히 합치되고 있음을 밝히고 있다.

북한의 언어 정책은 철저하게 김일성이 언어학자와 담화에서 밝힌 김일성의 1차 교시와 2차 교시에 의해 이루어진다. 김일성은 1964년 1월 3일 언어학자들을 모아놓고 「조선어를 발전시키기 위한 몇가지 문제」라는 제목으로 담화했는데 이를 1차 교시[40]라 하고, 1966년 5월 14일 「조선어의 민족적특성을 옳게 살려나갈데 대하여」라는 제목으로 담화했는데 이를 2차 교시라 한다. 북한에서는 이 두 번에 걸친 교시에서 나타난 언어 사상을 '주체의 언어 이론'이라 부르는데 북한의 말 다듬기 사업이나 철자법 등은 한결같이 이 언어관에서 벗어날 수 없으며 철저히 따르고 체계화할 뿐이다.

이 교시에 나타난 중요한 언어 사상을 분석하면 다음과 같이 정리할 수 있다.

① 언어는 노동의 과정에서 발생하였다.
② 언어는 사람들의 교제의 수단이다.
③ 경제와 문화, 과학과 기술의 발전에서, 사회주의 건설의 모든 분야에서 힘있는 무기가 된다.
④ 맑스-레닌주의에 정통한 사람은 쉬운 언어를 잘 구사한다.
⑤ 대중에 의해 만들어지고 대중에 의해 평가받아야 한다.
⑥ 민족을 나타내는 징표이기 때문에 민족성을 나타내는 순수성을 잘 보전하여야 한다.
⑦ 규범적인 언어를 사용하여야 한다.
⑧ 새 말을 만들 때는 모든 기관이 통제하여야 한다.
⑨ 언어에 있어 세계 조류를 따라야 한다.
⑩ 한자말이나 외래어 사용을 규제하여야 한다.
⑪ 언어학에서도 주체를 세워서 발전시키고 민족적 자부심과 긍지를 가지도록 하여야 한다.

---

40) 북한에서는 김일성의 말과 김정일의 말에는 "위대한 수령 김일성동지께서는 다음과 같이 교시하시였다."와 "위내한 령도자 김정일동지께서는 다음과 같이 지적하시였다."로 격식화하여 말하고 있다. 따라서 일상적인 말에도 김일성의 말은 언제나 '교시'가 되고 심성일의 말은 언제나 '지적'이 된다.

위에 열거한 내용들은 북한의 언어 정책의 기본 틀을 정리한 것이
다. 통제주의, 규범주의, 민족주의, 주체 사상 등을 제외하고는 대부분
소련의 언어관을 그대로 따르고 있다. 북한의 언어 정책의 기본 틀은
맑스, 레닌, 스탈린의 언어관에 민족주의언어관과 주체언어관을 첨가
시켜 북한의 실정에 맞게 만든 것이라 보아야 한다.

3.3. 북한의 언어 정책 변천사

북한의 언어 정책은 남북 분단 후에는 언어에 대해 특별한 정책이
없이 「한글맞춤법 통일안」을 사용하였다. 1948년 「조선어 신철자법」
이 제정됨으로써 남북한의 언어 규범과 정책에 차이가 생기기 시작한
다. 북한의 언어 정책은 1948년 「조선어 신철자법」의 제정에 이어
1954년 「조선어 철자법」, 1966년 6월 「조선말 규범집」, 1987년 5월
「조선말 규범집(수정판)」 등 네 번에 걸친 변천을 겪는다.41) 그러나
김일성의 주체의 언어 이론이 어문 규정에 반영된 것은 1966년 6월
「조선말 규범집」에서 비롯된다. 그 이전의 언어 규범은 주로 김두봉의
언어관에서 비롯된 것인데 김두봉은 주시경 선생의 제자로 언어관은
한글학회의 언어관과 크게 다르지 않았다. 다만 「한글맞춤법 통일안」
을 만들 때 상해에 망명상태였기 때문에 참여하지 못하였던 김두봉은
「한글맞춤법 통일안」에 자신의 견해를 넣어서42) 「조선어 신철자법」과
「조선어 철자법」을 제정하였던 것이다.

「조선어 신철자법」과 「조선어 철자법」을 주도하던 북한 최고인민회
의 상임 이사장을 지낸 김두봉이 이른바 '8월 종파사건'으로 1958년 3
월에 숙청되자 『말과 글』 및 『조선어문』지는 일제히 문자개혁안에 대
해 비판하고 나섰다.43) 이 때에 김두봉을 비판한 대표적인 사람은 리
령, 류렬, 리세웅, 리극노, 박상준 등인데, 리령과 류렬은 『말과 글』을
통해 비판했고, 리세웅과 리극노, 박상준 등은 『조선어문』을 통해 비판

---

41) 조오현(1997), 민족 동질성 회복을 위한 언어통일 방안, 『한반도통일론』 225쪽 인용.
42) 내용은 2장을 참고하기 바람.
43) 조오현(1997), 민족 동질성 회복을 위한 언어통일 방안, 『한반도 통일론』 122쪽 인용.

했다. 김두봉이 숙청되자 김두봉의 역할은 역시 주시경의 제자이며 조선어학회 회원으로 조선어학회 사건에 의해 옥고를 치른 바 있는 리극노가 담당하였다.

김일성은 1964년 1월 3일 언어학자들과의 담화에서 '조선어를 발전시키기 위한 몇 가지 문제'라는 교시를 내렸고, 이어서 1966년 5월 14일 역시 언어학자들과의 담화에서 '조선어의 민족적 특성을 옳게 살려 나갈데 대하여'라는 교시를 내리면서 모든 언어 정책은 두번에 걸친 김일성의 교시에 따라 이루어진다. 따라서 두 번에 걸친 김일성의 언어학에 대한 교시는 바로 북한 언어 정책의 헌법이라고 보아도 될 정도로 절대적인 것이었으며, 언어학자들은 이 교시에 따라 어문 규범을 고치고, 말 다듬기 사업을 하였을 뿐이다.

이른바 김일성의 언어학에 대한 1차 교시에서는 김두봉의 문자 개혁안에 대하여 비판했는데 그 비판의 내용은 다음과 같다.

첫째로, 어떤 사람들은 언어문제를 민족문제와 결부시키지 않았습니다. 언어는 민족을 특징짓는 공통성가운데서 가장 중요한것의 하나입니다. 피줄이 같고 한령토안에서 살아도 언어가 다르면 하나의 민족이라고 말할수 없습니다.

조선인민은 피줄과 언어를 같이하는 하나의 민족입니다. … 그런데 만일 우리가 그들의 주장대로 문자개혁을 한다면 어떻게 되겠습니까? 남북조선사람들이 서로 다른 글자를 쓰게 되면 편지를 써보내도 모르게 되고 신문, 잡지를 비롯한 출판물들도 서로 알아볼수 없게 될것입니다. 이것은 조선인민의 민족적공통성을 없애며 결국은 민족을 갈라놓는 엄중한 후과를 가져오게 될것입니다. 그들은 자기의 문자개혁만 보고 민족이 갈라지는것은 보지 못하였습니다. 우리 공산주의자들은 자기 민족을 갈라놓는 그 어떠한 문자개혁도 절대로 허용할수 없습니다.

둘째로, 그들은 당장 문자개혁을 하는것이 과학과 문화의 발전에 큰 지장을 준다는것을 고려하지 않았습니다. …

과학과 문화의 발전에서 문자는 매우 중요한 역할을 합니다. … 그런데 우리가 갑자기 문자를 고친다면 어떻게 되겠습니까? 모든 사람들이 한꺼번에 다 문맹자로 되여버릴것이며 모두다 글을 새로 배우지 않으면 안될것입니다. 그리고 책들과 그밖의 출판물들도 다 새 글자로 다시 써놓아야 할것입니다. 사람들이 새 글자를 배울 때까지는 출판물을 통하여 근로자들속에 과학과 기술 지식이나 문학과 예술도 보급할수 없을것입니다. 이렇게 되면 우리는 과학문화의 발전에서 낯십년 뒤떨어질수 있습니다.

셋째로, 그들은 문자발전의 국제적인 방향도 고려하지 않았습니다. 우리는 공산주의자들입니다. 우리는 자기의 말과 글을 발전시키는데서 세계인민들의 언어발전의 공통적인 방향을 고려하여야 합니다.

물론 언어발전을 세계공통적인 방향에 접근시킨다고 하여 너무 빨리 우리 언어의 민족적인 특성을 버려도 안됩니다. 온 세계가 다 공산주의자로 되려면 아마 상당한 시일이 걸릴것입니다. 그러므로 일정한 시기까지는 민족적인것을 살려야 합니다. 민족적인것만 보고 세계공통적인것을 보지 않는것도 잘못이며 반대로 세계공통적인것만 보고 민족적인것을 보지 않는것도 잘못입니다.

(1차 교시)

이 외에 한자어 문제, 외래어 문제, 주체적 언어 사상, 고전의 국역, 한자 교육에 대한 기본 방향을 제시하였다. 김일성의 제 2차 교시는 1차 교시와 크게 다를 것은 없으나 "문화어 선언과 보급", 「조선말 규범집」에 관한 내용이 첨가된 점이 다르다.

김일성의 언어 정책은 김정일에 의해 계승된다. 김정일은 김일성의 1~2차 교시를 철저히 따르고 그를 실천하도록 독려하는데 언어학에 대한 김정일의 생각은 「조선어의 주체적발전의 길을 밝혀준 강령적지침」, 「언어생활에서 주체를 세울데 대하여」, 「언어생활에서 문화성을 높이자」, 「언어와 민족문제」, 『영화예술론』, 『주체문학론』 등에 나타나고 있다.

3.4. 김일성 교시 분석

글자 개혁

① 글자 개혁에서 고려할 점

김두봉이 추진하고 있던 글자 개혁에 대해 김일성은 1차 교시와 2차 교시에서 강하게 비판하였는데 그 비판의 주된 이유는 세 가지로 요약할 수 있다. 첫째는, 언어는 민족 문제와 결부시켜야 한다는 생각으로 민족주의 언어관을 나타내고 있으며, 둘째는, 글자는 과학과 문화발전을 고려하면서 추진해야 한다는 것으로 언어도구관을 나타내고 있다. 셋째는, 말과 글을 발전시키는 데 있어서는 세계 인민들의 언어 발전의 공통적인 방향을 고려하여야 한다는 세계주의 합류설이 나타나고 있다.44) 글자 개혁에서 엿볼 수 있는 또 다른 언어관은 당에서 통제하는 당통제주의 언어관이 나타나고 있다. 글자 개혁의 시기에 대해서는 당장 시행하는 것은 반대하되 궁극적으로는 하는 것이 좋다는 생각을 가지고 있다.

> 우리는 문자개혁자체를 반대하는것이 아닙니다. 우리의 글에 일정한 결함이 있으니만큼 앞으로 그것을 고칠데 대하여 연구하는것은 필요한 일입니다. … 이 글자를 그냥 쓰겠는가 하는것은 연구해보아야 합니다. 고치면 좋은 점도 있습니다. … 문자 개혁을 하더라도 남북이 통일된 다음에, 우리의 과학기술이 세계적수준에 오른 다음에 하여야 합니다.
>
> (1차 교시)

사회주의 언어이론은 언어 발달의 단계론을 중시한다. 김일성 교시에서는 문자 개혁이나 말다듬기 사업 등에서 '섬멸전의 방법으로 점차적으로', '누에가 뽕 먹듯이 점차 먹어들어가는 방법'이라는 표현으로 점진적이고 단계적인 발전 방향(언어 개혁)을 주창하고 있다. 또한 글자 개혁에 대해 1차 교시에서 "우리 당이 그들의 문자 개혁론을 반대한 것은 전적으로 옳았습니다."라고 말함으로 언어 정책에 대해 당이 통제하는 통제주의 언어관을 드러내고 있다.

② 글자 개혁의 필요성

> 지금의 우리 글자는 네모난 글자이기때문에 쓰기가 좀 불편합니다. 우리 글자는 주로 음을 표준으로 삼았으므로 발음하기는 좋지만 단어형태로 된것은 아닙니다. 그렇기때문에 글이 보기가 좀 어렵고 쓸 때에 조금만 획을 달리 써도 안되게 되여있습니다. 그리고 우리 글자는 인쇄의 기계화에도 불리합니다. 우리 글자를 가지고 타자를 하기도 힘듭니다.
>
> (2차 교시)

---

44) 첫째에서 셋째까지의 김일성의 생각은 3.3.에 인용한 김일성의 교시를 참고하기 바람.

③ 글자 개혁의 방향

글을 보는데 헐하게 하려면 단어를 형태화하여 한눈에 환히 안겨오도록 하여야 합니다. … 될수 있는대로 우리 글자를 가로 풀어서 타자하기도 쉽고 단어를 잘 알아볼수 있도록 하는것이 좋습니다. 옛날 우리 선조들도 글을 고치려고 애를 많이 썼습니다. 《주시경유고집》에서 우리의 글을 풀어서 가로 쓴 례를 보니 그것도 나쁘지 않습니다. 그것을 더 고치고 세련시켜보는것도 좋을것 같습니다. 그리하여 글자를 고친 다음에 글자원형은 어떻고 고친것은 어떻다고 알려주어 새 글자도 알게 하는것과 함께 본래의것을 내던지는 일이 없도록 하여야 합니다.

(2차 교시)

④ 글자 개혁의 절차

㉠ 준비는 하되 사용은 통일된 이후에야

그러나 우리가 글자를 고쳐서 당장 쓰자는것은 아닙니다. 우리 인민은 하나의 민족입니다. 그러므로 조국이 통일되기전에 글자를 고쳐써서는 안 됩니다.

지난날에 어떤자는 공명심에 사로잡혀 글자개혁을 당장 하자고 하였습니다. 남북이 통일되지 못하였는데 글자를 개혁하면 어떻게 되겠습니까? 같은 민족끼리 편지를 하여도 알수 없게 되고 결국 우리 민족이 갈라지고말것입니다. 또한 글자를 개혁하면 과학문화의 발전에도 큰 지장을 줄수 있습니다. 갑자기 글자를 바꾸면 이미 글을 알고있던 사람들도 단꺼번에 다 문맹자가 될것입니다. 그렇기때문에 우리는 글자를 갑자기 개혁하는것을 반대하였습니다.

(2차 교시)

㉡ 글자개혁안의 준비는 통일되기 전에 완성해야

그렇다고 하여 글자를 개혁하기 위한 연구사업을 그만두라는것은 아닙니다. 지금부터 글자개혁안을 준비하여 성숙시켜야 하며 조국이 통일되기전에 그것을 완성하여야 합니다. 잘되면 고친 글자들을 학교에서 조금씩 가르치게 하는것도 좋습니다. 이렇게 준비하였다가 인민들의 기술문화수준이 더욱 높아지고 조국이 통일되면 지금의 네모글자를 없애고 인차 고친 새 글자를 쓸수 있도록 하여야 합니다. 조국통일이 그렇게 오래 걸리지는 않을것입니다. 그러므로 글자를 개혁할 준비도 지금부터 하여야 합니다.

(2차 교시)

한자어 문제

한자어에 대한 김일성의 언어관은 주체적이고 민족주의적인 사고를 그대로 들어내고 있다. 옛날의 한문투가 되살아나는 점과 남한에서 한자어가 남용되고 있는 점을 우려하면서 나름대로 한자어에 대한 정리 방향을 밝히고 있다.

① 한자어에 대한 입장

㉠ 한자어 문제는 관심을 돌려야 할 중요한 문제

지금 우리가 관심을 돌려야 할 가장 중요한 문제는 우리 말에 많이 섞여있는 한자어에 관한 문제입니다.
무엇보다먼저 한자어에 대한 태도를 옳게 가져야 하겠습니다. 지금 옛날사람들이 쓰다가 버린 한문투의 말들이 많이 되살아나오고있으며 또 한자를 되는대로 섞어만든 새로운 단어들이 자꾸 나오고있습니다.

(1차 교시)

㉡ 남조선에서는 한자어의 남용으로 우리말의 민족적 특성이 사라져 간다.

지금 남조선신문 같은것을 … 한자말은 중국사람들도 쓰지 않는것까지 망탕 쓰고있습니다. 사실 남조선에서 쓰고있는 말에서 한자말과 일본말, 영어를 빼버리면 우리 말은 《을》, 《를》과 같은 토만 남는 형편입니다. 언어는 민족의 중요한 징표의 하나인데 남조선에서 쓰고있는 말이 이렇게 서양화, 일본화, 한자화되다보니 우리 말 같지 않으며 우리 말의 민족적특성이 점차 없어져가고 있습니다. … 공산주의자들인 우리는 우리 말의 민족적특성을 살리고 그것을 더욱 발전시켜나가야 합니다. … 민족적량심을 가진 조선사람치고 우리 말의 민족적특성이 없어져가는것을 좋아할 사람은 하나도 없을것입니다.

(2차 교시)

② 한자어의 정리 방향

㉠ 고유어를 적극 찾아 써야 한다.

　　고유어를 적극 찾아 고장이름도 우리 말로 부르도록 하여야 합니다. 우리말로 부르는것이 한자말로 부르는것보다 더 고상합니다. … 고유어로 된 고장이름들을 다 조사하여 될수록 한자말을 쓰지 않도록 하여야 하겠습니다. 우리가 이미 사회과학원에 고장이름을 조사해보라고 하였는데 그 사업이 어떻게 되고 있는지 모르겠습니다. 아마 사회과학원의 힘만으로는 그 사업을 다 하기 벅찰 것 같습니다. 그러므로 내각에서 이 사업을 보장하기 위한 결정이나 명령을 하나 내려보내도록 하는것이 좋겠습니다. 앞으로 고유어로 된 고장이름을 다 조사하면 그대로 쓰게 하고 지도를 다시 찍으면 됩니다. 행정 구역이름도 내각결정으로 고치게 하면 될것입니다.

(1차 교시)

㉡ 새로운 말을 만들 때는 우리말의 어근으로

　　새로 나오는 말들은 우리 말 어근에 따라 만드는것을 원칙으로 하여야 합니다. 단어체계를 고유어와 한자어의 두 체계로 하여 복잡하게 만들 필요가 없습니다. 단어는 우리 고유어에 근거하여 하나의 체계로 만들어야 합니다. 동무들은 우리 말 어근이 얼마나 되고 한자어근이 얼마나 되는지 조사하여 통계를 내 볼 필요가 있습니다. 우리 말 어근이 적기때문에 자꾸 한자어가 들어오지나 않는지도 알아보아야 합니다. 우리 말 어근만 가지고 안된다면 딴 문제이지만 그렇지 않은 한 우리는 우리 말 어근으로 조선어를 발전시켜야 합니다.

(1차 교시)

㉢ 우리말로 굳은 한자어는 그대로 사용해야

　　물론 이미 우리 말로 완전히 되어버린 한자어까지 버릴 필요는 없습니다. 《방》, 《학교》, 《과학기술》, 《삼각형》과 같은 말은 다 우리 말로 되였습니다. 우리가 《학교》를 구태여 《배움집》으로, 《삼각형》을 《세모꼴》로 고칠 필요는 없습니다. 이것은 하나의 편향입니다. … 특히 과학론문이나 정치보고에서는 한자어가 비교적 많이 쓰일수 있습니다. 정치술어는 좀 복잡합니다. 《련합회》, 《분과회》 같은 말들은 아마 그냥 쓸수밖에 없을것입니다.

(1차 교시)

㉣ 중국식 한자어는 사용하지 말아야

한자어를 일정하게 쓰더라도 중국말을 발음만 고쳐서 그대로 써서는 안 됩니다. 《사업보고》를 《공작보고》라 하는데 《공작보고》는 중국말입니다. 누구나 다 아는 《사업보고》라는 말을 써야 합니다. 중국에서 내는 잡지 《홍기》의 조선문판을 보면 현대중국말을 그대로 조선말발음으로 옮겨놓은 단어들이 많습니다. 《정거장》을 《화차참》, 《로동계급》을 《공인계급》이라고 쓰고있는데 이런것들은 조선말이 아닙니다.

(1차 교시)

㉤ 어근이 한자로 굳어진 것은 그대로 사용해야

이미 어근이 한자로 되어 굳어진것은 뜯어고칠 필요가 없습니다. 잘못은 우리 말도 많은데 잘 찾아쓰지 않고 한자어를 자꾸 만들어서 쓰는것입니다. 우리는 꼭 써야 할 한자어들을 일정한 정도에 국한시켜놓고 그이상 자꾸 만들어쓰지 않도록 하여야 합니다. 지금처럼 한자어를 제멋대로 막 만들어쓰면 마지막에는 우리 말은 얼마 남지 않게 될 것입니다.

(1차 교시)

㉥ 고유어와 한자어가 함께 쓰이는 것은 한자어 사용의 경우 제한되게 허용

한마디로 말하여 같은 뜻의 단어로서 고유어와 한자어의 두가지가 있을 경우에는 될수 있는대로 고유어를 쓰며 일정한 한자어를 쓰되 이미 우리 말로 굳어진것만 쓰고 그 범위를 제한하며 새로운 한자어를 자꾸 만들어낼것이 아니라 어디까지나 우리 나라의 고유한 어근을 기본으로 하여 우리 말을 더 풍부히 하고 발전시켜야 할것입니다.

(1차 교시)

③ 한자어의 정리 방법

㉠ 쓰지 않을 한자어는 사전에도 올리지 말아야

… 버려야 할것은 대담하게 사전에서도 빼버리는것이 좋습니다. 사전에 있

는 말을 쓴것을 잘못이라고 하기도 곤난합니다. 그러므로 우리가 쓰지 않을 한자어는 한어사전에만 올리고 조선말사전에서는 아예 **빼버려야** 하겠습니다. 과학원에서 만들어낸《조선말 사전》에는 한자어가 너무 많아서 마치 중국의 옥편 같습니다. 앞으로는 사전을 이렇게 만들지 말아야 하겠습니다.

(1차 교시)

ⓒ 새 말을 만들고 통제하는 기구 지정

새 말을 만드는 기관은 어문학연구소만의 일이며 공문이나 출판물에 조선말을 쓰도록 모든 기관들이 강하게 통제하도록 규제하였다.

성이나 다른 기관들에서 새말을 되는대로 만들어내지 못하게 하며 모든 기관들이 공문이나 출판물들에서 정확한 조선말을 쓰도록 강하게 통제하여야 하겠습니다.

(1차 교시)

ⓒ 한자어 정리에 사상과 사회적 운동 동원

다음으로 사상적으로 동원하고 사회적운동을 벌려 모든 사람들이 우리 말을 옳바르게 쓰는 기풍을 세워야 하겠습니다. 힘든 한자어를 쓰지 말고 군중이 알수 있는 쉬운 말을 써야 한다는것은 당적으로 널리 선전해야 하겠습니다. … 어떤 사람들은 마치 남이 모르는 한자어를 많이 쓰는것을 유식한것으로 알고있는데 사실은 이런 사람은 무식한 사람입니다. 쉬운 말을 하고 쉬운 글을 쓰는것이 더 유식하고 고상하다는것을 알려주어야 하겠습니다.

(1차 교시)

외래어 문제

김일성은 외래어도 한자어와 마찬가지로 정리해야 할 대상으로 꼽고 그 방법을 제시하였다.

① 외래어에 대한 견해

㉠ 외래어는 정리해야 할 대상

　　다음으로 외래어도 정리해야 하겠습니다. 우리는 될수 있는대로 외래어를 쓰지 말고 자기 나라 말을 쓰도록 하여야 합니다. 해방직후에 오기섭은 멋을 부리느라고 《이데오르기야》니, 《헤게모니야》니 하는 말을 마구 쓰면서 조선어를 로어화 하려고 하였습니다. 그래서 우리는 그를 비판하여주었습니다. 또한 지금 남조선멋쟁이들은 영어와 일본말을 망탕 섞어쓰면서 우리 말을 못쓰게 만들고있습니다.
　　그런데 우리에게도 다른 나라 말을 함부로 쓰는 폐단이 없지 않습니다. … 우리는 조선말에 많이 섞여들어온 외래어를 정리하고 적게 쓰도록 하며 될수 있는대로 우리 말을 살려야 합니다.

(1차 교시)

㉡ 일본말에서 온 외래어에 대한 견해

　　지난날 일제놈들이 우리 나라를 강점한 다음에는 일본말도 많이 들어왔습니다. 그래서 지금 우리가 쓰고있는 말들가운데는 고쳐야 할 일본식말들이 적지 않은것입니다. … 심지어 일제 때에 살아보지도 못한 우리의 어린이들까지도 《양복저고리》를 《우와기》라고 하고 마시는 《차》를 《오차》라고 하며 차그릇을 받치는 《차반》을 《오봉》이라고 합니다.
　　해방된 다음에는 로어가 들어와서 우리 말에 뒤섞이려 하는것을 막았습니다.

(2차 교시)

㉢ 중국말에서 온 외래어에 대한 견해

　　지금 중국 연변이나 북간도에서 사는 조선사람들은 《정거장》을 《화차참》이라고 하고 《로동계급》을 《공인계급》이라고 한다든가 그밖에 우리가 모르는 중국식조선말들을 만들어 쓰고있습니다. 간도에는 조선사람이 한 100만명 있는데 그들이 쓰는 말들이 들어오는것은 큰 문제가 아닙니다.

(2차 교시)

㉣ 남한의 외래어 실태에 대한 견해

귀국동포들을 통하여 일본말이 들어오는것도 크게 문제될것이 없습니다. … 사실 남조선에서 쓰고있는 말에서 한자말과 일본말, 영어를 빼버리면 우리 말은 《을》, 《를》과 같은 토만 남는 형편입니다. 언어는 민족의 중요한 징표의 하나인데 남조선에서 쓰고있는 말이 이렇게 서양화, 일본화, 한자화되다보니 우리 말 같지 않으며 우리 말의 민족적특성이 점차 없어져가고있습니다.

(2차 교시)

② 외래어 정리 방향

㉠ 과일 이름이나 종자의 이름은 출산지의 이름으로

다른 나라에서는 술이름을 대체로 그 나라의 지명을 따서 붙이고있습니다. 《샴팡》은 프랑스의 지명이며 중국 《모태주》의 《모태》도 중국 귀주의 지명입니다. 우리도 북청에서 나는 사과는 《북청》이라고 부르고 황주에서 많이 나는 사과는 《황주》라고 부르는것이 좋을것입니다.

(1차 교시)

㉡ 받아들여야 할 외래어

물론 외래어를 다 없앨수는 없습니다. 외래어를 어느 정도 쓰는것은 피할수 없으며 얼마간은 받아들여야 합니다.

특히 과학기술용어로서는 외래어를 적지 않게 써야 할것입니다. 《뜨락또르》, 《선반》, 《볼반》, 《타닝반》과 같은 말은 다 그냥 쓰는것이 좋습니다. 《뜨락또르》 같은것은 원래 우리 나라에 없었던것이기때문에 외래어를 그냥 쓰는수밖에 없습니다. 과학기술용어를 고칠 때에는 전문가들과 협의해야 합니다.

(1차 교시)

㉢ 고유명사는 그 나라의 발음을 따라 발음하고 표기해야

다른 나라 고유명사는 일본말이나 중국말로 발음할것이 아니라 그 나라 발음을 그대로 따르는것이 좋습니다. 나라이름은 그 나라 말로 써야 합니다.

수자를 쓸 때에도 우리 나라의 수사체계에 따라야 합니다. 우리는 만을 서양사람들처럼 《10천》 이라고 써서는 안됩니다. 우리는 만을 단위로 해야 합니다. 물론 보통 수자들을 밑으로부터 세단위씩 점을 쳐올라가는것은 세계공통적이기때문에 그대로 하는것이 좋습니다.

우리는 조선말에 많이 섞여들어온 외래어를 정리하고 적게 쓰도록 하며 될 수 있는대로 우리 말을 살려야 합니다.

(1차 교시)

한자 문제

여기서 다루고자 하는 한자는 글자에 관련된 것이고 앞에서 말한 한자어는 어휘에 관한 것으로 김일성은 어휘와 글자로 나누어서 방향을 제시하였다.

① 한자는 절대로 써서 안 된다.

다음으로 한자문제에 대하여 말하겠습니다. 한자를 계속 써야 하겠습니까 쓰지 말아야 하겠습니까? 한자를 쓸 필요는 없습니다. 한자를 만들어낸 중국 사람자신도 배우기 힘들고 쓰기 불편하여 앞으로는 버리자고 하는데 무엇때문에 우리가 그것을 쓰겠습니까?

(1차 교시)

② 남한의 출판물과 옛날 책의 독해를 위해 한자를 가르치되 쓰지는 말아야

우리는 한자말을 될수록 쓰지 않도록 하면서도 학생들에게 필요한 한자는 대주고 그것을 쓰는 법도 가르쳐야 합니다. 남조선출판물과 지난날의 문헌들에 한자가 적지 않게 있는것만큼 사람들이 그것을 읽을수 있게 하려면 한자를 어느 정도 가르쳐주어야 합니다.

(2차 교시)

③ 통일과 관련시켜서 일정 시간까지만 사용하고 교육시켜야

한자는 하나의 다른 나라 글로서 일정한 시기까지만 써야 합니다.

한자문제는 반드시 우리 나라의 통일문제와 관련시켜 생각하여야 합니다. 우리 나라의 통일이 언제 될는지 누구도 찍어서 말할수는 없으나 어쨌든 미국놈이 망하고 우리 나라가 통일될것은 틀림없습니다. 그런데 지금 남조선사람들이 우리 글자와 함께 한자를 계속 쓰고있는 이상 우리가 한자를 완전히 버릴수는 없습니다. 만일 우리가 지금 한자를 완전히 버리게 되면 우리는 남조선에서 나오는 신문도 잡지도 읽을수 없게 될것입니다. 그러니 일정한 기간 우리는 한자를 배워야 하며 그것을 써야 합니다.

(1차 교시)

④ 교과서와 신문과 같은 출판물에서는 한자 빼야

물론 그렇다고 하여 우리 신문에 한자를 쓰자는것은 아닙니다. 우리의 모든 출판물은 우리 글로 써야 합니다.

(1차 교시)

우리가 학생들에게 한자를 가르쳐준다고 하여 어떤 형식으로든지 교과서에 한자를 넣어서는 안됩니다. 한자를 쓰지 말자고 하는데 왜 교과서에 그것을 넣겠습니까? 교과서들에 한자를 넣으면 남조선모양으로 됩니다. 일본사람들처럼 국한문을 반드시 섞어쓰지 않고는 안된다면 모르겠지만 그렇지 않은 이상에는 교과서에 한자를 쓸 필요가 없습니다.

(2차 교시)

띄어쓰기 문제(단어형태 표기 방법)

① 단어 중심의 띄어쓰기로

다음으로 말할것은 단어형태를 어떻게 표시할것인가 하는 문제입니다.

단어는 띄어써야 합니다. 지금 우리 나라 글에서는 단어들이 하나하나 고정된 형태를 이루지 못하고있습니다. 그러니 글자들을 죽 늘어놓은것 같아서 한문이나 구라파나라들의 글보다 얼핏 보아서는 눈에 잘 들어오질 않습니다. 원래 서양글처럼 가로 풀어써야 단어형태가 고정될것입니다. 단어형태가 고정되어있지 않기때문에 철자법도 어렵습니다. 그러나 단어형태를 고정시키는 문제는 아마 남북이 통일된 다음에 해결해야 할것입니다. 이 문제에 대해서는 지금부터 잘 연구해두는것이 좋습니다.

(1차 교시)

② 띄어쓰기의 방향(단어형태 표기의 방향)

㉠ 단어화하도록 연구해야

　지금과 같은 네모글자를 가지고라도 띄어쓰기와 점치기 같은것으로 조절하면 이 문제도 어느 정도 풀릴수 있을것 같습니다. 《강과 물》은 《강, 물》로 써야 하지만 《강물》은 《강 물》로 띄여쓸것이 아니라 《강물》로 붙여써야 합니다. 넓적글자를 가지고도 반드시 단어화하도록 연구해야 합니다.

(1차 교시)

㉡ 띄어쓰기는 글자를 좀 붙이는 방향으로

　우리 글을 보기 헐하게 하려면 띄여쓰기를 잘 규정하여 주는것이 중요합니다. 지금처럼 너무 많이 띄여쓰면 읽기 힘듭니다. … 우리는 앞으로 띄여쓰기를 잘 고쳐 사람들의 독서력을 올릴수 있도록 하여야 하겠습니다. 내가 그전에도 몇번 이야기하였지만 띄여쓰기에서는 글자들을 좀 붙이는 방향으로 나가야 합니다.

(2차 교시)

말 다듬기

김일성의 언어관이 가장 잘 나타났고, 이로 인해 남북한의 언어 이질화 현상은 가속되었다.

① 말 다듬기의 대상은 한자말과 외래어

　우리는 한자말과 외래어를 고유한 우리 말로 고치고 우리 말을 체계적으로 발전시켜나가야 하겠습니다.

(2차 교시)

② 말 다듬기의 방향

㉠ 고유어와 한자말이 같을 때는 고유어를 쓰며 한자말은 사전에서

도 빼야한다.

고유어와 한자말이 뜻이 꼭같을 때에는 고유어를 쓰고 한자말을 쓰지 말도
록 하며 사전에서도 그런 한자말은 빼야 합니다. … 인민들속에서 비교적 많이
쓰이고있는 한자말이라고 해도 그에 맞는 고유어가 있으면 사전에서도 빼버리
고 고유어를 쓰도록 하여야 합니다. 례를 들어 《하복》이란 말은 비교적 많이
쓰이고있지만 《여름옷》이라고 쓸수 있는것인만큼 사전에서 빼야 합니다. 이런
것들까지 다듬으면 너무 많이 고친다고 의견을 받을수도 있으나 그렇게 하지
않으면 한자말을 점차 줄일수 없고 고유어를 발전시킬수 없습니다.

(2차 교시)

ⓛ 방언에서도 찾아 쓰자

방언에서도 좋은것들을 찾아내여 써야 합니다. … 우리가 방언들을 잘 조사
해보면 지금도 쓸수 있는 좋은 우리 말이 있을것입니다.

(2차 교시)

ⓒ 고장 이름도 고유어로 바꾸어야

고유어를 적극 찾아 고장이름도 우리 말로 부르도록 하여야 합니다. 우리
말로 부르는것이 한자말로 부르는것보다 더 고상합니다. 가령 《붉은바위》를
《적암》이라는 식으로 한자말로 바꾸어 놓으면 더 좋은것이 아니라 아주 초라
합니다. 지금 고장이름을 한자말과 고유어의 두가지로 부르는것이 적지 않습
니다. 《돌다리골》을 《석교동》이라고 하는것이 바로 그런 실례입니다. 고유어
로 된 고장이름들을 다 조사하여 될수록 한자말을 쓰지 않도록 하여야 하겠습
니다.

(2차 교시)

ⓔ 고유어로 새 말을 만들어야

우리는 이미 있는 고유어를 찾아쓸뿐만 아니라 고유어로 새 말을 만들어쓰
기도 하여야 합니다.

(2차 교시)

㉢ 과일 이름은 산지의 고장 이름으로

내 생각에는 《국광》이나, 《욱》, 《축》 같은 이름도 그 사과가 나는 고장이름을 따라 고쳐짓는것이 좋겠습니다. 그 사과가 어디서 가장 많이 나며 어디것이 제일 맛있는가를 참작하여 《북청》이나 《송화》라고 할수도 있고 또는 《남포》나 《룡강》이라고 할수도 있을것입니다.

(2차 교시)

㉣ 벼 이름도 다 우리말로 고쳐야 합니다.

지금 어떤 동무들은 사과나 벼 같은것은 이때까지 부르던 이름에 버릇되었기때문에 그것을 다른 이름으로 고치기 힘들다고 하는데 주저하지 말고 대담하게 고쳐야 합니다. 그런것조차 일본말이름을 그대로 두고 앞으로 후대들에게 무엇이라고 설명하겠습니까? 지금 남조선에서 일본식한자말들을 모두 그대로 쓰고있는 형편에서 우리까지 가만히 있으면 우리 말은 정말 없어지고말것입니다. 우리는 일본식한자말들을 대담하게 고쳐야 합니다.

(2차 교시)

㉤ 어린이의 이름도 고유어로 지어야

지난날 우리 조상들은 사대주의병에 걸려 사람의 이름도 한자말로 지었습니다. 앞으로 어린이들의 이름은 될수록 고유어로 짓는것이 좋겠습니다.

(2차 교시)

③ 말 다듬기의 기본 수칙

㉠ 새로 들어오는 외래어는 제때에 우리말로 고쳐야

다른 나라들과의 과학문화교류를 통하여 새로 들어오는 외래어들은 우리말로 제때에 고치도록 하여야 합니다. 어떤 나라나 다 과학기술이 먼저 발전한 나라를 따라가기마련입니다. 그러다보니 발전된 나라 말이 들어오게 되여 외래어가 생깁니다. 그러나 외래어도 처음 들어올 때 자기 나라 말로 고치면 됩니다.

(2차 교시)

ⓛ 학술 용어는 너무 풀어쓰지 말아야

그런데 학술용어는 너무 풀어쓰지 말아야 합니다.

(2차 교시)

ⓒ 우리말로 굳어진 한자어와 외래어는 그냥 둔다

한자말과 외래어를 고친다고 하여 일률적으로 고치지 말아야 합니다. 한자말이라고 하더라도 사람들에게 확고하게 인식되고 우리 말로 완전히 굳어버린 것은 그냥두어야 합니다. 례를 들어 《학교》, 《방》 같은것은 한자말이라고 보지 않아도 좋을것이며 따라서 그런 말들은 고치지 않아도 됩니다. 지금 많이 쓰이는 《법칙》이란 말을 놓고보아도 당장 고쳐쓸 다른 신통한 말이 없습니다. 《갱도》라는 말도 마찬가지입니다. 사회과학이나 자연과학에는 이런 말들이 많은데 그것들을 고치는것이 문제입니다.

(2차 교시)

ⓔ 기본 의미는 같으나 사용 의미가 다른 것은 그대로 사용해야

한자말과 고유어가 뜻이 같으면서도 뜻의 폭이 꼭같지 않은것들은 잘 고려하여야 합니다. 례를 들어 《지하》와 《땅속》, 《심장》과 《염통》은 뜻이 같지만 그 폭이 다르므로 한자말과 고유어를 다 그대로 두는수밖에 없습니다. 만일 《지하투쟁》이란 말을 《땅속투쟁》이라고 고치거나 《평양은 나의 심장》이란 말을 《평양은 나의 염통》이라고 고치려고 해서는 안될것입니다.

(2차 교시)

ⓜ 군사용어는 고친다

군사용어는 고칠수 있습니다. 해방된 다음에 우리가 몇가지 군사용어들은 고쳤습니다. 《차렷》도 우리가 지어준 말입니다. 그전에 쓰던 《기척》은 일본말인데 독립군도 동북에서 이 말을 썼습니다. 홍범도도 그랬고 리범석이도 군관학교에서 이 말로 학생들을 가르쳤습니다. 그래서 우리는 《기척》을 《차렷》으로 고쳤습니다. 원래 구령은 마지막소리가 힘이 있어야 합니다. 해방후 우리는 구한국때와 일제때 쓰던 구령들을 모두 고치자고 하였으나, 그대로 넘어가고 말았습니다. 지금 군대에서 쓰는 말에는 한자말이 적지 않습니다.

《방독면》도 한자말이며 점수를 매길 때 쓰는 《우》, 《량》도 다 한자말입니다. 세계적으로 공통적인 군사용어라면 몰라도 그렇지 않은것은 우리 말로 쓰는것이 좋습니다. 군사기술용어도 세계적으로 공통적인것을 내놓고는 우리 말로 써야 합니다.

(2차 교시)

ㅂ 말 다듬을 때는 결합관계를 고려해야

말을 다듬는데서 단어들의 결합관계를 고려해야 할것도 있습니다. 《일기》란 말을 례로 들어보겠습니다. 우리가 그저 《일기》라고 할 때에는 《날씨》라고 쓸수 있으므로 그것을 없앨수 있지만 《일기예보》와 같은 단어의 결합을 고려할 때에는 《일기》라는 말도 그대로 두어야 합니다.

(2차교시)

④ 말 다듬는 기관

㉠ 내각에서 보장하도록

우리가 이미 사회과학원에 고장이름을 조사해보라고 하였는데 그 사업이 어떻게 되고있는지 모르겠습니다. 아마 사회과학원의 힘만으로는 그 사업을 다 하기 벅찰것 같습니다. 그러므로 내각에서 이 사업을 보장하기 위한 결정이나 명령을 하나 보내도록 하는것이 좋습니다. 앞으로 고유어로 된 고장이름을 다 조사하면 그대로 쓰게 하고 지도를 다시 찍으면 됩니다. 행적구역 이름도 내각결정으로 고치게 하면 될것입니다.

(2차 교시)

㉡ 새 말의 통제기관은 국어사정위원회

새로 나오는 말들에 대하여서는 국어사정위원회에서 잘 통제하여야 하겠습니다.

(2차 교시)

㉢ 어문학연구소가 새말 만드는 통제 기관이 되어야[45]

그리고 성이나 다른 기관들에서 새말을 되는대로 만들어내지 못하게 하며

---

[45] 2차 교시에서는 새말은 국어사정위원회에서 통제하고 고장 이름은 사회과학원에서 조사하고 내각이 결정하여 고치다고 하였다.

모든 기관들이 공문이나 출판물들에서 정확한 조선말을 쓰도록 강하게 통제하여야 하겠습니다.

어문학연구소가 우리 말을 정리하며 새말을 만들어내는 것을 통제하는 기관으로 되여야 합니다.

(1차 교시)

⑤ 말 다듬기 방법

㉠ 새 말은 통제하여 만든다

새로 나오는 말들에 대하여서는 국어사정위원회에서 잘 통제하여야 하겠습니다.

(2차 교시)

㉡ 지상토론으로 대중의 평가를 받아야

우리 말을 잘 다듬기 위하여서는 신문에 내여 지상토론을 하게 하여야 합니다. 언어학도 대중의 평가를 받아야 합니다. 학술용어 같은것도 신문에 한주일에 두세번쯤 내야 하며 다듬을 말을 한번에 열댓개씩 신문에 내여 대중이 평론도 쓰게 하고 질문도 내게 하여야 합니다. 다듬을 말은 중앙신문에도 내고 지방신문에도 내고 그와 반대되는 의견도 다 알려주어야 합니다. 지상토론에서는 제기되는 의견들도 다 알려주어 많은 사람들의 지혜를 동원하도록 하는것이 중요합니다. 지상토론을 많이 하여야 우리 말이 잘 다듬어질뿐만 아니라 그것이 대중속에 널리 알려집니다. 이와 같이 용어들을 대중이 평론하게 하고 좋은 의견들을 모아 마지막에 표준으로 삼을 말을 정하여쓰도록 하는것이 좋습니다.

말을 다듬는데서 대중의 지혜를 모으면 좋은것이 나올수 있습니다. 특히 사회과학이나 기술과학에 쓰는 말과 같이 고치기 힘든 말들은 널리 토론하여 다듬어야 합니다.

(2차 교시)

㉢ 서둘지 말고 섬멸전의 방법으로

우리 말을 고치는 일은 빨리 서둘지 말고 오래동안에 걸쳐 하나하나 해나가야 합니다. 결코 모든 단어를 하루이틀동안에 갑자기 다 우리 말로 고칠수는 없습니다. 몇십몇백년동안 내려온 말을 하루아침에 다 고친다면 사람들이 받아들이지 않을것은 물론, 고친 사람들자신도 모두 기억하지 못하여 다 쓰지 못할것입니다. 이 사업은 전체 인민의 일상적인 언어생활과 관련되어있는것만큼 주관적욕망만 가지고 깜빠니야적으로 해서는 절대로 안됩니다. 한자말이나 외래어를 단번에 많이 고치려고 하지 말고 하나하나 고쳐나가는 섬멸전의 방법으로 점차적으로 고쳐나가야 하겠습니다.

(2차 교시)

㉣ 일상어부터 단계적으로

먼저 우리가 늘 쓰는 말부터 바로잡아야 하겠습니다. … 누에가 뽕먹듯이 점차 먹어들어가는 방법으로 하여야지 그렇지 않으면 큰 혼란이 일어날수 있습니다. 그렇기때문에 우리가 늘 쓰는 말부터 먼저 고쳐나가야 하겠습니다.

(2차 교시)

㉤ 고친 군사용어는 사전에 넣지 말아야

군사용어는 고치기는 고쳐야 하는데 지금 당장 고치는것은 좀 이릅니다. … 그것을 고칠 때에도 사전에는 넣지 말고 따로 고쳐야 할것입니다.

(2차 교시)

㉥ 고친 말을 반드시 쓰게 하기 위해 검토 뒤에 내보내야

말을 얼마씩 계획적으로 고치고는 모든 사람들이 반드시 그것을 쓰도록 하여야 합니다. 그러자면 말들을 잘 다듬어 파악있는 용어를 내보내야 합니다. 그렇게 하지 않고 파악이 없는것을 내보내면 사람들이 받아들이지 않고 본래의 말을 그대로 쓸수 있습니다. 그러므로 이 사업은 아주 심중하게 하여야 합니다.

(2차 교시)

㉦ 학술용어는 기관에서 시험한 뒤에 내보내야

동무들이 학술용어집을 출판하겠다고 제기하였는데 그것은 아직 파악이 없으니 출판하여 책방에서 팔게 하지 말고 초안을 만들어 기관들에만 주어야 합

니다. 그리하여 당 및 국가 기관들에서 그것을 얼마동안 표준으로 삼게 하여
학술용어들이 기관에서부터 점차 아래에 내려가도록 하여야 합니다. 학술용어
는 아래에서 지어내는것이 아니라 중앙에서, 내각과 성에서 지어 내려보냅니
다. 그러므로 학술용어초안을 기관들에서 먼저 5~6년이나 10년쯤 써보면서
그동안 자꾸 다듬어 내보내도록 하여야 합니다.

(2차 교시)

⑥ 다듬은 말 보급(교육)

㉠ 보급은 초등학교, 신문, 방송부터

고유한 우리 말들을 대중속에 빨리 들어가게 하기 위하여서는 그것을 교육
부문, 특히 초등학교에서부터 먼저 받아들이게 하며 신문과 방송에서도 제때
에 받아들이도록 하여야 합니다. … 우리 말을 잘 보급하려면 학교에서부터 시
작하여야 합니다. 학교에서는 인민학교 1학년 학생들부터 새로 다듬은 우리
말을 배우도록 하여야 합니다. 고유한 우리 말들을 다 살려 어린이들에게 가르
쳐주어 그들이 어른들의 틀린 말을 고쳐주도록 하여야 합니다. … 그리하여 우
리는 낡은것을 버리고 새것을 받아들이는 방법으로 우리 말을 되살려나가야
합니다.

(2차 교시)

㉡ 우리말 초안은 교과서 만들 때부터 사용하게 해야

고유한 우리 말을 빨리 보급하기 위하여서는 표준할 우리 말 초안을 교과서
를 만들 때에도 쓰게 하며 그 초안이 정해지는데 따라 교과서의 용어도 몇해에
한번씩 고쳐나가도록 하여야 합니다. 표준할 우리 말 초안은 대학에도 주어 표
준으로 삼게 하는것이 좋습니다. 그리고 신문사나 방송국에도 표준할 말 초안
을 주어 쓰도록 하여야 합니다. 몇해동안 이렇게 해나가면 지난날 봉건통치배
들이 사대주의를 하여 들여온 외래어와 한자말들이 좀 정리될수 있을것입니다.

(2차 교시)

㉢ 말 다듬는 시기는 지금부터

먼저 우리 말을 좀 정리해야 하겠습니다. 지금 단계에서는 말을 정리하는것
이 중요합니다. 말을 정리한 다음에 문자형태와 철자법도 보아야 합니다.

　　우리 말을 정리하는것은 결코 쉬운 일이 아닙니다. 여기에는 많은 조사연구 사업이 필요하며 또한 강한 통제가 있어야 합니다.

(1차 교시)

㉣ 쓰지 않을 한자어는 사전에서도 빼어야

　　동무들은 조선고유어휘가 얼마나 되고 조선어로 되여버린 한자어가 얼마나 되는가를 알아보아야 하겠습니다. 계속 써야 할 한자어가 얼마나 되고 버릴것이 얼마나 되는가를 조사하여 버려야 할것은 대담하게 사전에서도 빼버리는것이 좋습니다. 사전에 있는 말을 쓴것을 잘못이라고 하기도 곤난합니다. 그러므로 우리가 쓰지 않을 한자어는 한어사전에만 올리고 조선말사전에서는 아예 빼버려야 하겠습니다. 과학원에서 만들어낸 《조선말사전》 에는 한자어가 너무 많아서 마치 중국의 옥편 같습니다. 앞으로는 사전을 이렇게 만들지 말아야 하겠습니다.

(1차 교시)

㉤ 다듬는 데 그치지 말고 좋은 말을 만들어야

　　동무들은 그전의 말을 잘 다듬는데 그치지 말고 좋은 말을 많이 만들어내야 합니다. 그러기 위해서는 동무들자신이 더 깊이 연구하고 더 많은 노력을 해야 할것입니다.

(1차 교시)

㉥ 주관적인 견해 버리도록

　　우리 말을 정리하는데 있어서 개별적으로 동무들의 귀에 거슬리는것은 나쁘다고 하고 거슬리지 않는것은 좋다고 하여 혼란을 일으키는 일이 없도록 하여야 할것입니다.

(1차 교시)

㉦ 방향은 교시의 기본 방향에 충실하게

　　언어학자들은 우에서 말한 기본방향에 따라 우리 말을 정리하며 더 풍부히 하고 발전시켜야 하겠습니다.

(1차 교시)

◎ 사상과 사회운동을 동원하여 우리말 기풍 세울 것

다음으로 사상적으로 동원하고 사회적운동을 벌려 모든 사람들이 우리 말을 옳바르게 쓰는 기풍을 세워야 하겠습니다. 힘든 한자어를 쓰지 말고 군중이 알수 있는 쉬운 말을 써야 한다는것을 당적으로 널리 선전해야 하겠습니다. 우리 사회주의사회에서는 자본주의사회와는 달리 당이 옳은 방향만 내세우면 대중은 인차 그것을 따라옵니다.

(1차 교시)

문화어 문제

1차 교시에서는 문화어에 대한 언급은 없다. 단지 서울말을 표준으로 하지 말 것을 지시하였고, "사회주의를 건설하고 있는 우리가 중심이 되여 조선말을 발전시켜야 한다"고 한 것으로 미루어 이 때에 이미 평양말을 표준으로 하는 문화어를 계획하였고 단지 그 명칭에 대해 고심했던 것으로 추정된다. 문화어의 필요성과 개념, 터를 평양말이라 밝힌 것은 2차 교시에서 처음으로 나타나고 있다.

우리 말을 발전시키는데 있어서 어떤 다른 나라 말을 본받아도 안되며 또 영어나 일본말이 많이 섞여든 서울말을 표준으로 할수도 없습니다. 우리는 어디까지나 우리 나라의 고유한 말을 기본으로 하고 사회주의를 건설하고있는 우리가 중심이 되여 조선말을 발전시켜야 합니다.

(1차 교시)

① 새로운 중앙어는 문화어

그런데 《표준어》라는 말은 다른 말로 바꾸어야 하겠습니다. 《표준어》라고 하면 마치 서울말을 표준하는것으로 그릇되게 리해될수 있으므로 그대로 쓸 필요가 없습니다. 사회주의를 건설하고있는 우리가 혁명의 수도인 평양말을 기준으로 하여 발전시킨 우리말을 《표준어》라고 하는것보다 다른 이름으로 부르는것이 옳습니다.

《문화어》란 말도 그리 좋은것은 못되지만 그래도 그렇게 고쳐쓰는것이 낫습니다.

(2차 교시)

② 우리 말 발전의 터는 혁명의 수도이며 요람지인 평양말로

우리 말을 발전시키기 위하여서는 터를 잘 닦아야 합니다. 우리는 우리 혁명의 참모부가 있고 정치, 경제, 문화, 군사의 모든 방면에 걸치는 우리 혁명의 전반적 전략과 전술이 세워지는 혁명의 수도이며 요람지인 평양을 중심지로 하고 평양말을 기준으로 하여 언어의 민족적특성을 보존하고 발전시켜 나가도록 하여야 하겠습니다.

(2차 교시)

옛날 책 번역

① 옛날 책은 고유어로 번역할 것

특히 옛날책을 번역하는 학자들속에서 우리 말을 살려쓰는것이 문명하다는 관점을 똑똑히 세워야 합니다.

우리 학자들이 옛날책을 번역한것을 보면 많은 한자말을 그대로 두었습니다. 물론 그것도 쓰기는 우리 글로 썼지만 한문식말 그대로입니다. 이렇게 한자말을 그대로 두기때문에 사람들이 번역된 옛날책들을 보고도 잘 알지 못합니다. 우리 나라에는 옛날책이 많은데 그것을 다 한문식으로 번역하였기때문에 다시 고유한 우리 말로 번역하여야 할 형편에 있습니다. 그러니 청소년들이 옛날책을 잘 읽으려 하지 않습니다. 청소년들이 옛날책을 잘 읽지 못하다보니 민족적풍속도 모르고 례절도 잘 지킬줄 모릅니다.

(2차 교시)

② 옛날 소설과 전설 및 사화는 현대화해야

우리는 옛날소설들을 현대사람들이 볼수 있도록 현대화하여야 하겠습니다. 옛날책들을 현대화하지 않고 사람들에게 한자를 가르쳐주어가지고 그것을 알게 하자면 어렵습니다. 그전에 《춘향전》을 알기 쉽게 고치라고 하였더니 지금은 좀 나아졌는데 다른것들도 다 알기 쉽게 만들어야 합니다. 옛날소설뿐만 아니라 전설집, 사화집도 현대사람들이 알수 있도록 현대화하여야 합니다.

(2차 교시)

③ 비속화하지 말아야

옛날책을 가지고 영화나 연극 같은것을 만들 때에는 비속화하지 말아야 한다는것입니다. 영화 《량반전》은 지내 비속화되여서 재미없습니다. 원래 이 작품은 그 때 당시의 계급투쟁을 그린것인데 비속화하다보니 아이들이 그저 희극으로만 보고있습니다.

(2차 교시)

④ 옛날 책 번역 위해 고전문학과 설치하도록

옛날책에 대한 번역은 한문지식이 있는 사람에게 시켜야 합니다. 앞으로 김대에 고전문학과와 같은것을 따로 내오고 똑똑한 사람들을 몇십명씩 받아서 한문을 가르쳐주며 또 문학도 가르쳐주도록 하는것이 좋겠습니다. 그들의 학습기간은 4년이 짧으면 6년으로 해도 좋습니다.

(2차 교시)

언어에서의 주체성 문제

① 사대주의 언어관을 청산하고 주체의 언어관을 갖도록 독려해야

지난날 우리 나라 사람들가운데서 이 나라들에 대한 사대주의가 생겨났으며 이 나라들과의 정치적접촉과 경제문화적교류 과정에 이 나라들의 말이 우리 나라에 적지 않게 들어왔습니다.

리조봉건시기에는 중국에 대한 사대주의가 심하여 그 나라의 말들이 많이 들어왔습니다.

(2차 교시)

② 민족적 양심 가진 사람은 민족적 특성 지킨다

공산주의자들인 우리는 우리 말의 민족적특성을 살리고 그것을 더욱 발전시켜나가야 합니다. 공산주의자가 아니라고 하더라도 민족적량심을 가진 조선사람치고 우리 말의 민족적특성이 없어져가는것을 좋아할 사람은 하나도 없을 것입니다.

(2차 교시)

③ 언어에 있어서도 주체사상을 세워야

　지난날 우리 사람들에게 사대주의가 많이 작용하다보니 언어학뿐만아니라 다른 부문에도 그 영향이 적지 않게 미쳤습니다. … 지금도 일부 사람들은 사대주의를 버리지 못하고있습니다. 어떤 학자들은 우리 나라의 자원을 연구하여 우리의 공업을 발전시킬 생각은 하지 않고 다른 나라에 붙어살려고 합니다. 우리는 경제건설분야에서 사대주의를 반대하고 주체를 세워 우리 나라의 자원으로 자립경제를 건설하는 방향으로 나가야 합니다.

　언어학에서도 주체를 세워 우리 말을 체계적으로 발전시키며 사람들이 그것을 쓰는데서 민족적 자부심과 긍지를 가지도록 하여야 하겠습니다.

(2차 교시)

④ 온 세상이 공산화 될 때까지는 민족어를 사용하도록

　온 세계가 다 공산주의로 되기까지는 사람들이 민족별로 갈라져 살기 마련이며 조선사람은 조선땅에서 살게 될것이므로 조선말을 계속 쓰게 될것입니다. 그러므로 우리는 어떻게 해서든지 우리 말을 잘 살리고 발전시켜야 합니다.

(2차 교시)

⑤ 한자말이나 외래어 쓰는 사람은 민족적 긍지가 없는 사람

　사실 우리 나라 말은 높고낮음이 똑똑하고 말소리가 아름답습니다. 우리 나라 발음법을 배우면 아무 나라 말도 잘할수 있습니다. 어떤 사람들은 한자말과 외래어를 써야 유식하고 위신있는것으로 생각하는데 이런 관점을 버려야 합니다.

　우리는 모든 사람들이 한자말이나 외래어를 쓰는 사람은 민족적긍지가 없는 사람이고 자기 나라 말을 잘 하는 사람이 유식하고 민족적자부심이 높은 사람이라고 생각하도록 하여야 합니다. … 그래야 우리 말을 살리고 발전시킬수 있으며 후대들에게도 우리 말을 잃지 않도록 그 토대를 잘 마련하여줄수 있습니다.

(2차 교시)

⑥ 우리말은 좋은 말이니 자랑하고 사랑해야

　사실 우리 조선말은 아주 좋은 말입니다. 우리 말은 류창하며 높고낮음과 길고짧음이 있고 억양도 좋으며 듣기에도 매우 아름답습니다. 우리 말은 표현이 풍부하여 복잡한 사상과 섬세한 감정을 다 잘 나타낼수 있으며 사람들을 격동시킬수 있고 울릴수도 있으며 웃길수도 있습니다. 우리 말의 례의범절을 똑똑히 나타낼수 있기때문에 사람들의 공산주의도덕교양에도 매우 좋습니다. 또한 우리 나라 말은 발음이 매우 풍부합니다. 그렇기때문에 우리 말과 글로써는 동서양의 어떤 나라 말의 발음이든지 거의 마음대로 나타낼수 있습니다.

우리는 자기의 말과 글을 응당 자랑해야 하며 사랑해야 합니다.

(1차 교시)

우리말을 발전시키는 방향

① 조선어 교육을 더욱 강화하도록

모든 학교들에서 조선어교육을 더욱 개선강화하며 모든 기관들에서도 국어학습을 제도화하여야 하겠습니다.

(1차 교시)

② 조선말 사전과 어문학 교과서 고쳐야

조선말사전을 고칠뿐만 아니라 필요한 참고서적도 내야 합니다. 어문학교과서를 고치며 어문학교원을 많이 길러내야 하겠습니다. 다른 모든 교과서들도 말과 글을 정리하는 방향에서 다시 검토하여야 하겠습니다.

이러한 대책들을 세워 사람들이 다 우리 말과 글을 옳바르게, 알아듣기 쉽게 쓰도록 하여야 하겠습니다.

(1차 교시)

③ 언어학자 길러내고 사범대와 교원대는 국어시간 늘려야

우리 말을 잘 다듬고 그것을 더욱 발전시키기 위하여 언어학자들을 더 길러내야 하겠습니다. 사범대학과 교원대학들에서는 과정안에 조선말시간을 더 넣어야 하며 학생들이 우리 말을 많이 공부할수 있도록 하여야 합니다.

(2차 교시)

쉬운 말 쓰기

① 쉬운 말 쓰는 사람이 유식한 사람

　우리는 해방직후부터 힘든 말을 쓰지 말고 쉬운 말을 쓸것을 주장하여왔으
나 아직도 대중이 알아듣지 못할 어려운 말을 쓰는 사람들이 많습니다.
　어떤 사람들은 마치 남이 모르는 한자어를 많이 쓰는것을 유식한것으로 알
고있는데 사실은 이런 사람은 무식한 사람입니다. 쉬운 말을 하고 쉬운 글을
쓰는것이 더 유식하고 고상하다는것을 알려주어야 하겠습니다.

(1차 교시)

② 맑스-레닌주의에 정통한 사람은 쉬운 말을 쓴다[46]

　원래 맑스-레닌주의에 정통한 사람들은 어려운 말을 쓰지 않고도 모든 리론
을 알기 쉽게 잘 해설합니다. 그런데 리론을 깊이 알지 못하는 사람일수록 책
에서 문구를 따기 좋아하며 힘든 말을 늘어놓아 남이 알아들을수 없게 하는것
입니다. 여기에는 또한 어문학지식이 적은데도 일정한 원인이 있습니다. 대학
을 나온 사람들도 조선말을 잘못 쓰는것으로 보아 학교들에서 조선말을 제대
로 가르치지 못하는것 같습니다.

(1차 교시)

4. 김정일의 언어 정책

　김정일의 언어 이론은 「조선어의 주체적발전의 길을 밝혀준 강령적
지침」, 「언어생활에서 주체를 세울데 대하여」, 「언어생활에서 문화성
을 높이자」, 「언어와 민족문제」 그리고 「영화예술론」, 「주체문학론」 등
에 잘 나타나고 있다. 이 가운데 「영화예술론」의 내용은 최정후(1990)
에 의해 「친애하는 지도자 김정일동지의 언어리론 연구」로 저술되었고

---

46) 레닌은 기술에 있어서 명확성, 단순성, 평이성을 강조했다. 그의 이러한 언어관은 국민 대중과의 교제를 위해
서, 사상의 교화를 위해서 필요하다고 생각했기 때문이다. 이 글에서 맑스-레닌주의에 정통한 사람이라 한 것
은 바로 이점을 말한 것이다.

그 내용은 국립국어연구원(1992)에 요약 발췌하여 소개되고 있다. 또 최근에는 최정후·박재수(1999)의 『주체적 언어리론 연구』에서 김정일의 언어에 관한 지적 내용을 소개했는데47) 이를 통해서 김정일의 언어 정책의 개요를 살필 수 있다.

김정일의 언어 이론은 김일성의 언어 정책을 계승하고 구체화시키는 것이라 정의할 수 있다. "위대한 령도자 김정일동지께서는 위대한 수령 김일성동지께서 창시하시고 발전시키신 주체적언어리론을 전면적으로 발전풍부화시키시였다."48)는 것이 북한의 평가이다. 이 절에서는 최정후·박재수(1999)에 나타난 김정일의 언어에 대한 지적 내용을 토대로 김정일의 언어 정책을 살피도록 한다.

4.1. 언어 본질에 관한 이론

김정일은 언어에 대해 사회주의 언어관인 도구관을 그대로 받아들이고 있다. 김정일은 언어의 본질에 대해, 언어는 '인간생활의 힘있는 수단'이고 '인민대중의 자주성을 실현하기 위한 힘있는 무기'이며 '민족성을 고수하고 발전시키기 위한 중요한 수단'이라는 언어관을 갖고 있다. 이를 항목별로 나누어서 설명하면 다음과 같다.

① 언어는 인간 생활의 힘있는 수단이다.

언어는 인간생활의 힘있는 수단이다. 인간의 활동은 언어를 떠나서 이루어질수 없으며 사회적존재로서의 인간의 호상관계는 언어의 역할을 떠나서 생각할수 없다. 언어는 인민대중의 자주성을 실현하기 위한 투쟁에서 힘있는 무기로 된다. 말과 글이 있어야 사람들을 주체형의 인간으로 교양하는 사업도 잘할수 있고 경제와 문화, 과학과 기술을 발전시켜 자연과 사회, 인간을 주체의 요구대로 개조해나갈수 있다. 언어는 민족성을 고수하고 발전시키는데서 매우 중요한 작용을 한다. 피줄과 함께 언어가 같아야 한민족이라고 말할수 있으며

---

47) 이 책은 2000년11월 박이정에서 '조선 언어학 연구 총서' ⑤로 간행되었다. 이 글에서 참고한 것은 모두 박이정에서 출판한 책을 참고한 것이다.
48) 최정후·박재수(1999), 『주체적 언어리론 연구』, 머리말 인용.

자기 언어의 순결성을 지켜나가는 민족만이 자주적으로 발전할수 있다.

(≪주체문학론≫, 213-214쪽.)

언어는 인민 대중의 자주성을 실현시키고 주체형의 인간으로 교양할 수 있으며 자연과 사회와 인간을 개조함으로써 민족성을 고수하고 발전시키는 무기라는 언어 도구관을 잘 드러낸 말이다. 결국 언어는 인간을 공산주의적 사고를 가진 인간으로 개조하는 도구요 수단이라는 것이다. 이는 맑스, 레닌, 스탈린의 언어관과 일치하는 동시에 김일성의 언어관을 그대로 계승하고 있는 것이기도 하다.

② 언어는 인민 대중의 자주성을 실현하기 위한 힘있는 무기이다.

인류의 역사는 자주성을 옹호하고 실현하기 위한 투쟁의 역사였는데 인간의 의식적인 노동 과정에서 발생한 언어는 인류의 발전 역사에서 큰 역할을 하였다는 것이 맑스와 레닌과 스탈린의 언어관이다. 김정일도 이 언어관을 그대로 받아들여 언어를 인민 대중의 자주성을 실현하기 위한 투쟁의 무기로 보고 있다. 그런데 인민 대중의 자주성은 사회 개조, 자연 개조, 인간 개조를 통해서만 실현할 수 있는데 이를 위한 수단이 바로 언어라는 것이다. 또한 언어는 인간을 낡은 사상과 낡은 문화의 구속에서 해방시키고 자주적인 사상과 건전한 문화를 소유한 창조적인 존재로 만드는 무기, 다시 말해 인간 개조를 위한 투쟁의 무기라는 것이다. 여기서 인간 개조란 '주체형의 공산주의적인간으로 교양육성'을 뜻하는 것으로 언어의 본질을 공산주의적 사고를 가진 인간을 육성시키는 수단으로 생각하는 것이다.[49]

③ 언어는 민족성을 고수하고 발전시키기 위한 중요한 수단이다.

김일성은 1차 교시에서 "언어는 민족을 특징짓는 공통성가운데서 가장 중요한것의 하나입니다. 피줄이 같고 한령토안에서 살아도 언어

---

49) 최정후 · 박재수(1999), 『주체적 언어리론 연구』 74~75 참고.

가 다르면 하나의 민족이라고 말할수 없습니다"라 하여 언어가 가지고 있는 민족주의적 특성을 강조했다. 이는 소련의 사회주의 언어학에서 주장하는 민족과 다른 이론으로 단일민족의 분단적인 현실과 공산주의적 사상 교양을 위해 정치적으로 필요했던 것으로 추정된다. 언어에 대한 김일성의 민족주의적 관점은 김정일로 이어졌는데 김정일은 "언어는 사람들의 사회적집단적인 민족의 형성과 자주적인 발전에서 중요한 수단으로 됩니다"50)라 지적하여51) 언어를 민족적 특성과 자주적인 발전을 위한 수단으로 보았다.

> 언어는 민족을 특징짓는 가장 중요한 징표의 하나입니다.
> 재일동포들이 비록 일본땅에서 살지만 조선민족으로 되는것도 다름아닌 피줄과 언어가 우리와 같기때문입니다.
> 언어는 민족문제와 밀접한 련관속에서 고찰하여야 합니다.52)

민족을 결정짓는 조건은 핏줄과 언어로, 언어가 다르면 핏줄이 같고 한 영토에 살아도 민족이라 할 수 없다는 김일성의 이론을 다른 영토에 살더라도 핏줄과 언어가 같으면 한 민족이라고 바꾸어 표현하였다.

4.2. 분단된 조국의 현실과 언어 문제

김일성은 교시에서 남한의 언어가 외래어와 한자어로 인해 변질되어 가는 현실에 대해 비판하였으며 그로 인한 남북한의 언어 이질화에 대해 심각하게 우려하였다. 김정일도 남북한의 언어 이질화에 관심을 가지고 나름대로 우려하고 그 대안을 제시하였다.

---

50) 최정후·박재수(1999), 『주체적 언어리론 연구』 83쪽 인용.
51) 여기서 '지적'이라는 표현은 북한에서 김정일의 말에 붙이는 공식적인 표현을 그대로 쓴 것이다. 북한에서는 김일성의 말을 인용할 때는 "위대한 수령 **김일성**동지께서는 다음과 같이 교시하시였다."로 쓰고 김정일의 말을 인용할 때는 "위대한 령도자 **김정일**동지께서는 다음과 같이 지적하시였다."로 표기하는 것을 공식으로 하고 있다.
52) 최정후·박재수(1999), 89쪽 인용.

나라가 분렬되여있는 오늘 언어를 민족문제와 밀접히 관련시켜 고찰하는것은 단순히 학술상의 문제가 아니라 조국통일과 관련된 심각한 정치적문제로 됩니다.[53]

비록 언어교류가 없는 조건에서도 북과 남이 같은 하나의 기준, 하나의 원칙을 내세우고 언어를 발전시킨다면 그런 사태를 미리 막을수 있다. 북과 남이 다같이 고유조선말을 기준으로 삼고 언어의 기본대를 세우며 외래어와 한자어를 정리하여 우리 말로 바꾸는 원칙에서 언어를 발전시킨다면 언어의 이질화를 미리 막고 그 순결성을 지켜낼수 있을 것이다.

『주체문학론』, 218쪽

분단된 조국에서 언어의 문제는 단순한 학술의 문제만은 아니고 정치적 문제라 하여 언어 이질화의 문제를 제기한 뒤에 남과 북이 언어의 문제에 있어 같은 기준과 같은 원칙을 내세운다면 언어로 인해 민족이 갈라지는 사태도 막을 수 있으며, 특히 외래어와 한자어를 우리말로 바꾼다면 이질화를 막는 것은 물론이고 우리말의 순결성도 지킬 수 있다는 것이 분단 현실의 언어를 바라보는 김정일의 시각이다.

4.3. 우리말의 터에 관한 문제

김일성은 2차 교시에서 평양말을 발전의 터로 정하였다. 김정일은 터를 '기지'라는 표현을 써서 더 전투적으로 표현하였다.

민족어를 발전시킴에 있어서 튼튼히 의거해야 할 기지는 사회주의를 건설하고있는 공화국북반부이며 조선인민이 통일적으로 써야 할 민족어는 공화국북반부에서 주체성있게 발전시켜온 언어입니다.[54]

조선어의 기준은 혁명의 수도인 평양말입니다. 나라의 정치, 경제, 문화의 중심지이며 혁명의 거점인 수도를 중심으로 하여 언어문제를 해결하고 수도의 언어를 기준으로 민족어전반을 발전시켜나가는것은 사회주의적민족어 건설에서 일관하게 견지하여야 할 근본원칙입니다.[55]

---

53) 최정후 · 박재수(1999), 98쪽 인용.
54) 최정후 · 박재수(1999), 104쪽 인용.

해방후 우리 민족어는 나라의 정치, 경제, 문화의 중심지인 평양을 중심으로 하여 발전하였습니다. 우리 민족어의 고유한 특성은 평양말에 집중적으로 구현되여있으며 평양말이 민족어의 규범적인 말로 발전하여왔습니다. 평양말은 오늘 공화국북반부에서 민족적특성이 높이 발양되고 현대의 요구에 맞게 끊임없이 발전하는 우리 민족어의 표준으로 되였습니다.56)

4.4. 대중에 의한 언어의 창조와 발전

김일성은 교시에서 말 다듬기에 대중을 동원하고 대중으로부터 평가를 받아야 한다고 교시하여 말다듬기에 대중들을 참여시키고 대중들로부터 평가를 받을 것을 교시했는데 김정일은 창조와 발전의 주체가 바로 인민 대중임을 지적했다. 이는, 언어가 노동의 과정에서 창조되었다는 맑스, 레닌, 스탈린의 언어관을 받아들인 것으로 바로 노동자인 인민 대중이 언어 창조와 발전의 주체라는 뜻을 담고 있다.

언어를 창조하시고 발전시키는것은 인민대중이다. 인민대중이야말로 가장 아름답고 섬세하며 힘있는 말을 창조하고 발전시키는 언어의 명수들이다.

(『영화예술론』, 116쪽)

우리의 언어생활은 인민대중을 위한것으로 되여야 하며 인민대중의 지향과 요구를 반영한것으로 되여야 합니다.57)
새로운 말을 창조하는데서는 로동계급적선을 똑똑히 세우고 인민성의 원칙을 철저히 구현하는것이 중요하다.

(《영화예술론》, 117쪽)

4.5. 한자어와 외래어에 대한 입장

우리는 아름답고 표현이 풍부한 우리 말을 더욱 발전풍부화시켜야 하며 우리 말에 다른 나라 말이 끼여들지 못하게 하기 위하여 적극 노력하여야 합니다.58)

---

55) 최정후·박재수(1999), 139쪽.
56) 최정후·박재수(1999), 140쪽 인용.
57) 최정후·박재수(1999), 215쪽 인용.

고유어를 살려쓰는것과 함께 외래어와 한자어를 될수록 새로 다듬은 우리 말로 바꾸어 써야 합니다.

(《주체문학론》, 217쪽)

우리는 고유한 조선말어근에 기초하여 새 단어를 만들며 굳어지지 않은 한 자말은 고유한 조선말로 바꾸어야 합니다.[59]

고유어는 다른 민족어의 침습을 받지 않고 그 민족이 대대로 창조하고 발전 시켜온 민족적특성을 가장 뚜렷하게 가지고있는 언어이다. 고유어는 민족어에 서 기본을 이룬다.

(《주체문학론》, 217)

우리 나라에서 한문이 오랜동안 쓰여지게 된것은 봉건통치배들의 사대주의때 문입니다. 지난날 봉건통치배들은 우리 글자를 만들 생각은 하지 않고 사대주의 에 물젖어 한자를 받아들여 썼습니다. 그들은 고유한 우리 글이 나온 다음에도 그것을 천시하고 한문을 써왔습니다. 지난날 부패무능한 봉건통치배들의 사대주 의적행위로 하여 한문은 우리 민족어발전에 커다란 지장을 주었습니다.[60]

4.6. 언어 생활에 있어서의 기풍

언어 사용의 기풍을 바로 세울 것을 주창하고 있는데 기풍으로는 알기 쉽고 통속적인 언어, 언어규범에 맞는 말과 글, 비문화적인 말과 낡은 언어 잔재를 떨쳐버린 언어, 사상도덕적 풍모를 높이고 사회주의 적 생활양식을 확립하는 언어를 들고 있다.

① 언어 생활의 기풍 바로 세워야

전민이 떨쳐나서 언어생활기풍을 바로세워나갈 때만이 우리 말을 아름답게 다듬고 세련시킬수 있으며 더욱 발전시켜나갈수 있습니다.[61]

---

58) 최정후 · 박재수(1999), 172쪽 인용.
59) 최정후 · 박재수(1999), 174쪽 인용.
60) 최정후 · 박재수(1999), 241쪽 인용.
61) 최정후 · 박재수(1999), 214쪽 인용.

글을 알기 쉽게 통속적으로 쓰는 기풍을 세워야 합니다.[62]

② 언어 생활에 있어 규범을 지켜야

우리 말 규범은 민족어의 특징과 요구를 일반화하여 모든 사람이 공동으로 지켜야 할 언어사용준칙을 규제하고있다. 언어규범에 맞지 않는 부정확한 말은 사회의 언어규범화를 확립하는데 해로운 영향을 준다.

(『주체문학론』, 215쪽)

우리 인민이 공통적으로 리해하고 다같이 쓰는 규범적인 말을 살려 쓰고 사투리를 비롯한 비문화적인 말을 쓰지 않도록 해야 언어생활에서 문화성이 보장될수 있습니다.[63]

③ 언어 생활에서 문화성을 높여야

언어생활에서 문화성을 높여야 합니다.[64]
우리는 비문화적인 말을 하고 글을 쓰는 현상에 대하여 웃음거리로만 생각하고 스쳐보낼것이 아니라 사회적으로 투쟁을 벌리도록 하여야 합니다.[65]

언어례절을 잘 지키는것은 언어생활을 문화성있게 하는데서 중요한 문제입니다.[66]

④ 사상과 도덕적 풍모를 높이어야

…전투적이고 아름다운 문화어는 사람들의 사상도덕적풍모를 높이고 사회주의적생활양식을 확립하는데 중요한 영향을 미치게 된다.

(《영화예술론》, 117쪽)

일반적으로 언어생활에는 낡은 사상 잔재가 가장 많이 남아있으며 또 그것은 하루이틀사에에 쉽게 없어지지 않는다. 이러한 낡은 언어잔재는 낡은 사상

---

62) 최정후·박재수(1999), 226쪽 인용.
63) 최정후·박재수(1999), 225쪽 인용.
64) 최정후·박재수(1999), 222쪽 인용.
65) 최정후·박재수(1999), 223쪽 인용.
66) 최정후·박재수(1999), 224쪽 인용.

잔재와 함께 꾸준한 교양과 투쟁을 거쳐서만 없애버릴수 있다.67)

4.7. 언어와 사회의 관련성

언어생활은 언어를 가지고 진행하는 사람들의 교제활동이며 사회생활의 한 분야입니다. 언어를 기본수단으로 하는 언어생활에서 어떤 말을 어떻게 쓰는 가하는것은 그 성격을 규정하는 중요한 문제입니다.68)

…사람의 사상감정과 기호와 취미는 모두 말을 통하여 표현되며 그의 직업과 지식정도, 문화도덕수준도 말에서 그대로 나타난다. 로동자와 농민의 말이 다르고 늙은이와 젊은이의 말이 같지 않은것은 그들의 직업과 년령, 준비정도가 서로 다른데로부터 생각하는바가 다르고 말하는 투가 같지 않기때문이다.69)

사람들은 사상, 문화, 도덕 생활에서 자기 시대의 영향을 받기때문에 그의 말투에서는 당대 사회의 풍조가 반영되기마련이다.70)

4.8. 언어에서의 주체성 문제

① 언어에서의 주체성의 개념

언어생활에서 주체를 세운다는것은 자기 민족의 고유한 말과 글을 적극 살려쓰며 인민대중의 지향과 요구, 사상감정과 정서에 맞게 말을 하고 글을 쓴다는것을 말합니다. 언어생활에서 주체를 세우는 문제는 결국 어떤 말과 글을 누구를 위하여 어떻게 쓰는가 하는 문제입니다. 자기 민족의 고유한 언어를 가지고 인민대중을 위한 립장에서 말을 하고 글을 써야 언어생활에서 주체가 섰다고 말할수 있습니다.71)

---

67) 최정후·박재수(1999), 234쪽 인용.
68) 최정후·박재수(1999), 203쪽 인용.
69) 최정후·박재수(1999), 208쪽 인용.
70) 최정후·박재수(1999), 209쪽 인용.
71) 최정후·박재수(1999), 217쪽

② 언어에서 주체를 세워야 할 필요성

언어생활이 사회생활과 밀접히 련결되여있고 사회생활에 미치는 영향이 크기때문에 언어생활에서 주체를 세우는것은 혁명과 건설의 모든 분야에서 주체를 세우는 사업을 성과적으로 해나가기 위한 중요한 요구의 하나로 나서게 됩니다.[72]

③ 언어에서 주체를 살리는 방법

민족은 민족어와 뗼수 없이 련결되여있습니다. 우리 인민의 민족성을 살리고 그것을 고수하자면 언어생활에서도 주체를 세우고 민족어를 발전시켜야 합니다. 언어생활에서 주체를 세우고 고유한 우리 말을 적극 살려써야 우리 인민의 민족성을 고수하고 발전시켜나갈수 있습니다.[73]

언어생활에서 주체를 세우는것은 오늘 일부 사람들이 쓰는 말과 글에 사대주의적요소가 적지 않게 나타나고있는것과 관련하여 더욱 절실한 요구로 나서고 있습니다.[74]

언어생활에서 주체를 세우려면 주체적인 사상관점, 주체적인 립장과 태도를 가져야 합니다.[75]

언어생활에서 주체를 세우기 위하여서는 우리 민족어의 우수성을 잘 알고 고유한 우리 말을 적극 살려써야 합니다.[76]

언어생활에서 주체를 세우는 사업은 전인민적인 관심속에서 사회적운동으로 벌려야 원만히 수행될수 있습니다.[77]

---

72) 최정후 · 박재수(1999), 217쪽 인용.
73) 최정후 · 박재수(1999), 218쪽 인용.
74) 최정후 · 박재수(1999), 219쪽 인용.
75) 최정후 · 박재수(1999), 220쪽 인용.
76) 최정후 · 박재수(1999), 221쪽 인용.
77) 최정후 · 박재수(1999), 235쪽 인용.

4.9. 언어에 있어서의 논리성과 관점의 문제

말을 하고 글을 쓰는 사람들이 립장과 관점을 옳바로 가지는것이 중요합니다. 말을 하고 글을 쓰는데서 사람들의 립장과 관점 문제는 결정적인 작용을 합니다. 어떤 립장과 관점에 서서 말을 하고 글을 쓰는가 하는데 따라 인민대중을 위하고 인민대중의 요구를 반영한 말을 하고 글을 쓸수도 있고 그렇지 못할수도 있습니다.[78]

인민대중이 알기 쉽게 통속적으로 쓰자면 우리 말 공부를 많이 하여야 합니다. 이야기하려는 중심을 명확히 잡고 글의 체계를 론리성있게 세웠다고 하여도 우리 말 지식이 부족하면 자기 생각을 글로 원만히 나타낼수 없으며 그런 글은 읽는 사람들에게 감흥을 주지 못합니다.[79]

말은 우선 론리에 맞게 해야 알아들을수 있다. 론리에 맞게 말한다는것은 말의 앞뒤가 맞아떨어지게, 생활의 론리, 사상의 론리, 행동의 론리에 맞게 한다는것을 의미한다.

(《영화예술론》, 114쪽)

사회의 모든 성원들이 말과 글에 대한 옳바른 립장과 관점을 가지고 말을 정확히 쓰는 기풍을 세워나가는것은 언어생활을 바로잡는데서 기본문제의 하나입니다. 언어생활을 바로잡는 문제도 사람의 사상이 어떻게 발동되는가 하는데 크게 달려있습니다.[80]

4.10. 세계주의 언어관

위대한 수령님께서는 사회주의적민족어발전의 합법칙적과정을 과학적으로 해명하신데 기초하여 언어를 발전시키는데서 지켜야 할 확고히 견지하여야 할 원칙의 하나는 언어를 세계공통적인 방향에 접근시키면서도 언어의 민족적특성을 옳게 살려나가며 중요하게 우리 나라의 고유한 말을 기본으로 하고 사회주의를 건설하고있는 우리가 중심이 되여 조선말을 발전시키는것이라고 가르쳐주시였습니다.[81]

---

78) 최정후 · 박재수(1999), 229쪽 인용.

79) 최정후 · 박재수(1999), 230쪽 인용.

80) 최정후 · 박재수(1999), 233쪽 인용

4.11. 입말과 글말의 통일

민족어는 원래 입말로부터 생겨났으며 입말에 기초하여 글말이 발전하였다.

(《주체문학론》, 216쪽)

지난날에는 문자와 글이 지배계급의 소유물로 되고있는데로부터 지배계급의 손에 장악된 글말과 인민이 널리 쓰는 입말사이에는 여러가지 심한 차이가 생겨나게 되었다. 인민대중이 문자와 서사생활의 주인으로 된 오늘의 조건에서 낡은 시대가 남겨놓은 입말과 글말의 심한 차이를 그대로 둘수 없다.

(《주체문학론》, 216쪽)

5. 북한의 언어 정책 기관

① 조선어문연구회

북한 최초의 언어 연구 단체로 1946년에 설립된 김일성 종합대학의 어문학 강좌에서 비롯된 것으로 1947년에는 민간단체로 출범하였던 것인데 1947년 2월 북조선 인민위원회 결정 제175호에 의하여 설치함으로써 국가의 정책 및 연구 기관으로서의 성격으로 바뀌었으며 조선 어문의 통일과 발전을 위한 연구 사업을 추진했다. 기관지로는 1949년 4월에 창간된 『조선어연구』가 있다. 『조선어연구』는 1949년에 창간되어 1950년까지 11권이 출판되었는데 내용은 소련의 언어이론을 번역 소개하였고[82], 고전작품의 주석과 연구[83], 고어의 어휘 정리, 방언 자료의 수집·정리 등을 하였다. 체제는 1권 3호까지는 논문, 사

---

81) 최정후·박재수(1999), 134쪽 인용.
82) 이 책에서 번역 소개된 쏘련의 언어 이론은 「쏘베트 일반 언어학 삼십년」, 「쏘베트 언어학의 당면 과제」, 「"신언어 이론" 발전의 현단계」, 「30년간의 쏘련 동방학」, 「30년간의 로씨야 어학」, 「언어의 현실적 제 문제」, 「선진 쏘베트 언어학을 위하여」, 「마르와 쏘베트 언어학」, 「언어의 기원과 발달」, 「언어에 대한 브.이.레닌」, 「구조주의와 쏘베트 언어학」, 「언어학의 당면 과제」, 「이.브.쓰딸린과 쏘베트 언어학」 등이다.
83) 여기에서 나타난 고어 연구는 송강가사, 용비어천가, 동동, 월인석보, 농가월령가 등이며 고어예해 등도 보인다.

조, 강좌, 자료 등으로 되었으나 제1권 4호부터는 세부적으로 나누지 않았으며 끝 부분에 독자란이 보인다. 또한 이 연구회에서는 「조선어신철자법」과 『조선문법』 등의 서적도 간행하였다.

이 연구소는 1948년 10월에 내각 제4차회의에서 결정 제10호를 통해 교육성에 이관하여 설치되었으며, 「조선어신철자법」과 『조선문법』의 간행에 이어 『조선어 사전』의 편찬에 착수하고 원고를 작성하였으나 6.25 동란으로 중단되었으며, 1952년 과학원의 설립과 함께 폐지 되었다.[84]

② 학술용어사정위원회

1949년 2월 내각 결정 제7호에 의하여 "혼란에 빠진 학술용어를 통일하여 최소한도의 실용한자로 사정하여 과학 및 기술 발전의 기초를 확립하기 위하여" 북한 당국은 교육성 직속으로 학술용어사정위원회를 설치하였다.[85]

이 위원회는 어문학 용어, 수학 용어, 물리학 용어 등 모두 18개의 학술용어 사정 분과위원회와 실용한자 사정 분과 위원회를 두고 있었다.[86] 이 위원회는 문맹퇴치운동이 활발하던 시기에 설치된 것으로 일제의 오랜 식민지 통치로 인해 일본어의 잔재와 한자어의 영향이 크던 시기에 이루어진 것으로 "혼란에 빠진 학술용어"라는 표현으로 미루어 볼 때 일본말 찌꺼기와 한자어의 남용이 우리말을 혼란에 빠뜨리고 있다는 판단에 의한 것으로 보인다. 이는 소련의 레닌, 마르의 신언어이론에서 제기된 외래어의 문제가 이미 북한의 언어 정책 결정자들에 영향을 미친 것으로 보이며, 북한의 주체언어이론이 싹트고 있음을 보여주는 것이다.

---

84) 정경일(1989), 북한의 언어정책 시행기관, 『북한의 어학 혁명』, 북한언어연구회 편과 국립국어연구원(1992), 『북한의 언어 정책』 참고
85) 국립국어연구원(1992), 『북한의 언어 정책』 인용.
86) 정경일(1989), 북한의 언어정책 시행기관, 『북한의 어학혁명』, 북한언어연구회 편 인용.

③ 과학원 어문학연구소

과학원은 1952년 10월 내각 결정 183호에 의해 설치된 북한의 과학·기술연구의 대표적 기관이다(『조선중앙년감』, 1965. 170쪽). 자연, 사회, 인문과학 등 모든 연구기관을 산하에 두고 있으나 1964년 '사회과학원'의 신설에 따라 사회 및 인문과학의 연구 분야를 넘겨주고 현재는 수리공학, 열공학, 조종기계, 전자공학, 중앙광업, 지진, 기계제작공학, 흑색금속, 노동보호, 전기, 물리수학, 건설과학, 유연탄 채굴 등의 제연구소를 두고 있다.[87]

이 과학원 산하의 어문학연구소는 그 명칭이 '조선어 및 조선어학연구소'에서 '언어문학연구소'로 다시 '어문학연구소'로 개칭되어 왔고 그 하부에 사전연구실, 언어문화연구실 등의 부서를 갖추고 있다. 이 어문학연구소는 전항의 학술용어사정위원회가 주로 단어위주의 활동을 편 것에 비해 언어 전반에 대한 정리 및 통제 기관으로 활동하였다.

> 어문학연구소가 우리말을 정리하며 새말을 만들어내는 것을 통제하는 기관으로 되여야 합니다. 동무들은 그전의 말을 잘 다듬는데 그치지 말고 좋은 말을 많이 만들어내야 합니다. 그러기 위해서는 동무들자신이 더 깊이 연구하고 더 많은 노력을 해야 할것입니다. 우리 말을 정리하는데 있어서 개별적으로 동무들의 귀에 거슬리는것은 나쁘다고 하고 거슬리지 않는것은 좋다고 하여 혼란을 일으키는 일이 없도록 하여야 할것입니다.
> 언어학자들은 우에서 말한 기본방향에 따라 우리 말을 정리하며 더 풍부히 하고 발전시켜야 하겠습니다.
>
> (김일성 저작집 18권, 26쪽)

1964년 1월 3일 언어하자들과의 담화에서 밝힌 김일성의 1차 교시를 통해 우리는 어문학연구소가 새 말을 만들어 내는 데 대하여 통제하는 기능을 하고 있음을 알 뿐 아니라 말을 다듬고 새 말을 만들어 내는 기능까지 하고 있음을 알 수 있다. 또한 말을 다듬는 방법에 있어서도 언어학자들만의 문제가 아니고 대중 모두가 참여하는 말 다듬기의 방향을 암시하고 있다. 김일성의 2차 교시에서는 이에 대한 내용이 더

구체화되고 있다.

> 다음으로 우리 말을 잘 다듬기 위하여서는 신문에 내여 지상토론을 하게 하여야 합니다. 언어학도 대중의 평가를 받아야 합니다. 학술용어 같은것도 신문에 한주일에 두세번쯤 내야 하며 다듬을 말을 한번에 열댓개씩 신문에 내여 대중이 평론도 스게 하고 질문도 내게 하여야 합니다. 다듬을 말은 중앙신문에도 내고 지방신문에도 내고 그와 반대되는 의견도 다 알려주어야 합니다. 지상토론에서는 제기되는 의견들도 다 알려주어 많은 사람들의 지혜를 동원하도록 하는것이 중요합니다. 지상토론을 많이 하여야 우리 말이 잘 다듬어질뿐아니라 그것이 대중속에 널리 알려집니다. 이와 같이 용어들을 대중이 평론하게 하고 좋은 의견들을 모아 마지막에 표준으로 삼을 말을 정하여쓰도록 하는것이 좋습니다.
>
> (김일성 저작집 20권, 343쪽)

이 과학원에서는 1948년 1월에 제정된 「조선어신철자법」을 버리고 1954년에는 새로이 「조선어철자법」과 「조선어외래어표기법」을 제정하였으며, 1958년에는 『말과 글』을 창간하기도 하였다. 1956년에는 『조선어문』을 발간하였으나 폐간시키고 1961년에는 어학전문지 『조선어학』을 간행하였다. 또한 규범문법 분야인 『조선어문법』을 간행하기도 했는데 1960년에는 그 첫권으로 어음론과 형태론을 다룬 책을 간행하였고 이어서 1963년에는 둘째권으로 문장론을 간행하였다. 과학원에서는 사전과 옥편도 간행했는데 1956년의 『조선어소사전』과 1962년의 『조선말사전』 그리고 1963년의 『새옥편』이 모두 과학원에서 간행한 책이다.

④ 사회과학원 언어학연구소

1964년 1월 3일 김일성의 '조선어를 발전시키기 위한 몇 가지 문제'라는 교시가 있은 후 언어 정리를 강화하기 위하여 만들어진 기구로 1964년 2월 내각 결정 제11호에 의하여 설치되었다. 과학원 산하 기관에서 관장하던 사회, 인문과학 분야를 넘겨받은 것이 사회과학원 언어학연구소이다. '공산당의 정책을 합리화하고 세뇌교육에 필요한 자료를 만들어 내며 공산주의 이론에 입각하여 사회과학 전반에 걸친, 소위 창조적 발전을 도와 주는 것이 주된 임무이다.'88) 산하에는 법학연구소, 철학연구소, 역사연구소, 문학연구소, 언어학연구소, 국제문제연구소, 경제연구소 등을 두고 있다. 언어학연구소는 당과의 관계에서 당정책기관의 지휘, 감독 하에 있는 기관으로서 국가에서 부과하는 연구과제를 수행해 간다는 사명을 띠고 있다. 산하에는 18개의 전문용어 분과위원회를 두고 있으며 부속실, 편집위원회, 사전연구실 등의 기구도 두고 있는데 18개의 전문용어 분과위원회의 명칭은 다음과 같다.89)

전 문 용 어	분 과 위 원
의약학 · 의학	의약학용어 분과위원회
금속	금속용어 분과위원회
생물	생물학용어 분과위원회
농학	농학용어 분과위원회
물리 · 수학 · 화학	자연과학용어 분과위원회
건설 · 수리	건설 · 수리용어 분과위원회
전기 · 체신	전기 · 체신용어 분과위원회
일반어	일반용어 분과위원회
기계	기계용어 분과위원회
경공업	경공업용어 분과위원회
상품이름	상품이름용어 분과위원회
문학예술	문학예술용어 분과위원회
사회과학	사회과학용어 분과위원회
체육	체육용어 분과위원회
수산 · 해양	수산 · 해양용어 분과위원회
운수	운수용어 분과위원회
지질 · 지리 · 광업	지리 · 광업용어 분과위원회
임학	임학용어 분과위원회

기관지로는 『조선어문』과 『문화어학습』이 있다. 『조선어문』은 과학원 조선어 및 조선문학연구소에서 1960년까지 격월간으로 내던 것인

---

88) 정경일(1989), 북한의 언어정책 시행기관,『북한의 어학혁명』, 북한언어연구회편. 42~43쪽 인용.
89) 정경일(1989), 위에 든 책의 42~45쪽과 국립국어연구원(1992)의 내용 참고. 전문용어분과위원회의 명칭에 관련된 책은 정경일(1989) 인용.

데 그 사이 중단되었다가 1986년부터 복간되어 현재까지 발행되고 있으며, 『문화어학습』은 1968년에 창간된 계간지인데 창간 때에는 사회과학출판사에서 발행하였으나 1977년 8월 제3호부터 과학·백과사전출판사에서 내고 있다. 논문과 해설 등을 통해 문화어운동의 중추적 역할을 수행하고 있다. 이 연구소에서는 위와 같은 기관지 이외에도 공동연구로 많은 단행본과 국어사전을 내었는데 그 목록은 아래와 같다.[90]

『현대조선말사전』	1968년 9월, 제2판은 1981년 12월.
『조선말규범집 해설』	1971년 10월
『조선문화어사전』	1973년 5월

⑤ 국어사정위원회

1964년 1월3일과 1966년 5월 14일의 두 차례에 걸친 교시가 있은 이후, 어문규정을 「조선말규범집」으로 바꾸고 대대적인 '문화어운동'에 돌입한다. 이 문화어운동의 주된 내용은 말 다듬기인데 그들의 혁명을 완수하기 위해서는 지금까지 사용하던 서울 중심의 표준어에서 평양중심의 문화어로 바꿀 필요성을 느꼈던 것 같다.

> 우리 말을 발전시키기 위하여서는 터를 잘 닦아야 합니다. 우리는 우리 혁명의 참모부가 있고, 정치, 경제, 문화, 군사의 모든 방면에 걸치는 우리 혁명의 전반적 전략과 전술이 세워지는 혁명의 수도이며 요람지인 평양을 중심으로 하고 평양말을 기준으로 하여 언어의 민족적특성을 보존하고 발전시켜나가도록 하여야 하겠습니다. 그런데 ≪표준어≫라는 말은 다른 말로 바꾸어야 하겠습니다. ≪표준어≫라고 하면 마치도 서울말을 표준하는것으로 그릇되게 리해될수 있으므로 그대로 쓸 필요가 없습니다. 사회주의를 건설하고있는 우리가 혁명의 수도인 평양말을 기준으로 하여 발전시킨 우리 말을 ≪표준어≫라고 하는것보다 다른 이름으로 부르는것이 옳습니다.
> ≪문화어≫란 말도 그리 좋은것은 못되지만 그래도 그렇게 고쳐쓰는것이 낫습니다.
>
> (김일성 저작집 20권, 342~343쪽)

---

90) 정경일(1989)와 국립국어연구원(1992)의 위에 든 책 참고.

　'문화어운동'을 효과적으로 전개하기 위해서는 행정부 안에 이를 담당할 기구가 필요했던 것으로 추정된다. 그리하여 부설 연구소에 설치하였던 기구를 격상하여 내각 직속으로 국어사정위원회를 설치하였다. 이 위원회의 설치 근거 및 시기에 대해서는 '『우리 나라에서의 어휘정리』, 박상훈(1985), 평양'에 "위대한 수령님의 발기에 의하여 우리 나라에서는 1964년 비상설적인 기관으로서 국어사정위원회가 나오게 되었다"고 밝히고 있다.

　이 위원회는 학술용어사정위원회의 기능을 이어 받아 수행하고 있는 것으로 여겨지는데 그 자체가 연구 기관을 가지고 있는 것으로 보이지 않는다. 이렇게 생각되는 까닭은 1966년 6월부터 이 위원회에서 벌이는 주요 사업인 말 다듬기 연구 토론이 사회과학원 국어사정지도처와 언어학연구소의 18개 전문용어 분과위원회와의 공동 작업으로 진행되고 있기 때문이다. 즉 이 위원회는 언어 연구 기관이 아닌 정책 수립 기관이 분명한데 1966년 2월의 「조선말규범집」, 1969년의 「외국말적기법」, 1982년의 「외국말적기법」, 1985년의 「외국말적기법 1」, 1988년 2월의 개정된 「조선말규범집」이 국어사정위원회의 이름으로 발표된 것에서도 이를 알 수가 있다.[91]

---

91) 국립국어연구원(1992), 『북한의 언어 정책』 52쪽 인용.

참고문헌

강상호(1989), 『조선어입말체연구』, 사회과학출판사.

강 영(1989), 언어학에 관한 김일성 교시 분석, 『북한의 어학혁명』, 백의.

고영근(1988), 남북한 언어·문자의 이질화와 그 극복방안(1), 『주시경학보』 2.

──(1989), 남북한 언어·문자의 이질화와 그 극복방안(2), 『주시경학보』 3.

──(1989), 『북한의 말과 글』, 을유문화사.

──(1994), 『통일시대의 어문문제』, 길벗.

국립국어연구원(1992), 『북한의 언어 정책』.

──(2000), 『국립국어연구원 10년사』.

김민수(1996), 『증보판 북한의 국어연구』, 일조각.

김방한(1995), 『언어학사』, 형설출판사.

김병제(1960), 해방15년 동안 조선 언어학의 발전, 『조선어문』 4.

김선기(1975), 북한의 언어정책, 『북한학 연구총서』 4, 중앙일보 동서문제 연구소.

김영황, 권승모(1996), 『주체의 조선어연구 50년사』, 과학백과사전출판사.

김일성, 「김일성 저작집」

김정휘·정순기(1982), 『주체의 언어리론 연구』, 과학백과사전출판사.

남성우·정재영(1990), 『북한의 언어생활』, 고려원.

리성준(1983), 『주체사상의 철학적 원리』, 사회과학출판사.

박상훈(1986), 『우리나라에서의 어휘정리』, 사회과학출판사.

박수영(1985), 『민족어를 발전시킨 경험』, 사회과학출판사.

박승덕(1985), 『사회주의 문화건설 리론』, -위대한 주체사상 총서 8-, 사회과학출판사.

박재용(1985), 『언어학개론』, 과학백과사전출판사.

북한언어연구회(1989), 『북한의 어학혁명』, 백의.

사회과학 언어학연구소(1970), 『항일무장투쟁시기 김일성 동지의 언어사상과 그 빛나는 구현』,
          사회과학출판사.

서태길(1989), 북한의 언어정책 고찰, 『북한의 어학혁명』, 백의.

서해길 외(1995), 『남북한에 있어서의 철학 사상 언어의 비교연구』, 문경출판사.

송서룡(1957), 쏘베트 언어학과 해방 이후 조선 언어학 발전에 준 영향, 『조선어문』 6.

이상혁(1991), 북한의 언어정책사, 『북한의 조선어 연구사』 2, 녹진.

이승욱(1988), 북한의 국어 연구와 언어 정책, 『동아연구』 14, 서강대학교 동아연구소.

──(1989), 북한의 문화어에 대한 연구, 『동아연구』 18, 서강대 동아연구소.

정경일(1989), 북한의 언어정책 시행기관,『북한의 어학혁명』, 백의.

조선어문연구회(1949),『조선어연구』창간호~1-8.

──────(1950),『조선어연구』2-1~2-3.

조오현(1997), 민족 동질성 회복을 위한 언어통일 방안,『한반도통일론』, 건국대학교 출판부.

주시경(1910), '한나라말', 역대문법대계 06.

최용기(2001), 남북한 국어 정책 변천사 연구, 단국대학교 박사학위논문.

최정후(1983),『조선어학개론』, 과학백과사전출판사.

──(1990),『친애하는 지도자 김정일동지의 언어리론 연구』, 사회과학출판사.

최정후·박재수(1999),『주체적언어리론연구』, 박이정.

한국정신문화연구원 편(1984),『북한통치 이데올로기 연구』.

한글학회(1971),『한글학회 50년사』, 한글학회.

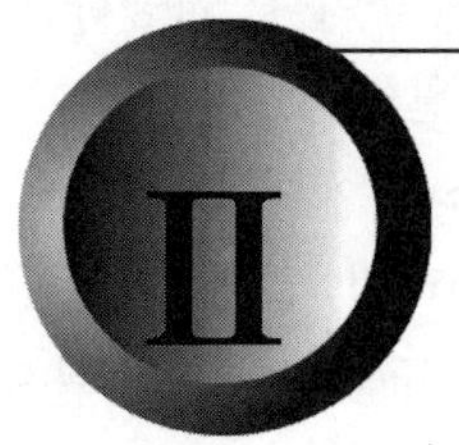

남북한의 어문 규범

1. 어문 규범의 성격

언어는 사회성을 갖고 있다. 즉 언어는 약속되어진 것이다. 이는 음성언어뿐만 아니라 문자언어도 마찬가지이다. 그런데 그 약속은 암묵적인 것이기 때문에 실제 각 개인이 사용하는 언어는 다소간의 차이가 있게 마련이다. 이러한 차이를 조율하는 것이 바로 어문 규범이다. 각 개인의 언어에서 공통적인 요소를 찾아내고 가능하면 규칙화할 수 있는 합리적인 규정을 정하여 언어 생활에 표준을 제시하는 것이 어문 규범이다. 어문 규범은 효율적인 의사 소통을 위해 제도적으로 약속되어진 것이다. 그러므로 언어 사회의 구성원은 이를 지킬 의무가 있는 것이다.

남북한 언어 이질화의 골이 깊어진 것은 시간이나 공간적인 단절에 의한 것도 있겠지만 앞에서 살펴보았듯이 기본적으로 남과 북이 언어를 보는 태도가 달랐기 때문이다. 서로 다른 언어관을 바탕으로 남과 북이 독자적인 언어 규범을 제정함으로써 언어 이질화가 고착된 것이다. 남과 북의 언어 이질화의 중심에 어문 규범이 있다고 해도 과언이 아니다. 통일 후에 남북한이 공통된 어문 정책을 수립하는 데 있어 실질적인 이해 관계가 얽혀 있는 것도 바로 이 부분이다. 가능하면 자신에게 익숙한 말이나 표기를 표준으로 정하길 원할 것이다.

어문 규범은 크게 '말'에 대한 규범과 '글(쓰기)'에 대한 규범으로 나눌 수 있다. 말에 대한 규범이 '표준어 규정'이라면 '글'에 대한 규범은 '맞춤법'이다. 이 장에서는 현행 남북한의 어문 규범을 비교해 봄으로써 남북한 언어 규범의 차이를 인식하고, 통일 후 바람직한 남북 언어 통일 방안에 대해 생각해 볼 수 있는 기회를 갖고자 한다.[1]

2. 분단 이전의 어문 규범

한글 표기에 관한 최초 어문 규범은 『훈민정음』(1446)에 나타난 음절 적기법이라고 할 수 있다.

> 終聲復用初聲. ㅇ連書書脣音之下,則爲脣輕音. 初聲合用則並書, 終聲同. ·ㅡㅗㅜㅛㅠ,附書初聲之下. ㅣㅏㅓㅑㅕ,附書於右. 凡字必合而成音. 左加一點則去聲, 二則上聲, 無則平聲. 入聲加點同而促急
>
> (종성은 초성을 다시 쓴다. ㅇ을 순음 아래 쓰면 즉 순경음이 된다. 초성을 어울러 쓸 경우에는 나란히 써라. 끝소리의 경우도 마찬가지이다. ·ㅡㅗㅜㅛㅠ는 첫소리 아래쪽에 붙여 쓰고, ㅣㅏㅓㅑㅕ는 오른쪽에 붙여 써라. 무릇 글자는 반드시 어울려야 소리가 되니, 왼쪽에 한 점을 더하면 거성이요, 두 점을 더하면 상성이요, 점이 없으면 평성이요, 입성은 점 더함은 같지만 빠르다.)

> 然ㄱㆁㄷㄴㅂㅁㅅㄹ八字可足用也
> (그러나 ㄱㆁ ㄷㄴㅂㅁㅅㄹ의 여덟 글자로 넉넉히 쓸 수 있으니)

이는 음절을 모아 적는 방식에 대한 설명으로 한글 최초의 표기 규정이라고 할 수 있다. 종성은 초성을 다시 쓰지만 ㄱㆁㄷㄴㅂㅁㅅㄹ의 8자만으로도 쓸 수 있다고 한 것은 일종의 허용 규정이다.

---

1) '글(표기)'에 대한 규범은 '맞춤법' 외에 '외래어 표기법'과 '로마자 표기법'이 있다. 이 장에서는 이들에 대해서는 다루지 않는다.

『훈민정음』 창제 당시에 한글 표기는 제법 엄격하였다. 『용비어천가』(1445)나 『월인천강지곡』(1449)에서는 초성은 다시 종성으로 쓰며 사잇소리 표기에 'ㆆ ㅂ ㄱ ㄷ' 등을 써서, 표기에서 형태 음운론 원칙을 충실히 지키고자 하였다. 그러나 이후 우리 역사에서 한글이 제대로 된 대접을 받지 못하고 관심에서 멀어져 정책적으로 거의 방치되고 만다. 이렇게 정책적 관심에서 멀어진 한글은 표기에 있어 임진왜란 이후에는 형태 음운적 전통이 거의 무너지고 말았으며, 19세기 말에 이르러서는 그 혼란의 정도가 더하였다. 그러나 20세기 초 개화의 물결과 더불어 한글이 새로운 시대적 요구에 부합하는 문자로 인식됨으로써 이에 대한 연구 정리가 시급한 과제로 등장하였다.[2]

그 첫 번째는 1905년(광무 9년) 지석영이 국문(國文) 실시에 관하여 고종에게 올린 상소문인 「신정국문」이다. 이는 6개 항목으로 된 일종의 맞춤법 통일안으로 고종의 재가를 얻어 공포하였다. 내용은 국문을 널리 쓰도록 할 것, 닿소리는 △과 ㅇ을 없애 14자로 할 것, 홀소리에는 ㅣ자를 없애고 ㅣ와 ㅡ를 합하여 ㅢ라는 새 글자를 만들 것, 된소리는 쌍서(ㄲ, ㄸ, ㅃ, ㅆ)로 표기할 것 등이다. 그러나 이 안은 반대 의견으로 시행되지 못했다.

주시경은 한글 맞춤법에 대해 일찍부터 특별한 관심을 가졌다. 1886년 5월에 그가 근무했던 독립 신문사 안에 '국문 동식회'를 조직하여 맞춤법 확립에 노력하였다. 주시경 이론의 요점은 "받침은 초성을 모두 써야 한다."는 것으로 이는 1933년 조선어학회의 「한글 맞춤법 통일안」[3]에까지 계승되어 현행 맞춤법 이론의 근간이 되고 있다. 1907년 8월 맞춤법 통일을 위해 학부 안에 '국문 연구소'를 설립하였는데, 국문 연구소는 9월 16일 첫 회의를 연 이래 10회에 걸쳐 14가지 맞춤법에 대한 쟁점을 논의하여 1909년 12월 28일 10개 안에 대해 학부 대신에게 보고서를 제출하게 된다.[4] 그러나 이 의정안 역시 빛을 보지 못하였다.

우리나라 역사상 철자법이라는 이름으로 처음 발표된 것은 1912년

---

2) '한글 맞춤법'의 역사에 대해서는 『한글 학회 50년사』(1971) 참고.
3) 당시 표기로는 '한글 마춤법 통일안'.
4) 여기에 참여한 학자는 이능화, 주시경, 권보상, 송기용, 지석영, 이민응, 윤돈구 8명이다.(『한글학회 50년사』 (1971) 참고).

4월 조선총독부에서 보통학교용 교과서에 채택하기 위해서 정한 것으로 기본 원칙은 다음과 같다.

> ① 경성어(京城語)를 표준으로 함.
> ② 표기법은 표음 주의에 의하여, 발음의 원(遠)한 역사적 철자법 등은 이를 피함.
> ③ 한자음으로 된 말을 언문으로 표기하는 경우에는 특히 종래의 철자법 을 채용함.

조선총독부의 철자법은 공식적으로 발표된 최초의 한글 맞춤법이긴 하지만 우리가 주체적으로 이룬 성과가 아니며 그 내용도 만족스러운 것이 못된다.

현행 맞춤법의 근간이 되는 「한글 맞춤법 통일안」(1933)이 나오게 된 것은 1929년 10월 31(음력 9월 29일)일 한글날 기념 행사에서 전국에서 모인 108인의 발기로 이루어진 '조선어 사전 편찬회'가 조직된 데서 찾을 수 있다. 그 취지문의 일부를 보면 다음과 같다.

> 일찍이 문화 발전에 뜻 있는 민족들은 언어 및 문자의 정리와 통일을 급무로 하지 않은 자가 없으니, 과거의 모든 문명 민족이 제각기 자기 어문의 표준을 확립하기 위하여 표준 언어와 표준 문자를 제정하며, 동시에 표준 사전을 편성하여 어문의 통일을 도모하였고, 오늘의 중국과 토이기의 신흥 민족들은 종래의 문자가 합리적이 못 되고 실제적이 못 되어, 문화 보급에 막대한 장애가 있음을 통절이 느끼어 새 문자를 제정한 바요, 또, 미국과 노국도 재래 문자의 자법이 불합리하므로, 학습상 공연한 시간과 노력의 손실을 제거하기 위하여 자법이 합리화하기에 전력을 경주하는 바다.
>
> (『한글학회 50년사』(1971))

1930년 1월 6일 편찬회에서는 사전 편찬의 일반 사무인 어휘 수집 및 주해와 편집들에 관한 일은 편찬회 측이 맡고 사전 편찬의 기초 작업인 맞춤법의 통일과 표준어 조사 결정에 대한 사항은 조선어학회에서 맡기로 하였다. 막상 사전을 편찬하려고 하니 당시에는 표기법의 통일과 표준어 정리가 되어 있지 않아 일의 능률이 오르지 않았다. 이리하여 조선어학회(당시에는 조선어 연구회)에서는 1930년 12월 13일

따로 '조선어 철자법 제정 위원회'를 두어 「한글 맞춤법 통일안」 마련에 박차를 가하게 된다. 이러한 노력이 결실을 맺어 드디어 1933년 10월 29일에 '한글 맞춤법 통일안'이 성공적으로 완성 발표되고 각계 각층의 전폭적인 지지를 받았다. 이후 「한글 맞춤법 통일안」은 1937년, 1940년에 부분적으로 개정되었고 해방 후 남한에서는 1946년 9월에 일부를 개정한 바 있으나 그 기본 틀은 크게 변함이 없었다.

「한글 맞춤법 통일안」(1933)은 총론 3개 항, 각론 7개 장, 65개 항으로 구성되어 있는데 그 체재는 다음과 같다.

총론

각론
    제1장 자음
    제2장 성음에 관한 것
    제3장 문법에 관한 것
    제4장 한자어
    제5장 약어
    제6장 외래어 표기
    제7장 띄어쓰기

부록
    1. 표준어
    2. 문장 부호

총론의 내용은 다음과 같다.

    一. 한글 마춤법(綴字法)은 표준말을 그 소리대로 적되, 語法에 맞도록 함
        으로써 그 原則을 삼는다.
    二. 표준말은 大體로 現在 中流 社會에서 쓰는 서울말로 한다.
    三. 文章의 각 單語는 띄어 쓰되, 토는 그 웃 말에 붙여 쓴다.

이는 현행 맞춤법의 기본 원칙과도 크게 다를 것이 없다. 조선어학회는 한글 맞춤법을 제정하고 이어 1936년에는 「사정한 조선어 표준

말 모음」을 발표하고 1941년에는 「왜래어 표기법 통일안」을 발표하여 어문 규범 통일 사업을 일단락 짓는다.

남북한 언어 문제에 있어 그나마 다행스러운 것은 남북 분단 이전에 통일된 어문 규범을 마련하였다는 점이다. 남한에서는 해방 뒤에도 「한글 맞춤법 통일안」(1933)을 거의 그대로 사용하였고, 북한에서는 1948년 정부를 수립한 이후에 독자적인 맞춤법을 공포하였으나 이에 참여한 학자가 주시경의 수제자인 김두봉이나 월북한 조선어학회의 중진 회원들이었기 때문에 지금까지 남북한 맞춤법의 기본 원칙이 같을 수 있었다.

3. 남북한의 맞춤법

남한은 해방 후에도 1933년 조선어학회의 「한글 맞춤법 통일안」[5]을 그대로 사용하여 왔다. 물론 1948년 9월 30일 '한글 전용법'이 국회에서 통과되면서 기존에 국한문 혼용으로 되어 있던 「통일안」에 대해 1948년 10월에 한글판이 나오고 1958년에는 용어 수정판이 나왔지만 기본 안은 크게 바뀌지 않았다.[6] 민간 단체인 한글학회에서 제정한 한글 맞춤법은 1970년대에 접어들면서 정부 주도로 개정 작업에 들어가 1988년 문교부에서 현행 「한글 맞춤법」을 고시한 후 1989년부터 시행하여 지금까지 사용하고 있다. 그러므로 남한의 경우 「한글 맞춤법 통일안」(1933) 이후 실질적으로 한 차례 맞춤법이 개정되었다고 할 수 있다.

이에 반해 북한에서는 「통일안」 이후 네 차례에 걸쳐 맞춤법(철자법)을 개정하게 되는데 이를 차례대로 보이면 다음과 같다.

---

5) 이후 이 책에서는 줄여서 「통일안」이라고도 하겠다.
6) 1948년 9월 30일 '한글 전용법'이 국회에서 통과되면서 한글학회는 국한문 혼용으로 되어 있던 '한글 맞춤법 통일안(1946)'을 순 한글로 바꾸어 발간한다. 1949년 7월 9일, 문교부가 재정한 문법 용어가 공포되어 널리 쓰이자 1958년 2월에 문법 용어를 문교부 제정 용어로 바꾸어 쓴 용어 수정판을 발간하였다.

> 1948년 1월, 「조선어 신철자법」, 조선어문 연구회
> 1954년 9월, 「조선어 철자법」, 과학원 조선어 및 조선문학 연구소.
> 1966년 6월, 「조선말 규범집」, 국어사정위원회.
> 1987년 5월, 「조선말 규범집」(수정판), 국어사정위원회[7]

북한은 1948년 정권을 수립하기 전까지는 조선어학회의 「한글 맞춤법 통일안」(1933)을 그대로 사용하였으나 주시경의 수제자로 연안파인 김두봉의 주도하에 1948년 1월 독자적으로 「조선어 신철자법」을 제정·공포하였다.

「조선어 신철자법」의 특징은 1)한자어 표기에 있어 어두 자음에 〔ㄹ, ㄴ〕을 표기하도록 하였으며, 2) 합성어 표기에서 사이시옷 대신에 사이표 〔 ' 〕를 사용하고, 3)불규칙 용언의 어간말 자음을 고정적으로 표기하기 위해 형태론적 어음 교체에 사용되는 6개의 자모를 새로 만들었다는 점이다(고영근, 1999:216).

그러나 「조선어 신철자법」은 1949년 창간된 학술지 『조선어 연구』와 북한 최초의 규범 문법서인 『조선어 문법』(1949)에만 일부 반영되었을 뿐 그밖에는 거의 사용되지 않았으므로 북한은 1954년 「조선어 철자법」이 발표되기 전까지 실질적으로는 「한글 맞춤법 통일안」을 준용했다고 할 수 있다.[8]

참고로, 북한에서는 앞선 언어 정책에 대해서는 긍적적인 평가를 내리는 것이 보통인데 김두봉이 주도한 「조선어 신철자법」에 대해서는 유독 신랄한 비판을 가한다.

> 신철자법은 철자법제정에서 반동적이며 비과학적인 이른바 《6자모》를 제정하고 그것을 도입하려고 시도한것으로 하여 학계와 사회계의 지지를 받지 못하였다.…이것은 당과 국가의 책임적인 지위에 기여든 반당반혁명종파분자가 자기의 직권을 악용하여 민족과 민족어의 현실과는 관계없이 자기의 공명을 내세울 목적 밑에 《문자개혁론》을 들고나온것과 관련되여있다.
>
> (박재수, 1999:17)

---

7) 1987년 공포하고 책자로는 1988년 6월에 간행됨.
8) 물론 이두의 'ㄹ' 표기는 「조선어 신철자법」 이래 지금까지 변함없이 사용하고 있다.

이는 김두봉이 주도한 「조선어 신철자법」에 문자 개혁과 같은 무리한 규정이 있었던 점도 있겠으나 「조선어 신철자법」에 대한 비판에는 정치적인 배경이 짙다. 김두봉은 8·15 해방 후에 북한의 실권을 잡았으나 남북한 노동당이 합당하여 조선노동당으로 개편되는 과정에서 실권을 잃게 되자 김일성 체제에 불만을 품고 연안파 중진들과 함께 저항하다 당에서 제명된다. 그후 순안 농장의 노동자로 쫓겨 중노동을 하다 1961년 사망한 것으로 알려졌다. 정치적으로 숙청을 당한 김두봉의 「조선어 신철자법」은 결과적으로 격하될 수밖에 없었던 것이다.

그러나 표기에 있어 철저한 형태주의 원칙에 바탕을 둔다거나, 어두의 ㄹ, ㄴ 표기, 사이시옷의 폐기 등은 북한 맞춤법의 가장 특징적인 것으로 「조선어 신철자법」에서 처음 규정되었다는 점을 염두에 둘 필요가 있다.

남북한 맞춤법이 본격적으로 달라지기 시작한 것은 1954년 「조선어 철자법」에서부터이다. '조선민주주의인민공화국 과학원 조선어 및 조선문학연구소'는 1954년 「조선어 철자법」을 제정·공포하였다. 「조선어 철자법」은 머리말과 총칙, 제1장 자모의 순서와 그 이름, 제2장 어간과 토의 표기, 제3장 합성어의 표기, 제4장 접두사와 어근의 표기, 제5장 어근과 접미사의 표기, 제6장 표준발음법 및 표준어와 관련된 철자법, 제7장 띄여쓰기, 제8장 문장부호로 구성되어 이전의 철자법 체계와 달라졌다. 그 주요 내용을 보면 다음과 같다.

① 형태주의 원칙을 철저히 지켜 한자어 어두 'ㄹ, ㄴ'도 한자음 본음대로 적어 언제나 그 형태가 고정되도록 했다.
② 조선어 신철자법에서 설정한 '6자모'를 폐지하고 전통적으로 써오던 변격 용언의 표기를 그대로 사용한다.
③ 종래 24자 자모로 규정하였던 것을 'ㅘ, ㅝ, ㅙ, ㅞ' 등을 보충하여 40자로 하였다.
④ 자모들의 순서를 자음 글자가 끝난 다음에 모음 글자를 배열하였다.[9]

국어사정위원회는 1966년 6월에 「조선말 규범집」을 새로 공포하

---

9) 박재수(1999:20) 참고.

였다. 「조선말 규범집」은 「맞춤법」, 「띄어쓰기」, 「문장부호법」, 「표준 발음법」을 각각 독립시켜 규정하고 있는 점이 특징이다.

「조선말 규범집」(1966)이 이전과 크게 달라진 부분은 사이소리 표기에 대한 것이다. 「조선어 철자법」에서는 합성어들 사이에 'ㅅ' 대신에 〔 ' 〕를 표시해 형태를 고정하였지만 「조선말 규범집」 제18항에서는 발음 교육을 목적으로 하는 특수한 경우를 제외하고는 사이표를 쓰지 않기로 하였다.10) 또 이전에 써 오던 '철자법'이라는 용어가 「한글 맞춤법 통일안」(1933)에서와 같이 '맞춤법'으로 바뀐 것도 흥미롭다. 1966년의 「조선말 규범집」은 특히 1964년과 김일성이 언어학자들과 한 첫 번째 담화에서 조선어의 발달 기지가 공화국 북반부가 되어야 한다는 내용을 실천한 것이라 할 수 있다.

「조선말 규범집」(1966)에서 「맞춤법」은 총칙과 7개 장 28개 항으로 구성되어 있다.11) 체재상으로는 '형태부의 적기'와 '한자말의 적기'를 독자적인 장으로 구성하였다는 점이 특징이다. 1954년 「조선어 철자법」에서 'ㄹ, ㄴ'의 표기와 관련하여 "단어에서 본음이 《ㄹ》로 시작되는것은 어느 위치에서나 본음대로 적는것을 《원칙적방향으로 삼는다》"고 규정한 데 반해 「조선말 규범집」(1966) 맞춤법 26항에서는 "한자어는 음절마다 한자의 형태소리에 따라서 적는것을 원칙으로 한다."고 규정함으로써 한자어를 본음대로 적는다는 규정을 더욱 강조하고 있다.

북한은 1987년에 「조선말 규범집」 수정판을 내놓았다. 기본적으로 1966년의 체재를 지키되 일부 조항들을 수정 보충하였다. 이제 현행 남한의 「한글 맞춤법」(1988)과 「조선말 규범집」(1987)의 '맞춤법' 조항들을 구체적으로 비교해 보도록 하자.12)

---

10) 이에 대해 박재수(1999:25)는 다음과 같이 평하고 있다.
   "조선말고유어에서는 사이소리 현상이 점점 적게 나타나고있었으며 특히 《농사일, 담요》 등과 같은 합성어에서 뒤의 어근에 《ㄴ》 발음이 나는것은 확연히 적어지고있는것이 하나의 추세로 되고있었다. 이와 반면에 한자어에서는 된소리현상이 더욱 강해져 사이표 적용 문제와 관련하여 섞갈리기 쉬운 경우가 매우 많아 졌다. 또한 사이표는 인쇄문화에도 좋지 않은 인상을 줌으로 치지 않기로 한것은 여러모로 보아 유익한 것이다."

11) '총칙, 제1장 자모의 차례와 그 이름, 제2장 형태부의 적기, 제3장 어간과 토의 적기, 제4장 합성어의 적기, 제5장 접두사와 어근의 적기, 제6장 어근과 접미사의 적기, 제7장 한자어의 적기'로 구성되어 있다.

12) 남북한 맞춤법의 비교는 남한의 「한글 맞춤법」의 순서를 기준으로 삼았다(기술 순서는 대개 이은정((1996)과 일치한다). 비교되는 각각의 규범 전문을 내응하여 싣는 것을 원칙으로 하되 지면 관계상 '보기'는 경우에 따

3.1. 체재

한글 맞춤법(1988)	조선말 규범집(1987) : 맞춤법
제1장 총칙	총칙
제2장 자모	제1장 조선의 자모의 차례와 그 이름
제3장 소리에 관한 것	제2장 형태부의 적기
제4장 형태에 관한 것	제3장 말줄기와 토의 적기
제5장 띄어쓰기	제4장 합친말의 적기
제6장 그 밖의 것	제5장 앞붙이와 말뿌리의 적기
부록 문장 부호	제6장 말뿌리와 뒤붙이(또는 일부 토)의 적기
	제7장 한자말의 적기

현행 남한의 「한글 맞춤법」과 북한의 「조선말 규범집」의 「맞춤법」의 체재는 위의 표와 같다. 「한글 맞춤법」에서는 「띄어쓰기」와 부록으로 「문장 부호」가 포함되어 있으나 「조선말 규범집」에서는 따로 규정되어 있다. 남한에서는 '소리에 관한 것'과 '형태에 관한 것'으로 나누어 체계를 세웠으나 북한에서는 '형태 구성'을 중심으로 기술하였다.

3.2. 기본 원칙

【남】 총칙 제1항: 표준어를 소리대로 적되 어법에 맞도록 함을 원칙으로 한다.

【북】 총칙: 조선말맞춤법은 단어에서 뜻을 가지는 매개 부분을 언제나 같게 적는 원칙을 기본으로 하면서 일부 경우 소리나는대로 적거 나 관습을 따르는 것을 허용한다.

한글은 소리글자로 우리가 내는 발음을 자유롭게 표기할 수 있는 뛰어난 글자라는 것은 누구나 잘 알고 있는 사실이다. 이렇게 말소리를 그대로 표기할 수 있는 글자를 가지고 있음에도 불구하고 실제 우리가 습관적으로 쓰고 있는 표기들을 보면 소리나는 대로 적지 않는 경우를

라 생략하였다. 각 규범에 대한 글쓴이의 논평은 되도록 하지 않고 읽는이 몫으로 남겨 두었다.

쉽게 찾을 수 있다. 즉 '하늘'이나 '구름', '집' 등은 소리나는 대로 표기하지만, '닭'은 단독으로 '닥'으로 발음하지만 표기는 '닭'으로 한다. '오다'나 '가다'는 소리나는 대로 표기하지만 같은 동사인 '먹다'나 '입다'는 '먹따', '입따'로 발음함에도 불구하고 소리나는 대로 표기하지 않고 '먹다'와 '입다'로 적는다. 이는 「한글 맞춤법」 '총칙'에 규정되어 있는 것처럼 '소리대로 적되'라는 규정에 앞서 '어법에 맞도록 한다'는 전제 조건 때문이다. 여기서 "어법에 맞도록 한다."는 것은 각 단어를 구성하고 있는 형태소의 원형을 밝혀 적으라는 뜻이다. 즉 '먹다'와 '입다'에서 어미 '-다'는 '-따'로 발음되지만 '오다'나 '가다'의 '-다'와 하나의 형태소이므로 비록 환경에 따라 소리가 다르게 나더라도 늘 대표형태인 '-다'로 적는 것이다. 소리나는 대로 적는 것이 얼핏 쉬워 보이지만 소리나는 대로 적는다면 다음과 같이 하나의 형태가 쓰이는 자리에 따라 여러 가지로 표기되기 때문에 의미 파악이 어려우며 독서 능률이 떨어지게 된다.

'값'

> **갑또** 모른다.
> **갑씨** 비싸다.
> **감만** 치루다.

'맑다'

> 매우 **말근** 물.
> 물이 **말꼬 막따**.
> 날이 **망는** 중이다.

이러한 점에서 남과 북은 비록 표현은 다르더라도 형태소의 원형을 밝혀 적는다는 기본 원칙에서는 일치하고 있다.[13]

> 며칠 　　　： 몇 + 일
> 지붕 　　　： 집 + 웅
> 무덤 　　　： 묻 + 엄

---

13) 형태소의 원형을 밝혀 적는 것은 앞에서도 언급했듯이 『훈민정음』 창제 당시부터(『용비어천가』의 표기) 지켜졌던 원칙이며, 이를 주시경 선생이 이론화하였고 「한글 맞춤법 통일안(1933)에서 구체적으로 실천한 것이다.

꼬락서니   : 꼴 + 악서니

그런데 형태소의 원형 밝혀 적기가 모든 단어에 철저히 지켜지는 것은 아니다. 위에서 '며칠'이나 '지붕' 등은 형태소 밝혀 적기에 따르면 '몇일'이나 '집웅'으로 적어야 할 것 같은데 그렇게 하지 않는다. 여기에는 그럴 만한 이유가 있기 때문이다. 얼핏 '며칠'은 '몇'과 '일'로 분석하여 '몇일'로 적을 수 있을 것 같으나 만약 이렇게 분석할 수 있는 말이라면 '몇일'의 발음은 우리말 발음 원리에 따라 '면닐'14)이 되어야 하는데 우리는 '며칠'로 발음한다. 그러므로 현대국어에서는 이를 분석할 근거가 없는 것이다. '지붕'이나 '무덤', '꼬락서니'의 경우에 각각 '집', '묻-', '꼴-'을 밝혀 적을 수 있을 것 같으나 이를 분석한 나머지 '웅'이나 '엄', '악서니'의 형태적 지위가 불분명하므로 이를 분석할 수 없다.

그런데 형태소 분석의 여부가 늘 분명한 것이 아니기 때문에 분석 태도에 따라 분석의 정도가 달라질 수 있다. 북한 맞춤법은 철저히 형태주의 원칙에 입각하는 데 반해 남한은 상대적으로 전통성을 따른다. 이러한 분석 기준의 차이가 곧 맞춤법의 차이로 나타나게 된다.15)

3.3. 자모의 이름과 순서

【남】제4항 : 한글 자모의 수는 스물넉 자로 하고 그 순서와 이름은 다음과 같이 정한다.
ㄱ(기역), ㄴ(니은), ㄷ(디귿), ㄹ(리을), ㅁ(미음), ㅂ(비읍), ㅅ(시옷), ㅇ(이응), ㅈ(지읒), ㅊ(치읓), ㅋ(키읔), ㅌ(티읕), ㅍ(피읖), ㅎ(히읗),
〔붙임1〕 위의 글자로써 적을 수 없는 소리는 두 개 이상의 자모를 어울러서 적되, 그 순서와 이름은 다음과 같이 정한다.
ㄲ(쌍기역), ㄸ(쌍디귿), ㅃ(쌍비읍), ㅆ(쌍시옷), ㅉ(쌍지읒)

【북】제1항 : ㄱ(기윽), ㄴ(니은), ㄷ(디읃), ㄹ(리을), ㅁ(미음), ㅂ(비읍), ㅅ(시읏), ㅇ(이응), ㅈ(지읒), ㅊ(치읓), ㅋ(키윽),

---

14) 합성어에서 '솜이불'이 '솜니불'로, '막일'이 '망닐'로 발음되는 것과 같은 음운 현상이다.
15) 한글 맞춤법의 원리에 대한 자세한 설명은 '허웅(1985), 『국어 음운론』 샘문화사' 290~305쪽 참고.

ㅌ(티읕), ㅍ(피읖), ㅎ(히읗), ㄲ(된기윽), ㄸ(된디읃),

ㅃ(된비읍), ㅆ(된시읏), ㅉ(된지읒)

자음 글자의 이름은 각각 다음과 같이 부를수도 있다.

(그) (느) (드) (르) (므) (브), (스) (응) (즈) (츠) (크)

(트) (프) (흐) (끄) (뜨) (쁘) (쓰) (쯔)

남북한은 자모의 순서와 낱자의 이름이 다르다. 북한에서는 복합자 16자를 합해 모두 40자를 규정하고 있고, 남한에서는 『훈민정음』 자모 28자 가운데 현재 쓰이지 않는 4개를 제외한 24개로 규정하고 있다.16)

『훈민정음』 창제 당시에는 한글 낱자에 대해 이름을 붙이지 않았다. 한글 낱자가 지금과 같은 이름은 갖게 된 것은 중종 22년(1527년) 최세진의 『훈몽자회』(訓蒙字會)에서부터이다. 『훈몽자회』 범례(凡例)에서는 첫소리와 끝소리(받침)로 두루 쓰는 8 글자의 자음을 'ㅣ, ㅡ'의 초성과 종성 자리에 각각 붙여 같은 발음의 한자음으로 표시하여 그 낱자의 이름으로 삼았다.

ㄱ - 其役	ㄴ - 尼隱	ㄷ - 池末	ㄹ - 利乙
ㅁ - 尾音	ㅂ - 非邑	ㅅ - 時衣	ㅇ - 異凝

즉 '니은'에서 '니'는 'ㄴ'이 초성에서 발음되는 것을, '은'은 'ㄴ'이 종성에서 발음되는 것을 보인 것으로 이 둘을 합해 낱자의 글자 이름을 지은 것이다.

그런데 미음(尾音), ㅂ(非邑), ㄹ(利乙), ㅇ(異凝)은 이러한 방식으로 이름을 짓는데 문제가 없었으나 'ㄱ'은 '기윽'에서 '윽'으로 발음되는 한자를 써야 하나 마침 '윽'으로 읽히는 한자가 없어 비슷한 역(役)

---

16) 실제 사용하는 자모 수가 다른 것은 아니다.

자로 대신하게 되었고, 'ㅅ'은 '시웃'으로 이름을 붙여야 하나 역시 '웃'의 음을 가진 한자가 없어 훈을 따라 '衣'(옷 의)을 빌려 썼다. 'ㄷ'의 경우에도 훈을 빌려 '末'(귿 말)로 대신하게 된다. 그 결과 'ㅣ, ㅡ' 체계에 맞지 않는 '기역', '디귿', '시옷'의 세 이름이 생겼는데, 남한의 경우에는 오랜 관용을 존중하여 그대로 쓰기로 하였고 북한은 다른 자모 이름과 통일하여 '기윽, 디읃, 시읏'으로 쓰도록 하였다.

북한은 자음을 읽는 법으로 '그, 느, 드…'처럼 'ㅡ'만 받치어 읽는 방법을 더 제시하고 있는데 'ㅇ'의 경우에는 초성에서 소릿값이 없으므로 다른 자음과 달리 '응'으로 읽도록 하였다.17)

남북한은 자모의 배열 순서가 다르다.

자음
　【남】ㄱ ㄲ ㄴ ㄷ ㄸ ㄹ ㅁ ㅂ ㅃ ㅅ ㅆ ㅇ ㅈ ㅉ ㅊ ㅋ ㅌ ㅍ ㅎ
　【북】ㄱ ㄴ ㄷ ㄹ ㅁ ㅂ ㅅ ㅇ ㅈ ㅊ ㅋ ㅌ ㅍ ㅎ ㄲ ㄸ ㅃ ㅆ ㅉ
모음
　【남】ㅏ ㅐ ㅑ ㅒ ㅓ ㅔ ㅕ ㅖ ㅗ ㅘ ㅙ ㅚ ㅛ ㅜ ㅝ ㅞ ㅟ ㅠ ㅡ ㅢ ㅣ
　【북】ㅏ ㅑ ㅓ ㅕ ㅗ ㅛ ㅜ ㅠ ㅡ ㅣ ㅐ ㅒ ㅔ ㅖ ㅚ ㅟ ㅢ ㅘ ㅝ ㅙ ㅞ
받침
　【남】ㄱ ㄲ ㄳ ㄴ ㄵ ㄶ ㄷ ㄸ ㄹ ㄺ ㄻ ㄼ ㄽ ㄾ ㄿ ㅀ ㅁ ㅂ ㅄ ㅅ
　　　ㅆ ㅇ ㅈ ㅊ ㅋ ㅌ ㅍ ㅎ
　【북】ㄱ ㄳ ㄴ ㄵ ㄶ ㄷ ㄹ ㄺ ㄻ ㄼ ㄽ ㄾ ㄿ ㅀ ㅁ ㅂ ㅄ ㅅ ㅇ ㅈ ㅊ
　　　ㅋ ㅌ ㅍ ㅎ ㄲ ㅆ

남한에서는 1988년 「한글 맞춤법」에서 처음 한글 자모의 순서를 정했다. 그 전까지는 사전마다 겹글자들을 배열하는 순서가 달라 사용자들이 매우 혼란스러웠다. 북한은 자음의 순서에서 된소리 글자를 뒤에 배열하여 남한과 차이를 보인다. 특히 북한에서는 첫소리에서 소리값이 없는 'ㅇ' 글자를 사전에서 제일 뒤에 놓고 있다. 자모의 순서를 정하는 데 남한이 글자의 형태를 중시했다면 북한은 발음을 중시했다고 할 수 있다.

모음의 경우 북한에서는 기본 글자 10개를 나열하고 복합 형태의

---

17) 「조선말 규범집」(1966)에서는 다른 자음과 마찬가지로 '으'로 불렀다.

글자를 두었으나 남한에서는 ㅏ, ㅑ, ㅓ, ㅕ, ㅗ, ㅛ, ㅜ, ㅠ, ㅡ, ㅣ 사이에 각각 ㅏ, ㅓ, ㅐ, ㅔ, ㅣ의 글자 형태가 더해 지는 순서를 취했다.

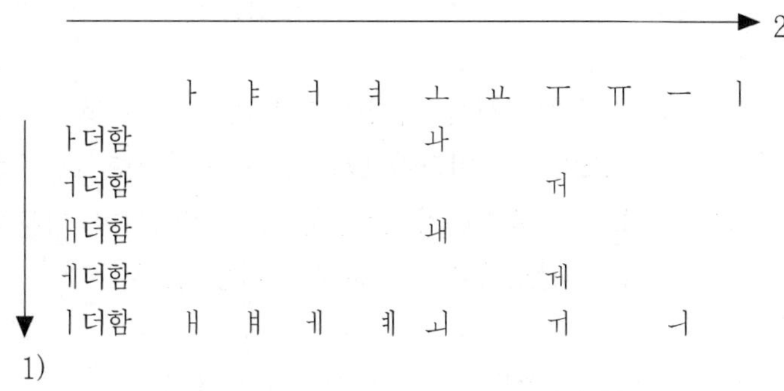

'ㅏ'에 대해 'ㅐ'나 'ㅓ'에 대해 'ㅔ'는 글자로는 각각 'ㅏ+ㅣ'와 'ㅓ+ㅣ'의 형태이나 발음이 그렇게 분석되는 것은 아니다.18)

3.4. 소리에 관한 것

(1) 된소리

단어(북한에서는 '형태부'라 표현함) 안에서 특별한 이유없이 된소리가 날 경우 소리나는 대로 된소리로 적는다는 점에서 남북한의 된소리 규정은 같다.

남북한 된소리 표기에서 차이를 보이는 것은 'ㄹ'로 시작하는 어미 부류에 대한 규정이다.

【남】 제53항 : 다만, 의문을 나타내는 다음 어미들은 된소리로 적는다.
-(으)까? -(으)ㄹ꼬? -(스)ㅂ니까? -(으)리까? -(으)ㄹ쏘냐?

---

18) 이러한 자모의 배열 차이로 인해 다음과 같이 단어들의 배열이 남북한 사전에서 크게 다를 수 있다.
【남】 꽈리 - 끌다 - 안뜰 - 안팎 - 있다 - 잉어 - 장끼 - 제자리 - 지키다
【북】 장끼 - 지키다 - 제자리 - 꽈리 - 끌다 - 안팎 - 안뜰 - 잉어 -있다
자모 배열은 한번 익숙해지면 좀처럼 바꾸기 어렵다는 점에서 다른 규정 못지 않게 합리적인 통일 방안을 곰곰이 따져볼 필요가 있다.

【북】 제6항 : 한 형태부안에서 받침 ≪ㄴ, ㄹ, ㅁ, ㅇ≫ 다음의 소리가
              된소리로 나는 경우에는 그것을 된소리로 적는다.
              그러나 토에서 ≪ㄹ≫뒤에서 된소리가 나더라도 된소리
              로 적지 않는다. ~ㄹ가, ~수록 ~지라도 ~올시다

북한에서는 어떠한 경우에도 '르~'형 어미에서 뒤에 오는 자음을
된소리로 표기하지 않는다. 남한에서도 '르~'형 어미는 원칙적으로 된
소리로 표기하지 않는 것이 원칙이지만 의문형 어미들은 예외적으로
모두 된소리로 표기하도록 하고 있다.

【남】	【북】
이제 갈까?	이제 갈가?
이제 갑니까?	이제 갑니가?
말할쏘냐?	말할소냐?

북한에서는 어미를 범주에 관계없이 표기한 데 반해 남한에서는 의
문형 어미를 다른 범주의 어미와 구별하여 된소리로 적도록 하였다.

(2) 한자어 'ㅖ'

【남】 제8항 : '계, 례, 몌, 폐, 혜'의 'ㅖ'는 'ㅔ'로 소리나는 경우가 있더
              라도 'ㅖ'로 적는다.
              계수(桂樹), 사례(射禮), 연몌(連袂), 폐품(廢品), 혜택(惠澤)
【북】 제26항 : 한자말에서 ≪예≫가 들어있는 소리마디로는 ≪계≫, ≪례≫,
              ≪혜≫, ≪예≫만을 인정한다.
              계산, 례절, 실례, 혜택, 은혜

남한에서 '계, 례, 몌, 폐, 혜'는 〔게, 레, 메, 페, 헤〕로 발음하는 것
이 일반적이다. 즉 '예'를 제외하고 자음과 결합하는 'ㅖ'는 단모음화하
여 일반적으로 〔ㅔ〕로 발음되고 있는 실정이다. 그러므로 남한에서도
단모음화한 것을 인정한다면 '게수', '연메', '페품' 따위로 적도록 규정
할 수도 있을 것인다. 그러나 '예', '례'의 경우처럼 아직은 'ㅖ'가 우리말

모음으로 분명한 지위를 갖고 있고, 또 지금까지 써왔던 언어 습관을 하루 아침에 고치는 것이 쉽지 않으므로 본래 써 왔던 대로 ‘ㅖ’로 적도록 한 것이다. 특히 ‘례’를 ‘레’로 쓰기로 한다면 초성에서는 두음 법칙에 따라 ‘예’로 발음될 것이고 어말에서는 ‘레’로 발음되기 때문에 표기의 일관성에도 문제가 있다.

북한에서는 ’계, 례, 혜, 예’만 인정하고 다른 것은 ‘ㅔ’로 적도록 하였다. 그러므로 남한과 북한은 모음 ‘ㅖ’의 표기에 있어 ‘몌/메’, ‘폐/페’가 차이가 난다.19)

【남】	【북】
연몌	연메
폐품	페품
화폐	화페

(3) 이중 모음 ‘ㅢ’

　　【남】 제9항 : ‘의’나, 자음을 첫소리로 가지고 있는 음절의 ‘ㅢ’는 ‘ㅣ’로
　　　　　　　　소리나는 경우가 있더라도 ‘ㅢ’로 적는다.
　　　　　　　　의의, 본의, 무늬, 늴리리, 띄어쓰기, 씌어, 틔어, 희망, 유희
　　【북】 제27항 : 한자말에서 모음 ≪의≫가 들어 있는 소리마디로는 ≪희≫,
　　　　　　　　≪의≫만을 인정한다.
　　　　　　　　순희, 회의, 희망, 유희, 의견, 의의

현대국어에서 ‘ㅢ’의 초성 자리에 자음이 오는 경우는 드물 뿐만 아니라, ‘ㅢ’ 자체의 발음도 매우 불안정하다. ‘ㅢ’는 놓이는 위치나 초성 자리에 오는 자음에 따라 ‘ㅢ’, ‘ㅣ’, ‘ㅔ’ 등으로 발음된다. 그렇다고 소리나는 대로 ‘ㅣ’나 ‘ㅔ’로 적기에는 아직 표기상으로 ‘ㅢ’와 ‘ㅣ’, ‘ㅔ’가

---

19) 표준어 규정 【남】 과 문화어발음법 【북】 에서는 ‘ㅖ’의 발음에 대해 각각 다음과 같이 규정하고 있다. (이에
　　대해서는 뒤에 더 살펴보기로 하겠다).
　　【남】 제5항 〔다만 2〕 ‘예, 례’ 이외의 ‘ㅖ’는 〔ㅔ〕로도 발음한다.
　　　　계집〔계ː집/게집〕,　시계〔시계/시게〕,　개폐〔개폐/개페〕, 혜택〔혜ː택/헤택〕
　　【북】 ≪ㄱ, ㄹ, ㅎ≫뒤에 있는 ≪ㅖ≫는 각각 ≪ㅔ≫로 발음한다.
　　　　계속(게속), 례절(레설), 혜택(헤택)

변별이 되고 표기의 보수성을 생각할 때 '희망'을 '히망'으로 적도록 규정하는 것은 받아들이기 쉽지 않다. 또한 '띄어'나, '씌어' 등은 '뜨이어', '쓰이어'에서 '一 ㅣ'가 준 형태이니 원형을 밝혀 적는다는 점에서도 'ㅢ'를 그대로 쓰는 것이다.

(4) 두음 법칙

【남】제10항 : 한자음 '녀, 뇨, 뉴, 니'가 단어 첫머리에 올 적에는 두음 법칙에 따라 '여, 요, 유, 이'로 적는다.
　　　　　여자(女子),　요소(尿素), 유대(紐帶), 익명(匿名)
　　제11항 : 한자음 '랴, 려, 례, 료, 류, 리'가 단어의 첫머리에 올 적에는 두음 법칙에 따라 '야, 여, 예, 요, 유, 이'로 적는다.
　　　　　양심(良心),　역사(歷史),　예의(禮儀), 용궁(龍宮), 유행(流行), 이발(理髮)
　　다만, 모음이나 'ㄴ' 받침 뒤에 이어지는 '렬, 률'은 '열, 율'로 적는다.
　　　　　나열(羅列), 분열(分裂),　규율(規律), 선율(旋律),
　　　　　백분율(百分率)
　〔붙임 4〕접두사처럼 쓰이는 한자가 붙어서 된 말이나 합성어에서 뒷말의 첫 소리가 'ㄴ' 또는 'ㄹ' 소리로 나더라도 두음법칙에 따라 적는다.
　　　　　역이용(逆利用), 연이율(憐利律), 열역학(熱力學)
【북】제25항 : 한자말은 소리마디마다 해당 한자음대로 적는 것을 원칙으로 한다.
　　　　　국가, 녀자, 뇨소, 당, 락원, 로동, 례의, 천리마, 풍모

　　남북한 언어에서 가장 이질적으로 느껴지는 것 가운데 하나가 두음 법칙과 관련된 발음과 표기이다.
　　해방 직후 북한에서 『한글 맞춤법 통일안』(1933)을 따르는 데 있어 가장 심각하게 제기된 것이 한자어의 경우 어두음 'ㄴ, ㄹ'를 어떻게 표기하고 발음할 것인가 하는 문제였다.
　　특히 이 문제는 1946년 8월 공산당과 신민당이 합당하면서 당의 이름을 '로동당'으로 하는가 '노동당'으로 하는가 하는 것과 관련하여 매우 신중한 문제였다. 결론적으로 북한은 "로동계급의 대중적정당으로

서의 당의 명칭을 '로동당'이라고 한다"라고 선포함으로써 한자어의 어두음 'ㄴ, ㄹ' 표기와 발음에 대한 원칙적인 입장을 분명히 하였다.(박재호, 2001). 결국 북한에서 두음 법칙 표기를 인정하지 않는 표기 원칙은 어문 규범에 앞서 당의 이름을 짓는 정치적 결정으로 시작된다. 북한 권력의 중추기관의 이름을 '로동당'으로 정한 것은 이후 북한의 어문 규범에서 어두의 'ㄹ, ㄴ' 표기를 규정하고 지금까지 이를 고수하는 데 크게 작용했을 것으로 보인다.

어두에 'ㄹ'을 적는 것은 한자말은 해당 한자음대로 적는 원칙을 철저히 고수하는 형태주의 원칙에 따른 것이다.

남한에서는 두음 법칙 현상을 표기에 반영하여 'ㄹ'이나, ㅣ 모음 계열의 모음 앞에 오는 'ㄴ'은 단어의 첫머리 쓸 수 없도록 규정하였다.

그 결과 남한과 북한이 표기에 있어서 차이를 보이게 된다.

【남】	【북】
여자	녀자
노동	로동
요소	뇨소
양심	량심
역사	력사
낙원	락원
이발	리발

그런데 'ㄹ' 표기 문제는 그리 간단하지 않다. 북한의 경우 어떤 경우에든 한자말은 음절(소리마디)마다 본래 한자음 대로 적도록 하고 있어 'ㄹ' 표기에 대한 추가 규정이 필요 없지만, 남한에서는 어두뿐만 아니라 어중에서도 'ㄹ'을 유지하지 못하는 경우가 있고 또 경우에 따라서는 어두에서 'ㄹ'이나 'ㄴ' 발음이 가능한 경우가 있으니 각각에 대해 추가 규정이 필요하다. 남한에서는 한자어 '렬'이나 '률'의 경우에 ㄴ과 모음 뒤에서 '열'과 '율'로 발음된다. 이들은 두음 법칙 원리에 따른다면 '렬'과 '률'이 되어야 하겠으나 현실 발음이 그렇지 않다.

<table>
<tr><td>【남】</td><td>【북】</td></tr>
<tr><td>나열</td><td>나렬</td></tr>
<tr><td>분열</td><td>분렬</td></tr>
<tr><td>선열</td><td>선렬</td></tr>
</table>

【남】 제11항 〔붙임2〕 외자로 된 이름을 성에 붙여 쓸 경우에도 본음대로
적을 수 있다.
　신립(申砬) 최린(崔麟), 채륜(蔡倫), 하륜(河崙)
〔붙임3〕 준말에서 본음대로 소리나는 것은 본음대로 적는다.
　국련(국제연합), 대한교련(대한교육연합회)

　　이러한 추가 규정은 두음 법칙을 매우 어렵게 느끼게 한다. 그러나 이는 우리의 가장 자연스러운 발음을 근거로 한 것이라는 점을 명심해야 한다.[20]

【남】　제13항 : 한 단어 안에서 같은 음절이나 비슷한 음절이 겹쳐 나는
부분은 같은 글자로 적는다.
　딱딱, 쌕쌕, 씩씩, 똑딱똑딱, 쓱싹쓱싹
　연연불망(戀戀不忘), 유유상종(類類相從), 누누이(屢屢-)

　　북한에서는 남한의 제13항과 관련되 규정은 없으나 『조선말대사전』(1992)의 올림말을 보면 '딱딱, 쌕쌕…' 등은 남한의 것과 같다. 다만 앞의 규정 25에서처럼 한자어에서 '연연불망'은 '련련불망'으로 '유유상종'은 '류류상종'이 될 것 같으나 북한 사전에 이 말이 없어 확인할 수 없다.[21]

---

20) 두음 법칙은 한국 사람들의 자연스러운 발음 현상이며 본래 북한 지역도 다르지 않았던 것으로 보인다. 북한에서도 초창기에는 어두의 'ㄹ, ㄴ'을 표기 문제로만 한정하고 발음에 대해서는 구체적으로 확정하지 않았지만 이후에 발음까지 두음 법칙을 포기하였다. 어두에서 'ㄹ, ㄴ'을 발음하도록 규정한 것은 오히려 표기법에 영향을 받은 것으로 보인다(이와 비슷한 경우로 북한의 사이시옷 규정을 들 수 있다).

21) 남한에서 두음 법칙 규정에 어긋난 표기로 유일하게 의성어 '냠냠'이 있다. 우리 옛말 가운데 'ㅿ'은 본래 유성음 사이에서만 나고 어두에 오지 못하였으나 '설설'이나 '씀씀'과 같은 첩어의 경우에 예외적으로 어두에 'ㅿ'이 사용된 적이 있다. 이는 현대국어의 '냠냠' 표기와 같은 맥락으로 이해된다.

3.5. 형태에 관한 것

우리말에서 대부분의 문법 범주가 조사나 어미와 같은 문법 형태소
에 의해 결정되므로 각 어미나 조사의 원형을 밝혀 적는 일은 문법 관
계를 파악하는 데 유리하다.

(1) '-이오/-이요'

> 【남】 제15항 : 용언의 어간과 어미는 구별하여 적는다.
> 　〔붙임2〕 종결형에서 사용되는 어미 '-오'는 '요'로 소리나는 경우가 있
> 　　　　 더라도 그 원형을 밝혀 '-오'로 적는다.
> 　　　　 이것은 책이오.
> 　　　　 이리로 오시오
> 　　　　 이것은 책이 아니오
> 　〔붙임3〕 연결형에서 사용되는 '이요'는 '이요'로 적는다.
> 　　　　 이것은 책이요, 저것은 붓이요, 또 저것은 먹이다.

'이것은 책이오'의 '-오'나 '먹으오', '가오' 등에서 '-오'는 모두 합쇼체
종결어미 '-오'이다. 형태소의 원형을 밝혀 적는다는 원칙에 따라 '-이오'
의 경우에 '오'가 '요'로 발음되더라도 '-오'로 적는 것이다. 이에 반해 북
한에서는 모두 '-요'로 적는다. 북한 규범집에는 이에 대해 별도로 규정
한 것이 없으나 북한 문헌을 통해 모두 '요'로 쓰고 있는 것을 볼 수 있
다. 남한보다 형태주의 원칙에 철저한 북한이 오히려 형태주의 원칙을
지키는 않는 경우이다.

(2) 어미 '-아/어'

> 【남】 제16항 : 어간의 끝 음절 모음이 'ㅏ, ㅓ'일 때에는 어미를 '-아'로 적
> 　　　　 고, 그밖의 모임일 때에는 '-어'로 적는다.
> 【북】 제11항 : 3. 말줄기의 모음이 ≪ㅣ, ㅐ, ㅔ, ㅚ, ㄱ, ㅢ≫인 경우와
> 　　　　 줄기가 ≪하≫인 경우에는 ≪여, 였≫으로 적는다.
> 　　　　 기다 - 기여, 기였다.

개다 – 개여, 개였다

베다 – 베여, 베였다

되다 – 되여, 되였다

쥐다 – 쥐여, 쥐였다

하다 – 하여, 하였다

희다 – 희여, 희였다

어간의 끝 모음이 양성모음(ㅏ, ㅗ)일 때, 어미는 같은 양성 계열의 'ㅏ'를 취하고, 음성모음(ㅐ, ㅔ, ㅓ, ㅚ, ㅜ, ㅟ, ㅡ, ㅓ, ㅣ)일 때에는 '어'를 취하도록 하였다. 이는 우리말의 전통적인 음운 특성인 모음조화 현상을 표기에 반영한 것이다. 전설 계열의 어간으로 끝나는 말이 올 때 '-아/어'는 '야/여'로 발음되지만 원형을 밝혀 적는 원칙에 따라 '-아/어'로 적도록 한 것이다('-았/었-'도 마찬가지이다). 이에 반해 북한에서는 소리나는 대로 '여'로 적도록 하였다. 이는 앞의 '-이요'의 경우처럼 형태음소 원칙에 철저한 북한의 표기법 원리에 따른다면 오히려 이례적인 것이다.22)

【북】 제11항 〔붙임〕 부사로 된 다음과 같은 단어들은 말줄기와 토를 갈라 적지 않는다.
구태여, 도리여, 드디여

남한에서는 이에 대한 별도의 규정이 없으나 사전에 '도리어', '드디어'가 올라 있다. '구태여'는 남북한의 표기가 같다.

(3) ㅂ 불규칙 용언

【남】 제18항 : 다음과 같은 용언들은 어미가 바뀔 경우, 그 어간이나 어미가 원칙에서 벗어나면 벗어나는 대로 적는다.
6. 어간의 끝 'ㅂ'이 'ㅜ'로 바뀔 적
깁다: 기워, 기우니, 기웠다.
굽다: 구워, 구우니, 구웠다
가깝다: 가까워, 가까우니, 가까웠다.

---

22) '하다'의 경우에 남한에서도 '하여'로 표기하는데 이는 불규칙 활용어는 불규칙한 대로 적는 원칙에 따른 것이다.

【북】 제10항 : 말줄기의 끝 ≪ㅂ≫을 ≪오(우)≫로도 적는 경우

　　　고맙다 ― 고맙고, 고맙지, 고마우니, 고마와

　　　곱다　 ― 곱고, 곱지, 고우니, 고와

　　　춥다　 ― 춥고, 춥지, 추우니, 추워

　　동사나 형용사와 같은 용언류들에서 문법적 기능을 실현하기 위해 어미의 꼴을 바꾸는 것을 '활용'이라고 한다. 용언이 활용을 할 때 어간은 변하지 않고 어미가 규칙적으로 교체되는 것을 '규칙 활용'이라하며 어간이나 어미가 예외적으로 달라지는 것을 '불규칙 활용'이라 한다. 「한글 맞춤법」 제18항에서 불규칙 활용을 하는 말은 벗어난 대로 적도록 하였다. 불규칙 활용은 말 그대로 불규칙적인 현상이므로 원형대로 적으면 실제 발음을 이끌어 내기 어렵다. 그런데 'ㅂ 불규칙 활용'에 대해 「한글 맞춤법 통일안」(1933)에서는 모음조화의 규칙성에 따라 ㅂ 변칙 활용어의 어간이 양성모음으로 끝나 '-아'가 결합한 형태는 '-와'로 어간이 음성모음으로 끝나 '-어'가 결합한 형태는 '-워'로 적었으나 「한글 맞춤법」(1988)에서는 현실 발음이 '-워'로 굳어졌다고 판단하여 어간 끝 모음의 음양성에 관계없이 '-워'로만 적도로 하였다.23) 이에 반해 북한에서는 통일안을 따라 앞의 모음에 따라 '-와', '-워'를 구별하여 적고 있다.

　　　　　　　【북】　　　　【남】

　　보드랍다 - 보드라와　 - 보드라워

　　부드럽다 - 부드러워　 - 부드러워24)

　　다만, 남한에서도 '돕-, 곱-'과 같이 단음절 어간에 어미 '-아'가 결합되어 '와'로 소리나는 것은 현실 발음에 따라 '-와'로 적는다.

　　　돕다(助) : 　도와　　도와서　　도왔다

　　　곱다(麗) : 　곱다　　고와서　　고왔다.

---

23) '즐겁다'와 같이 음성으로 끝나는 어간은 '즐거워'처럼 '워'로 발음하는 것이 자연스럽지만 '가깝다'와 같이 양성 모음으로 끝나는 어간은 '가까워'나 '가까와'가 다 가능하다. 그러나 현실적으로 '워'쪽을 선호하는 경향이 높고 혼동을 줄이기 위해 '워'쪽으로 통일한 것이다.

24) '-와/워'의 표준을 정하는 문제는 엄밀한 의미에서 표준어 문제이다.

(4) 접미사가 붙어서 된 말

【남】 제20항 : 〔붙임〕 '-이' 이외의 모음으로 시작된 접미사가 붙어서 된
　　　　　　　말은, 그 명사의 원형을 밝히어 적지 아니한다.
　　　　　　　꼬락서니, 끄트머리, 모가지, 바가지, 싸라기, 이파리, ….
【북】 제23항 : 2) 말뿌리와 뒤붙이를 밝혀 적지 않는 경우
　　　　　　　(1) 말뿌리에 ≪이≫, ≪음≫ 이외의 뒤붙이가 붙어서 이
　　　　　　　루어진 명사나 부사
　　　　　　　나머지, 마감, 마개, 마중, 바깥, 지붕, 지푸래기, 끄트머
　　　　　　　리, 뜨더귀, 너무, 도로, 거뭇거뭇, 나붓나붓

　　우리가 형태소의 원형을 밝혀 적는 것은 현재 공시적으로 그럴 만
한 충분한 이유가 있기 때문이다. 그런데 규칙적인 접미사가 아닌 경우
에는 새말을 만들어 내지 못하므로 이를 밝혀 적을 근거가 약하다. 그
러므로 새말을 만들지 못하는 접미사는 형태소의 원형을 밝히지 않고
소리나는 대로 적도록 한 것이다. 이러한 기본 원칙은 남과 북이 같다.

【남】 제21항 : 명사나 혹은 용언의 어간 뒤에 자음으로 시작된 접미사가
　　　　　　　　붙어서 된 말은, 그 명사나 어간의 원형을 밝혀 적는다.
　　　　1. 명사 뒤에 자음으로 시작된 접미사가 붙어서 된 것.
　　　　　값지다, 홑지다, 넋두리, 빛깔, 옆댕이, 잎사귀
　　　　2. 어간 뒤에 자음으로 시작된 접미사가 붙어서 된 것.
　　　　　낚시, 늙정이, 갉작갉작하다, 굵다랗다, 굵직하다, 넓적하다, 늙
　　　　　수그레하다.
　　　　다만, 다음과 같은 말은 소리대로 적는다.
　　　　　(1) 겹받침의 끝소리가 드러나지 아니하는 것.
　　　　　　　할짝거리다, 널따랗다, 널찍하다, 말끔하다, 말쑥하다, 얄
　　　　　　　따랗다, ….
　　　　　(2) 어원이 분명하지 아니하거나 본뜻에서 멀어진 것
　　　　　　　넙치, 올무, 골막하다, 납작하다

【북】 제21항 : ≪ㄺ, ㄼ, ㄾ, ㅀ≫ 등의 둘받침으로 끝난 말뿌리에 뒤붙이
　　　　　　　　가 어울리적에 그 둘받침 중의 한 소리가 따로 나지 않는
　　　　　　　　것은 안나는대로 적는다.

말끔하다, 말쑥하다, 실쭉하다, 할짝할짝하다, 얄팍하다.

　명사나 어간에 자음으로 시작된 접미사가 붙어서 된 단어에 대한 처리는 얼핏 남북이 같아 보이는데 엄밀히 보면 다음과 같은 차이가 있다.

　　【남】 겹받침의 끝소리가 드러나지 아니하는 것.
　　【북】 둘받침 중의 한 소리가 따로 나지 않는것

　'늙정이'에서 어간 '늙-'의 원형을 밝혀 적는 것은 받침의 끝소리 'ㄱ'이 드러나기 때문이다. 이에 반해 '널따랗다' 경우 어원이 '넓-'이지만 발음할 때는 끝소리 'ㅂ'이 아니라 '널-'처럼 앞에 오는 'ㄹ' 자음이 발음된다. 이때는 '다만' 규정에 따라 '넓다랗다'로 쓰지 않고 소리나는 대로 '널따랗다'로 쓰는 것이다.

　이 규정에 따라 남한에서는 '넓적다리', '넓죽하다'로, 북한에서는 '넙적다리, '넙죽하다'로 적는다.

　　【남】 제22항 : '-하다'나 '-거리다'가 붙는 어근에 '-이'가 붙어서 명사가 된
　　　　　　　　것은, 그 원형을 밝히어 적는다.
　　　　　　　　깔쭉이, 꿀꿀이, 삐죽이, 쌕쌕이, 오뚝이,
　　【북】 제23항 : 모음으로 된 뒤붙이가 말뿌리와 어울릴적에는 다음과 같이
　　　　　　　　갈라 적는다.
　　　　　　　　그러나 본딴말에 붙어서 명사를 이루는 것은 밝혀 적지않
　　　　　　　　는다.
　　　　　　　　누더기, 더퍼리, 두드러기, 무더기, 매미, 깍두기, 딱따기

　'-거리다'가 붙을 수 있는 어간은 의성어, 의태어들이다. 의성어, 의태어 어간에 명사화 접미사 '-이'가 결합하여 파생된 명사는 공시적으로 형태소의 원형을 분명히 분석할 수 있다고 판단하는 것이다. 반대로 '-하다'나 '-거리다'가 붙을 수 없는 어근에 '-이'가 결합할 때는 소리나는 대로 적는다.

　　꿀꿀-　　　　꿀꿀거리다　　　　꿀꿀이
　　쌕쌕-　　　　쌕쌕거리다　　　　쌕쌕이

오뚝-　　　　오뚝하다　　　　오뚝이
개굴-　　　　*개굴거리다/하다　　개구리
뻐꾹-　　　　*뻐꾹거리다/하다　　뻐꾸기

　　북한에서 의성어, 의태어 어근과 '-이'가 결합하여 이루어진 명사는
모두 소리나는 대로 적는다.

　　　　【남】　　　　　　　【북】
　　　　더펄이　　　　　　더퍼리
　　　　쌕쌕이　　　　　　쌕쌔기
　　　　오뚝이　　　　　　오또기
　　　　푸석이　　　　　　푸서기
　　　　털털이　　　　　　털터리

【남】 '하다'가 붙는 어근에 '-히'나 '-이'가 붙어서 부사가 되거나, 부사에
　　　'-이'가 붙어서 뜻을 더하는 경우에는 그 어근이나 부사의 원형을
　　　밝혀 적는다.
　　　2. 부사에 '-이'가 붙어서 역시 부사가 되는 경우
　　　　곰곰이, 더욱이. 생긋이. 오뚝이. 일찍이. 해죽이

　　「한글 맞춤법 통일안(1933)」에서는 '더우기', '일찌기'로 적던 것을
남한에서는 원형 밝혀적기 원칙에 따라 '일찍이', '더욱이'로 적도록 하
였다. 북한에는 이에 대한 규정이 없으나 북한 사전에는 「통일안」과 마
찬가지로 '일찌기', '더우기'로 올라 있다.

(5) 합성어 및 접두사가 붙은 말

【남】 제27항 : 둘 이상의 단어가 어울리거나 접두사가 붙어서 이루어진
　　　　　　 말은 각각 그 원형을 밝히어 적는다.
　　　〔붙임〕'이(齒, 虱)'가 합성어나 이에 준하는 말에서 '니' 또는 '리'로
　　　　　　 소리날 때에는, '니'로 적는다.
　　　　　　 간니, 덧니, 사랑니, 어금니, 틀니, 머릿니.

합성어나 접두 파생어의 경우에도 원형 밝혀 적기 원칙을 지킨다. 물론 소리가 특이하게 변한 것이나(할아버지, 할아범) 어원이 분명하지 않은 것은 밝혀 적지 않는다(골병, 골탕, 며칠, 아재비, 오라비, 업신여기다, 부리나케).

'이(齒)'의 옛말에 '니'였으므로 '갓니', '덧니'로 적는 것은 역사적인 원형을 밝혀 적은 것이라고 설명할 수도 있다. 그러나 현대 국어에서 '이'로 발음하므로 'X-이' 합성어에서 'ㄴ'인 첨가된 것으로 보는 것이 옳다. '사랑+이'는 원형대로 적는다면 '사랑이'가 되겠으나 소리나는 대로 '사랑니'로 적도록 하였다.25) 북한에서는 이에 대한 규정이 없으나 문화어발음법(1987)에는 '어금이'로 표기하고 '어금니'로 발음하도록 하고 있다.

(6) 사이시옷

【남】 제30항 : 사이시옷은 다음과 같은 경우에 받치어 적는다.
　　1. 순우리말로 된 합성어로서 앞말이 모음으로 끝난 경우
　　　　나룻배, 나뭇가지, 냇가, 바닷가, 아랫집, 혓바늘, 잇몸, 냇물, 나뭇잎
　　2. 순우리말과 한자어로 된 합성어로서 앞말이 모음으로 끝난 경우
　　　　머릿방, 자릿세, 전셋집, 콧병, 햇수, 제삿날, 툇마루, 예삿일
　　3. 두 음절로 된 다음 한자어
　　　　곳간(庫間), 셋방(貰房), 숫자(數字), 찻간(車間), 툇간(退間), 횟수(回數)

사이시옷 표기 문제는 남한이나 북한이나 모두 큰 고민거리 중에 하나이다. 남한에서는 '순우리말 + 순우리말', '순우리말 + 한자어(한자어 + 순우리말)' 구성에서는 사이시옷을 적고 두 음절로 된 한자어에서는 위의 6개만 예외적으로 사이시옷을 적도록 하였다.

---

25) 표준어 규정 제29항에 "합성어 및 파생어에서 앞 단어나 접두사의 끝이 자음이고 뒤 단어나 접미사의 첫 음절이 '이, 야, 여, 요, 유'인 경우에는, 'ㄴ'을 첨가하여 '니, 냐, 녀, 뇨, 뉴'로 발음한다."고 규정하고 있다. 솜-이불[솜니불], 막 일[망닐], 신-여성[신녀성], 담-요[담뇨], 식용-유[시굥뉴]. 그러나 앞의 규정에 따라 모두 '이'로 적는다.

북한에서는 「조선어 철자법」(1954)에서 사이시옷을 폐지하고 해당 음절의 오른 쪽 위에 〔'〕 부호를 붙여 사이시옷을 대신하였다가 「조선어 규범집」(1966)에서는 발음 교육 등의 특수한 경우를 제외하고는 그나마 폐지하였다. 그리고 「조선어 규범집」(1988) 맞춤법에는 이에 대한 규정이 별도로 없다.26) 북한에서 사이시옷을 폐기한 것은 어두에서 한자어 'ㄹ'을 표기하는 것과 함께 형태주의 원칙을 철저히 따르는 대표적인 규정이다.

(7) 준말

준말은 형태소의 일부가 생략되는 것이다. 남한의 「한글 맞춤법」에서는 32항부터 40항에 걸쳐 폭넓게 준말에 대해 다루고 있는데 규칙적인 준말은 준 대로 적는 것을 원칙으로 하였다. 이중에서 모음이 주는 경우를 보면 다음과 같다.

① 단어의 끝모음이 줄어지고 자음만 남는 경우 : 기러기야 - 기럭아, 온가지 - 온갖
② 체언과 조사가 어울리어 줄어지는 경우 : 그것은 - 그건, 그것이 - 그게, 무엇을 - 뭣을/무얼/뭘
③ 모음 'ㅏ, ㅓ'로 끝난 어간에 '-아/-어, -았-/-었-'이 어울릴 경우 : 가아 - 가, 가았다 - 갔다
④ 모음 'ㅗ, ㅜ'로 끝난 어간에 '-아/-어, -았-/-었-'이 어울릴 경우 : 꼬아 - 꽈, 보았다 - 봤다
⑤ 'ㅣ' 뒤에 '-어'가 와서 'ㅕ'로 줄 경우 : 가지어 - 가져, 가지었다 - 가졌다.
⑥ 'ㅏ, ㅕ, ㅗ, ㅜ, ㅡ'로 끝난 어간에 '-이-'가 와서 각각 'ㅐ, ㅖ, ㅚ, ㅟ, ㅢ'로 줄 경우 : 싸이다 - 쌔다, 누이다 - 뉘다
⑦ 'ㅏ, ㅗ, ㅜ, ㅡ' 뒤에 '-이어'가 어울릴 경우 : 싸이어 - 쌔어, 뜨이어 - 띄어

한편 '하' 준말에 대하여 남한에서는 다음과 같이 규정하고 있다.

---

26) 【북】 제15항 〔붙임〕 소리같은 말인 다음의 고유어들은 혼동을 피하기 위해서 아래와 같이 적는다.
　　례 : 샛별 - 새 별(새로운 별)
　　　　 빗바람(비가 오면서 부는 바람) - 비바람(비와 바람)

【남】 제40항 : 〔붙임〕 어간의 끝음절 '하'가 아주 줄 적에는 준 대로
　　　　　　　　　적는다
　　　　　　　　　거북하지 - 거북지
　　　　　　　　　넉넉하지 않다 - 넉넉지 않다
　　　　　　　　　생각하건대 - 생각건대
　　　　　　　　　익숙하지 않다 - 익숙지 않다.27)

　　반면에 북한에서는 '하'가 완전히 주는 것을 인정하지 않는다. 그러므
로 위의 보기를 북한에서는 '넉넉치', '생각컨대', '익숙치'로 표기한다.

3.6. 부사화 접미사 '-이/히'

【남】 제51항 : 부사의 끝음절이 분명히 '이'로만 나는 것은 '이'로 적고,
　　　　　　　　'히'로만 나거나 '이'나 '히'로 나는 것은 '히'로 적는다.
　　　1. '이'로만 나는 것 : 가붓이, 깨끗이, 느긋이, 따뜻이, 버젓이 /가까
　　　　　이, 고이, 날카로이, 많이, /겹겹이, 일일이, 집집이, 틈틈이
　　　2. '히'로만 나는 것 : 극히, 급히, 딱히, 속히, 작히
　　　3. '이, 히'로 나는 것 : 솔직히, 가만히 ,간편히, 나른히, 각별히, 소
　　　　　홀히, 쓸쓸히, 꼼꼼히, 당당히, 고요히,

【북】 제24항 : 부사에서 뒤붙이 ≪이≫나 ≪히≫가 그 어느 하나로만 소
　　　　　　　　리나는것은 소리나는대로 적는다.
　　　1) ≪히≫로 적는것(주로 ≪하다≫를 붙일수 있는것) : 고요히,
　　　　　덤덤히, 마땅히, 빈번히
　　　2) ≪이≫로 적는것(주로 ≪하다≫를 붙일수 없는것) : 간간이,
　　　　　고이, 기어이, 객적이, 뿔뿔이
　　　3) 말뿌리에 직접 ≪하다≫를 붙일수 없으나 ≪히≫로만 소리나는
　　　　　것은 ≪히≫로 적으며 말뿌리에 직접 ≪하다≫를 붙일수 있으나
　　　　　≪이≫로만 소리나는것은 ≪이≫로 적는다. : 거연히, 도저히,
　　　　　자연히, 작히 / 큼직이, 뚜렷이

---

27) 현재 남한 사람에게 있어 '하'가 완전히 주는지 아닌지에 대한 판단은 개인적으로 차이가 있다.

남북한 모두 '이/히' 표기는 현실 발음에 따른다. 북한에서는 '-하다'의 결합 여부를 염두에 두고 설명하고 있으나 결국 3)에서처럼 발음을 더 중요시하고 있다. '이'로 발음하는가 '히'로 발음하는 가는 매우 주관적이다. 개인의 발음 습관에 따라 차이고 있고 자신 있게 구별하지 못하는 경우가 많다. 남한의 경우 '제51항 3'처럼 '히'에 더 비중을 더 둔 것 같기도 하지만 남북한의 실례를 보면 그렇지만도 않다.

3.7. 한자어의 속음

> 【남】 제52항 : 한자어에서 본음으로도 나고 속음으로도 나는 것은 각각 그 소리에 따라 적는다.
> 속음으로 나는 것 : 수락(受諾), 허락(許諾), 곤란(困難), 논란(論難), 대노(大怒), 의논(議論), 오뉴월(五六月)
> 【북】 제25항 : 한자말은 소리마디마다 해당 한자음대로 적는것을 원칙으로 한다.
> 그러나 아래와 같은 한자말은 변한 소리대로 적는다.
> 궁냥, 나사, 나팔, 류월, 시월, 오뉴월, 요기

정리하면, 맞춤법에 있어 남북한의 차이는 형태주의 원칙을 얼마나 더 철저히 지키느냐에 달려 있다. 전반적으로 북한은 형태주의 원리에 남한보다 충실한 것으로 보이지만 규정에 따라서는 남한이 더 철저하게 형태주의 원칙을 적용하는 경우도 있다.

① 남한이 형태주의 원리를 더 철저히 지키는 경우
  ㄱ. 어미 '-아/어'의 표기
  ㄴ. 종결 어미 '-이오'의 표기
  ㄷ. '-거리다' '-하다'가 붙는 '-이' 명사 파생어 표기
  ㄹ. 부사와 결합하는 부사화 접미사 '-이'의 표기

② 북한이 형태주의 원리를 더 철저히 지키는 경우
  ㄱ. 겹받침의 적기
  ㄴ. 어두의 ㄹ, ㄴ 적기

ㄷ. 소리마디마다 해당 한자음대로 적기
ㄹ. 사이시옷 적기

4. 남북한의 띄어쓰기

우리나라에서 처음 띄어쓰기를 시작한 것은 독립신문 창간호(1897년 4월 7일)에서부터이다.

> 모도 언문 으로 쓰기는 남녀 샹하귀쳔이모도 보게홈이요 쏘 귀절을 쩨여 쓰기는 알어 보기 쉽도록 홈이라…국문을 알아보기가 어려운건 다름이 아니라 첫지는 말마디을 쩨이지 아니호고 그져 줄줄니려 쓰는 까둙에 글즈가 우희 부터는지 아리 부터는지 몰나서 멷번 일거 본후에야 글즈가 어디부터는지 비로소 알고 일그니 국문으로 쓴편지 혼장을 보자호면 한문으로 쓴것보다 더듸 보고 쏘 그나마 국문을 자조아니 쓴는고로 셔툴어서 잘못봄이라
>
> (『독립신문』 창간호, 논설)

여기서 '귀결'은 현대의 '어절'과 대개 일치한다. 단어 단위로 띄어쓰되 조사는 앞말에 붙여 쓰는 것은 현대 띄어쓰기의 기본 원칙과 같다. 다만 관형사는 뒤 말과 붙여 쓰는 것이 보통이었다.

「한글 맞춤법 통일안」(1933)에서는 띄어쓰기를 제7장에서 5개항에 걸쳐 간략하게 다루고 있다.

제61항 단어는 각각 띄어 쓰되, 토는 웃 말에 붙여 쓴다.
　　　　사람은, 밥으로만 / 했으니, 노래한다 / 픽은, 늘이야
제62항 보조의 뜻을 가진 용언은 그 우의 용언에 붙여 쓴다.
　　　　먹어버리다, 열어보다, 잡아보다, 보아오다, 견뎌내다
제63항 다음과 같은 말들은 그 웃 말에 붙여 적는다.
　　　　(1) 갈바를, 할수가, 없는줄은, 될터이다, 가는이
　　　　(2) 하는대로, 될성싶은, 될듯한, 하는체
제64항 명수사는 그 웃 말에 붙여 쓰기로 한다.
　　　　한채, 두자루, 붓 닷동, 한개, 네사람

제65항 수를 우리글로 적을적에는 십진법에 의하야 띄어 쓴다.
일만 삼천 구백 오십 팔

현행 남한의 띄어쓰기는 「한글 맞춤법」(1988)에 5개 절 10개 항으로 규정하고 있다.

북한의 경우, 「조선어 철자법」(1954)에서는 제7장에서 11항에 걸쳐 띄어쓰기를 규정하고 있는데 주요 내용을 보면 다음과 같다.

단어는 각각 띄여쓰되 토는 웃말에 붙여쓴다.
다음과 같은 경우는 띄여쓰지 않는다.
① 말뿌리에 직접 또는 말뿌리다음에 토 ≪아, 어, 여≫가 들어가고 〈하다〉
가 붙은 경우 : 건설하다, 반듯하다, 좋아하다.
② 말뿌리에 직접 〈되다〉, 〈시키다〉가 붙는 경우: 공부되다, 공부시키다.
③ 말뿌리에 〈지다〉가 붙는 경우 : 건방지다. 엎어지다.
④ 모양본딴말에서 말뿌리가 반복되는 경우: 너울너울, 둥실둥실.
⑤ 한자기원의 단어들에서 다음과 같이 앞붙이 또는 뒤붙이로 인정되는 경
우 : 경공업, 무책임, 과학원, 전산원
⑥ 다음과 같은 경우도 띄여쓰지 않는다. : 금강산, 강원도, 대동군

다음과 같은 경우는 띄여쓴다.
① 여러개의 단어로 된 고유명사 : 로동 신문, 조선 민주주의 인민 공화국
② 사람의 성과 이름 : 리 순신, 을지 문덕
③ 년월일은 해, 달, 날을 각각 단위로 하여 띄여쓴다. : 1945년 8월 15일

1966년 「조선말 규범집」에서 「띄어쓰기」는 맞춤법에서 떨어져 독립적인 규범으로 자리잡는다. 모두 6장 23항으로 되어 있으며, 총칙에서 단어를 단위로 하여 띄어 쓴다는 점은 앞의 것과 같으나 "특수한 어휘 부류는 붙여쓰기로 한다"라고 부연함으로써 붙여쓰기를 강화했음을 알 수 있다.

만약 단어라고 하여 언제나 띄여쓴다면 단어들이 문장에서 지나치게 토막토막 끊어져서 읽기가 불편하게 될것이다. 이로부터 특수한 부류의 단어들은 하나하나 띄여쓰는것보다 붙여쓰는것이 하나의 덩이로서 뜻을 잡는데 합리적이며 읽기에도 편리하다.

(김영황, 권승모 편, 2000:100)

위와 같은 입장은 김일성이 언어학자들과 한 담화(제2차 김일성 교시)에 잘 드러나 있다.

우리는 앞으로 띄여쓰기를 잘 고쳐 사람들의 독서력을 올릴수 있도록 하여야 하겠습니다. 내가 그전에도 몇번 이야기하였지만 띄여쓰기에서는 글자들을 좀 붙이는 방향으로 나가야 합니다. 가령 ≪사회주의건설≫이라고 쓸 때에 ≪사회주의건설≫이라고 붙여써야지 ≪사회주의 건설≫이라고 띄여쓰면 독서능률이 오르지 않습니다.

(1966. 5. 14.)

김일성 교시는 북한에서 가치 판단의 절대적 기준이다. 「조선말 규범집」(1966)의 「띄어쓰기」는 이러한 김일성 교시가 반영된 것으로 북한에서는 붙여 쓰는 경우가 매우 많다.

① 토 없이 어울린 명사들은 ≪하나의 대상으로 묶여지는 덩이≫를 단위로 하여서 붙여쓰는 방향으로 하였다.
　　　예 : 사회주의농촌건설속도가 빠르다.
　　　　　우리 조국은 조선민주주의인민공화국이다.
② 불완전명사는 앞의 단위에 붙여 쓴다.
　　　예 : 지금 바로 종을 칠 것
　　　　　말할나위가 없다.
③ 동사, 형용사와 관련한 띄여쓰기
　　ㄱ. 두 동사가 하나로 녹아붙은 단어는 붙여쓴다. : 짜고들다, 밀고나가다, 들고뛰다
　　ㄴ. '아, 어, 여' 형의 동사나 형용사가 다른 동사나 형용사와 어울려서 하나의 동작, 상태 등을 나타내는것은 붙여쓴다. : 돌아가다, 떠오르다, 퍼붓다, 무거워 보이다
　　ㄷ. '아, 어, 여' 형이 아닌 다른 형뒤에서도 보조적으로 쓰인 동사나 형용사는 붙여 쓴다. : 읽고있다. 읽는가싶다, 쓰다나니, 오고말고
　　ㄹ. 토 '나, 디'를 사이에 두고 두개의 동사나 형용사가 겹친것은 붙여쓴다. : 기나긴, 크나큰, 쓰디쓴
④ 관형사, 부사, 감동사와 관련된 띄어쓰기.
　　ㄱ. 뜻이 비슷하거나 맞서는 부사를 겹쳐쓸 경우 또는 같은 부사를 잇달아 쓸 경우는 붙여쓴다. : 가로세로, 더욱더, 좀더, 서로서로

ㄴ. 두개이상의 말들이 합치여 하나의 부사와 같이 된 경우는 붙여 쓴다 :
간밤에, 이다음, 여러차례, 어느새, 요사이28)

1987년 「조선말 규범집」에서 「띄여쓰기」는 5장 23항으로 항목이 줄었다. 그러나 세부 규정이 추가되어 실제 항목 수는 〔붙임〕을 제외하더라도 75항목이 넘어 규정이 매우 세분화되었다. 이러한 복잡한 규정은 전문가들조차 익히기에 부담스러울 정도이다. 한편, 1966년 규정에서 지나치게 붙여 쓰던 것을 띄어쓰는 쪽으로 많이 개정한 것을 볼 수 있다. 종래 붙여 쓰던 것을 띄어쓰기로 한 것은 다음과 같다.29)

① 훈장의 이름과 그 훈장의 급수사이는 띄여쓰며 훈장이름가운데 토가 끼였거나 일정한 마디를 단위로 하여 갈라질수 있는것은 그것들을 단위로 하여 띄여쓰도록 규정하였다.
    국가훈장 제2급
    전사의 영예훈장 제1급
    조선민주주의인민공화국창건 20주년 기념훈장
② 칭호가 공통으로 걸리는 단위로 되는 경우에는 그것을 마지막 단위와 띄여쓰도록 하였다.
    김장범, 황영순, 동무들이다.
    김한길, 리순이, 정일모, 연구사, 연구사들이 왔다.
③ 수사를 우리 글로만 적거나 아라비아 숫자에 '백, 천, 만, 억, 조' 등의 단위를 우리 글자와 섞어적을 때에는 그것을 단위로 하여 띄여쓰도록 하였다.
    구십사억 칠천 이백 오십팔만 륙천 삼백 예순다섯
④ '-지 않다' 형은 어느 경우에나 '-지 않다'와 같이 띄여쓰도록 하였다.

1966년 「띄여쓰기」 규정에서 지나치게 붙여 쓰도록 한 것을 1988년 규정에서는 붙여 쓰는 경우를 대폭 줄였다. 그러나 아직도 붙여 쓰는 경우가 적지 않다. 단어를 붙여 쓰는 것은 결국 예외 규정이며 예외는 일일이 암기해야 하므로 예외가 많을수록 부담스러운 규정이다.

북한은 2000년에 「조선말 규범집(1988)」에서 「띄여쓰기」만을 다

---

28) 김영황·권승모(2000), 100쪽.
29) 김영황·권승모(2000), 116쪽.

시 개정하였다.30) 이번에는 총칙 외 조항을 9항으로 대폭 줄였고 붙여
쓰는 경우를 더욱 축소하였다.

이제 「한글 맞춤법」(1988)의 「띄어쓰기」와 북한의 「조선말 띄여쓰
기규범」(2000)을 대상으로 현행 남북한의 띄어쓰기 규범을 비교해 보
도록 하겠다.

먼저 남북한 띄어쓰기의 기본 원칙을 비교해 보면 다음과 같다.

【남】 총칙 제2항 : 문장의 각 단어는 띄어 씀을 원칙으로 한다.
【북】 제1항 : 단어를 단위로 띄여 쓰는것을 원칙으로 하고 특수한 어휘
부류는 붙여 쓴다.

남북한 모두 띄어쓰기의 기본 단위는 '단어'이다. 그러나 북한의 경
우 '특수한 어휘부류는 붙여 쓴다'라는 단서를 띄어쓰기의 기본 원칙에
포함하고 있다. 이 때문에 남한의 경우 '단어'를 판단하는 일이 띄어쓰
기의 관건이라면 북한은 '특수한 어휘부류'에 해당하는 항목을 일일이
익혀야 한다는 점에서 띄어쓰기를 익히는 데 부담이 적지 않다.

【남】 제41항 : 조사는 그 앞말에 붙여 쓴다.
【북】 제1항 : 토는 웃 단어에 붙여 쓰며 그 뒤의 단어는 띄여 쓴다.

'조사'는 학교문법에서 하나의 '단어'로 분류한다. 모든 단어는 띄어
쓴다는 띄어쓰기의 기본 원칙으로 본다면 조사도 띄어 써야 한다. 그러
나 '독립신문' 이후 지금까지 조사는 앞말에 붙여 써 왔고 또 그렇게 하
는 것이 자연스럽다. '조사'를 붙여 쓰는 것은 띄어쓰기에서 예외라기
보다는 기본 원칙에 포함된다고 보는 것이 더 좋을 것 같다. 즉 남한의
띄어쓰기의 기본 원칙은 "모든 단어는 띄어 쓰되 단 조사는 앞말에 붙
여 쓴다"로 해석할 수 있다. 북한에서 '토'는 '조사'와 '어미'를 포함하는
용어이다. 북한에서는 '조사'나 '어미'를 단어로 보지 않기 때문에 남한

---

30) 북한이 최근에 개정한 '띄여쓰기' 전문은 『조선어문』 2000년 2월호에 수록되어 있으며 '국어사정위원회'에서
발표한 것으로 되어 있다.

과 달리 위의 규정은 사실 불필요한 것이다. 1988년 규정에는 이에 대한 언급이 없었으며 이번 개정에 추가된 내용이다.

【남】제42항 : 의존 명사는 띄어 쓴다.
　　　　　아는 것이 힘이다. 나도 할 수 있다. 먹을 만큼 먹어라.
　　제43항 : 단위를 나타내는 명사는 띄어 쓴다.
　　　　　한 개, 한 마리, 한 자루, 한 켤레, 한 채
　　다만, 순서를 나타내는 경우나 숫자와 어울리어 쓰이는 경우에는 붙여 쓸 수 있다.

　　제45항 : 두 말을 이어 주거나 열거할 적에 쓰이는 말들은 띄어 쓴다.
　　　　　국장 겸 과장, 청군 대 백군, 이사장 및 이사들,
【북】제4항 : 불완전명사는 앞의 단위에 토가 있어도 붙여 쓰며 그뒤의
　　　　　단어는 띄여쓴다.
　　　　　아는것이 힘이다. 고기는 물을 떠나서는 살수 없다.
　　불완전명사 ≪등, 대, 겸≫은 앞단위와 띄여 쓰며 줄임말 속에 있을 때에는 붙여 쓴다.
　　　　　사과, 배, 복숭아 등 과일이 많다.
　　　　　서재 겸 응접실로 쓰는 방.
　　　　　지대공미싸일

　　남한의 띄어쓰기 42, 43, 45항은 엄밀한 의미에서 불필요한 조항이다. 의존 명사, 단위 명사, 두 말을 이어주는 '겸', '대', '및' 등은 이미 단어이기 때문에 위의 조항이 별도로 없더라도 단어별로 띄어쓴다는 기본 원칙이 따라 띄어<u>쓰</u>도록 되어 있다. 그럼에도 불구하고 이를 다시 부연한 것은 그만큼 주의가 필요하기 때문이다. 의존명사는 자립성이 약하여 앞말과 하나의 단위처럼 인식되는 경향이 있다. 그러나 남한에서는 원칙에 충실하여 띄어 쓰도록 한 것이다. 이에 반해 북한에서는 불완전명사(의존 명사)는 모두 붙여 쓰도록 하고 있다. 다만 '등, 대, 겸'은 북한에서도 앞 단위와 띄어 쓰는 것을 원칙으로 하고 있다. 불완전명사를 붙여 쓰는 예외에 다시 예외를 두고 있는 셈이다.

【남】 제44항 : 수를 적을 적에는 '만(萬)' 단위로 띄어 쓴다.
　　　　　　 십이억 삼천사백오십육만 칠천팔백구십팔
　　　　　　 12억 3456만 7898
【북】 제7항 : 1) 정수는 ≪백, 천, 만, 억, 조≫ 등을 단위로 하여 띄여
　　　　　　 쓰며 하나부터 아흔아홉까지의 수는 한덩이로 붙여 쓴다.
　　　　　　 칠백 칠십이(772), 8천 5백 20(8,520), 서른다섯(35)
　　　　　　 4) ≪수, 여, 몇, 여러≫ 등이 수사나 명사와 잇달려 량적
　　　　　　 의미를 나타낼 때에는 붙여 쓴다.
　　　　　　 수백명, 수십여개, 몇천명, 여러사람.

『한글 맞춤법 통일안』(1933) 제62항에서는

　　수를 우리 글로 적을 때에는 십진법(十進法)에 의하여 쓴다.
　　일만 삼천 구백 오십 팔

로 규정되어 있던 것을 남한에서는 '만(萬)' 단위로 개정하였다. 모든 단어는 띄어 쓴다는 원칙에 따른다면 예외적인 규정이다. 십진법에 따라 띄어쓰는 것이 원칙이겠으나 큰 숫자의 경우에 숫자를 지나치게 갈라 놓게 되며, 숫자의 단위를 파악하는 데 도움이 되지 않으므로 어느 정도 규범을 정하는 데 융통성을 가질 필요가 있다.

　　적당히 붙여 쓰기로 했을 때 그 단위를 어디로 정할 것인지 결정해야 하는데 남한에서는 우리말에서 수의 단위가 바뀌는 '만'을 기준으로 삼았고 북한은 「통일안」(1933)을 따르되 다만 백 미만의 수는 붙여 쓰도록 하였다.

【남】 제48항 : 성과 이름, 성과 호 등은 붙여 쓰고, 이에 덧붙는 호칭어,
　　　　　　 관직명 등은 띄어 쓴다.
　　　　　　 김양수, 서화담, 채영신 씨, 최치원 선생, 충무공 이순신
　　　　　　 장군
　　　　　 다만, 성과 이름, 성과 호를 분명히 구분할 필요가 있을 경우에는
　　　　　 띄어 쓸 수 있다.
　　　　　 제49항 : 성명 이외의 고유 명사는 단어별로 띄어 씀을 원칙으로 하
　　　　　　 되, 단위별로 띄어 쓸 수 있다.
　　　　　　 대한중학교/대한 중학교, 한국 대학교 사범 대학/한국대

학교 사범대학
제50항 : 전문 용어는 단어별로 띄어 씀을 원칙으로 하되, 붙여 쓸
수 있다.
만성 골수성 백혈병/만성골수성백혈병, 중거리탄도유도탄
/중거리탄도유도탄

【북】제5항 : 나라이름과 정당, 사회단체, 기관, 기업소이름, 직제이름,
대중운동, 사변, 회의 이름 등은 붙여 쓴다.
조선로동당,   조선인민민주주의공화국,   김일성사회주의청
년동맹
제6항 : 성명, 직명의 뒤에 오는 부름말, 칭호는 붙여 쓴다.
김유철선생, 리옥금아주머니, 김선생,
제8항 : 학술용어는 토가 끼여도 붙여 쓴다.[31]
미리덥히기, 지내바슴, 내리켜기, 깊이심기, 함께살이동물

남한에서는 고유명사나 전문용어의 경우에도 띄어쓰기의 기본 원칙
에 충실하게 띄어 쓰는 게 원칙이다. 다만 이들 명사의 특수성을 고려
하여 붙여 쓰는 것도 일부 허용하고 있다. 사람 이름의 경우에는 예외
적으로 붙여 쓰는 것을 원칙으로 하였다. 북한에서는 고유명사나 전문
용어는 모두 붙여 쓰는 것이 원칙이다.

이외에 남한에서 붙여 쓰는 경우로는 다음과 같은 것들이 있다.

【남】제46항 : 단음절로 된 단어가 연이어 나타날 적에는 붙여 쓸 수 있다.
그때 그곳, 좀더 큰것, 이말저말, 한잎 두잎
제47항 : 보조 용언은 띄어 씀을 원칙으로 하나, 경우에 따라 붙여
씀도 허용한다.
불이 꺼져 간다/꺼져간다
어머니를 도와 드리다/도와드리다
일이 될 법하다/일이 될법하다

그러나 위의 경우에도 붙여 쓰는 것은 어디까지나 허용 규정일 뿐

---

31) 다만 고유한 명칭의 뒤에 토 ≪의≫가 올 때는 띄어 쓴다.
보기) 피타고라스의 정리, 옴의 법칙, 뉴톤의 제3법칙

원칙은 띄어 쓰는 것이다. 이에 반해 북한에서는 허용 규정이 없으며 붙여 쓰는 것을 원칙으로 정한 것이 많다.

> 【북】 제3항 : 두개 이상의 말마디가 결합되여 하나의 뜻을 나타내는 덩이
>   로 된것은 품사가 다르거나 토가 끼여도 붙여 쓴다.
> 　　제9항 : 1) 시간, 공간의 의미를 추상화하여 나타내면서 격의 의미
>   를 도와 주는 후치사적명사 ≪앞, 뒤, 우, 아래, 밑, 곁,
>   옆, 끝, 안, 밖, 속, 사이(새), 가운데, 어간, 때≫ 등은 토
>   가 붙지 않은 앞의 명사, 대명사, 수사에 붙여 쓴다.
>   당파에 다진 맹세
>   인민들속으로 들어간다.
>   ≪해, 달, 날, 곳, 년, 놈, 자≫도 이에 준한다.
>   3) 앞의 명사, 대명사를 다시 받는다고 할수 있는 ≪자신,
>   자체≫는 앞단위에 붙여 쓴다.
>   ≪전체, 전부, 전원, 일행, 일가, 일동, 모두≫도 이에 준한다.

북한 노동당 기관지 '노동신문'은 2001년 2월부터 8회에 걸쳐 새로 만든 '조선말 띄어쓰기 규범'을 상세히 전달했다. 새 규범은 "과거 규범이 각 품사별로 띄어쓰기를 규정하면서 지나치게 세분화해 복잡하고 산만했던 것과 달리 토씨가 붙는 경우의 다른 품사 사이는 띄어쓰도록 원칙을 정한 것이 특징"이라고 보도했다. 이전에 비해 띄어 쓰는 경우가 많아졌지만 남한의 것과 비교한다면 아직 붙여 쓰는 경우가 많다.

이밖에 북한에서 붙여 쓰는 경우로는 다음과 같은 것들이 있다.

> 【북】 제3항 : 두개 이상의 말마디가 결합되여 하나의 뜻을 나타내는 덩이
>   로 된 것은 품사가 다르거나 토가 끼여도 붙여 쓴다.
> 　　제4항 : 불완전명사는 앞의 단위에 토가 있어도 붙여 쓰며 그 뒤의
>   단어는 띄어쓴다.

어문 규범에서 예외를 인정하다보면 규정이 복잡해 질 수밖에 없고, 결국은 규범을 익히기에 부담스럽다. 북한의 띄어쓰기는 붙여 쓰는 예외가 많으므로 남한의 띄어쓰기보다 익히기에 부담스럽다.

5. 남북한의 발음법

　　「한글 맞춤법」이 '글'에 대한 규정이라면 「표준어 규정」은 '말'에 대한 규정이다. 그러므로 '말'에 관한 규정인 '표준어 규정'이 맞춤법보다 상위 규범이 된다.[32] 1933년의 「한글 맞춤법 통일안」에는 '표준 발음'에 대한 규정이 없었으나 1988년 「표준어 규정」에서는 발음법에 대해 자세히 규정하였다.

　　북한에서는 1954년 「조선어 철자법」 제6장에 표준발음법 및 표준어와 관련된 철자법 규범을 포함시켰다. 그러나 이것은 표기법과 관련해서 일부 발음 현상을 언급한 했을 뿐 본격적인 발음 규범은 아니다. 북한에서 독자적인 하나의 어문 규범으로 발음 규범을 제정한 것은 1966년의 「조선말 규범집」에서부터이다. 1966년의 「조선말 규범집」에서 발음법은 총 11개의 장, 43항으로 구성되어 있다. 주요 내용을 살펴보면 다음과 같다.[33]

① 모음들이 일정한 자리에서 각각 길고 낮은 소리와 짧고 높은 소리의 차이가 있는 것을 그대로 발음하고, 'ㅢ'는 겹모음으로 발음하는 것을 원칙으로 한다. '계, 례, 혜'는 각각 '게, 레, 헤'로 발음한다.

② 단어 첫머리에 있는 'ㄹ', 'ㄴ'은 〔ㄹ〕, 〔ㄴ〕으로 발음하는 것을 원칙으로 한다.

③ 조선말의 받침소리는 'ㄱ, ㄴ, ㄷ, ㄹ, ㅁ, ㅂ, ㅇ'의 7개이다.

④ 받침의 이어내기(먹이〔머기〕)와 끊어내기(팥알〔파달〕)에 대하여 규정하였다.

⑤ 받침에 따라 그 뒤에 오는 순한소리를 된소리로 내는 발음에 대해 실례를 들어 보여 주었다.(안다, 감고, 앉다, 읊다, 발전 등)

⑥ 'ㅎ'과 관련해서 거센소리되기와 약해지기 또는 소리빠지기 현상에 대해 규정하였다.

⑦ 구개음화 현상 등 닮기현상을 규정하였다.

⑧ 사이소리 현상이 일어날 때의 발음에서 '밭일'은 〔반닐〕로 '바다일'은

---

[32] 「한글 맞춤법」(1988) 총칙 제1항에 "한글 맞춤법은 표준어를 소리대로 적되…"라고 되어 있는 것에서도 맞춤법은 표준어를 전제로 하는 것임을 알 수 있다.

[33] 김영황·권승모(2000), 105~106쪽 참고.

　　〔바단닐〕로 발음하며 '배전'은 〔배쩐〕으로 발음한다는 것을 규정하였다.
⑨ 한자어에 접두사나 접미사가 붙어서 다른 한자어를 이룰 때의 발음에
　　대해 규정하였다.
⑩ '밥 먹는다'와 같이 단어의 한계를 벗어나서 단어와 단어가 어울릴 때의
　　발음현상에 대하여 규정하였다.
⑪ 한자어의 된소리 현상에서 '내과, 단가, 발달, 관람권' 등이 〔내꽈〕, 〔단
　　까〕, 〔발딸〕, 〔괄람꿘〕 등으로 된소리로 발음된다는 것을 규정하였다.

　　여기서 주목할 만한 것은 어두의 'ㄹ', 'ㄴ'은 〔ㄹ〕, 〔ㄴ〕으로 발음하는 것을 원칙으로 하였다는 점이다. 이는 1954년『조선어 철자법』에서 단어 첫머리에 오는 'ㄹ', 'ㄴ'을 그대로 발음하는 것을 원칙적인 방향으로 삼는다고 규정한 데서 한 걸음 더 나아간 것이다. 결국 해방 후 단어 첫머리에 오는 'ㄹ', 'ㄴ'을 표기대로 발음하는 것이 일정하게 허용되었다면 1954년 규정에서는 '원칙적인 방향'이 되었으며, 1966년 규범집에 이르러서는 '원칙'으로 규정된 것이다.

　　발음은 시기나 지역, 발음, 성별에 따라 다르게 나타날 수 있다. 1966년 「조선말 규범집」 이후에 20년 세월이 지나 1988년 「조선말 규범집」을 만들 때 발음규범도 다시 수정 보충할 필요가 제기되었다. 용어에 있어서도 '표준발음법'에서 '문화어발음법'으로 새로운 이름을 얻었다.

　　현행 남한의 '표준 발음법'과 '문화어 발음법'의 체제를 비교하면 다음과 같다.

표 준 발 음 법	문 화 어 발 음 법
제1장 총칙	총칙
제2장 자음과 모음	제1장 모음의 발음
제3장 음의 길이	제2장 첫소리 자음의 발음
제4장 받침의 발음	제3장 받침자모와 관련된 발음
제5장 음의 동화	제4장 받침의 이어내기 현상과 관련된 발음
제6장 경음화	제5장 받침의 끊어내기현상과 관련된 발음
제7장 음의 첨가	제6장 된소리현상과 관련한 발음
	제7장 ≪ㅎ≫과 어울린 거센소리되기현상과 관련한 발음
	제8장 닮기현상이 일어날 때의 발음
	제10장 사이소리현상과 관련한 발음
	제11장 약화 또는 빠지기 현상과 관련한 발음

5.1 총칙

【남】 표준 발음법은 표준어의 실제 발음을 따르되, 국어의 전통성과 합리
　　성을 고려하여 정함을 원칙으로 한다.
【북】 조선말발음법은 혁명의 수도 평양을 중심으로 하고 평양말을 토대
　　로 하여 이룩된 문화어의 발음에 기준한다.

표준어 규정 제1장 총칙에 "표준어는 교양 있는 사람들이 두루 쓰는 현대 서울말로 정함을 원칙으로 한다."고 규정하고 있다. 즉 남한에서 표준어가 되기 위해서는 다음 세 가지 기준을 만족해야 한다.

① 사회적 기준 – 교양 있는
② 시간적 기준 – 현대
③ 지역적 기준 – 서울

1966년의 「조선말 규범집」에서 표준 발음법은 현대조선말의 여러 가지 발음들 가운데에서 조선말 발달에 맞는 것을 가려잡음을 원칙으로 한다고 하여 지리적 기준이 제시되어 있지 않았는 데 반해 1988년

의 「문화어 발음법」에는 혁명의 수도 평양을 중심으로 하고 평양말을 토대로 하여 이룩된 문화어 발음에 기초한다고 함으로써 북한 표준어의 성격을 새롭게 규정하였다.

북한의 발음은 평양을 토대로 하는 '문화어 발음'을 기준으로 한다고 했으니 '문화어'의 개념을 다시 상기할 필요가 있다.

> 주권을 잡은 로동계급의 당의 령도밑에 혁명의 수도를 중심지로 하고 수도의 말을 기본으로 하여 이루어지는, 로동계급의 지향과 생활감정에 맞게 혁명적으로 세련되고 아름답게 가꾸어진 언어, 사회주의민족어의 전형으로 전체 인민이 규범으로 삼는 문화적인 언어이다. 우리의 문화어는 위대한 수령 김일성동지의 주체적인 언어사상과 당의 올바른 언어정책에 의하여 공화국북반부에서 혁명적지향과 생활감정에 맞게 문화적으로 가꾸어진 조선민족어의 본보기이다. 우리는 언어 생활에서 사투리를 없애고 문화어를 써야 한다.
>
> (『조선말대사전』, 1992)

언어는 자연 발생적인 것으로 언어에 따른 우열이 없다는 것은 일반 언어학에서는 하나의 정설이다. 이에 반해 북한은 '문화어'에 대해 다분히 우월 의식을 갖고 있다. 또한 그것은 "혁명적으로 세련되고 아름답게 가꾸어진 언어"라 하여 문화어가 인위적으로 다듬어진 언어로 앞으로도 의도하는 바에 따라 얼마든지 개신될 수 있는 여지를 남기고 있다.

5.2. 첫소리 자음의 발음

【북】 제5항 : ≪ㄹ≫은 모든 모음앞에서 ≪ㄹ≫으로 발음하는것을 원칙으로한다.

제6항 : ≪ㄴ≫은 모든 모음앞에서 ≪ㄴ≫으로 발음하는것을 원칙으로 한다.

북한에서는 두음 법칙 현상을 표기에서 인정하지 않을 뿐만 아니라 발음상에서도 인정하지 않고 있다. 그러므로 '라지오', '뉴톤'과 같은 외래어뿐만 아니라 '려관', '론문', '리론', '녀사', '뇨소' 등은 표기뿐만 아니라 발음도 표기 그대로 하도록 하고 있다.

두음 법칙은 본래 우리말에서 자연스러운 음운 현상이고 이는 서울 말 뿐 아니라 북한의 평양 지역에서도 예외가 아니다. 그런데 북한이 철저한 형태주의에 따라 표기를 하다 보니 어두에서도 한자의 본음대 로 'ㄹ'로 표기하게 되었고34) 이는 결국 표기와 발음의 불일치를 가져 오게 되었다. 결국 북한은 어두에서 'ㄹ' 표기를 고수하는 대신 어두에 서 'ㄹ' 발음을 허용하는 쪽으로 발음 원칙을 수정해 나갔고 1988년 규 정에서는 이를 '원칙'으로 정한 것이다. 이는 북한의 언어가 '가꾸어진 언어'라는 문화어의 개념과도 일치하는 부분이다.

5.3. 모음의 발음

(1) 단모음의 발음

【남】 'ㅏ, ㅐ, ㅓ, ㅔ, ㅗ, ㅜ, ㅟ, ㅚ, ㅡ, ㅣ'는 단모음(單母音)으로 발음 한다.
〔붙임〕'ㅚ, ㅟ'는 이중 모음으로 발음할 수 있다.
【북】 ≪ㅚ, ㅟ≫는 어떤 자리에서나 홑모음으로 발음한다.

'단모음'은 소리를 내는 도중에 입술 모양이나 혀의 위치에 변함이 없이 발음되는 모음을 말한다. 남한에서는 표준 단모음으로 모두 10개 를 규정하고 있는데 'ㅚ, ㅟ'의 경우에는 이중 모음으로 발음하는 것도 허용하고 있다. 이는 북한의 단모음 체계와 같다.35)

외국, 외삼촌, 외따르다, 대외사업
위대하다, 위병대, 위하여, 가위

---

34) 앞에서도 언급했듯이 이는 '로동당' 이름을 명명하는 데 시초가 되었다.

35) 이는 규범상 그렇다는 말이다. 남한에서 'ㅟ, ㅚ'는 이중모음으로 발음하는 것이 일반적이며, 'ㅔ'와 'ㅐ'는 젊은 세대를 중심으로 변별력을 잃어가고 있다.

(2) 이중 모음의 발음

【남】 제5항 〔다만 2〕 '예, 례' 이외의 'ㅖ'는 〔ㅔ〕로도 발음한다.
　　　　　계집〔계:집/게집〕,　시계〔시계/시게〕,　개폐〔개폐/
　　　　　개페〕, 혜택〔혜:택/혜택〕

【북】 ≪ㄱ, ㄹ, ㅎ≫뒤에 있는 ≪ㅖ≫는 각각 ≪ㅔ≫로 발음한다.
　　　　계속(게속), 례절(레절), 혜택(혜택)

'ㅖ'는 본래 이중 모음이지만 앞에 오는 자음에 따라 단모음으로 발음되기도 한다. 남한에서는 '예, 례'의 경우에만 〔ㅔ〕로 발음하는 것을 허용한 데 반해, 북한에서는 'ㄱ, ㄹ, ㅎ' 뒤에 오는 'ㅖ'는 〔ㅔ〕로 발음하는 것이 원칙이다. 또 「조선말 규범집」(1987), 맞춤법 제26항에서 "한자말에서 ≪예≫가 들어있는 소리마디로는 ≪계≫, ≪례≫, ≪혜≫, ≪예≫만을 인정한다."고 하였으므로 북한에서 'ㅖ'로 발음되는 경우는 '예'뿐이다. 그러므로 남북이 서로 상반된 규정은 '례'에만 적용된다. 즉 '례'의 경우 남한에서는 〔례〕로 발음하고 북한에서는 〔레〕로 발음하는 것이 원칙이다.

　　　　　　【남】　　【북】
　실례 ：　〔실례〕　　〔실레〕

이러한 발음의 차이는 기본적으로 방언적 차이라고 볼 수 있다.

【남】 제5항 〔다만 3〕, 자음의 첫소리를 가지고 있는 음절의 'ㅢ'는 〔ㅣ〕로
　　　　　발음한다.
　　　　　늴리리, 닁큼, 무늬, 띄어쓰기, 씌어, 틔어, 희어,
　　　　　희망,
　　　　〔다만 4〕, 단어의 첫음절 이외의 '의'는 〔ㅣ〕로, 조사 '의'는
　　　　　〔에〕로 발음함도 허용한다.
　　　　　주의〔주의/주이〕,　우리의〔우리의/우리에〕

【북】 제2항 〔붙임 1〕, 된소리 자음과 결합될 때와 단어의 가운데나 끝에
　　　　　있는 ≪ㅢ≫는 ≪ㅣ≫와 비슷하게 발음함을 허용한다.
　　　　　띄우다(띠우다), 씌우다(씨우다)

〔붙임 2〕, 속격토로 쓰인 경우 일부 ≪ㅔ≫와 비슷하게 발음
함을 허용한다.
혁명의 북소리 〔혁명에 북소리〕

　　이중모음은 소리를 내는 도중에 입술 모양이나 혀의 위치가 처음과 나중이 달라지는 모음이다.
　　우리말에서 이중모음 'ㅢ'의 위치는 매우 불안하다. 다른 이중모음이 모두 '반모음＋단모음'의 이중모음인데 반해, 'ㅢ'는 '단모음＋반모음'으로 이루어진 하강적 이중모음 이거나 그러한 경향이 강하다.. 'ㅢ'는 우리말의 모음 체계상에서 불안정한 자리를 차지하고 있기 때문에 실제 'ㅢ'가 음절을 이루는 경우는 많지 않고 그나마 나는 자리에 따라 발음이 다르게 난다. 이는 남북한이 크게 다르지 않다. 남북한 발음 규정의 차이는 남한의 경우에 'ㅢ'의 첫소리에 자음이 올 때 모두 'ㅣ'로 발음하도록 한 것에 반해 북한에서는 '경음'의 경우에 한정하고 있다.
　　'영희'는 남북한 모두 〔영히〕로 발음하지만 북한에서는 〔영희〕로 발음해야 한다.

　　　　　　　　　　　　　　　　　'원칙'　　　　　　'허용'
　　민주주의의 의의 : 〔민주주의의 의의〕　〔민주주이에 의이〕

　　이밖에 남북한 모두 모음의 길이를 인정하고 있는데 남한에서는 첫 음절에서만 긴소리를 인정하는 것을 원칙으로 하고 있다.

5.4. 받침의 발음

　　우리말 자음(음소)은 모두 19개이지만 받침에서 이들이 모두 발음될 수 있는 것이 아니라, ㄱ, ㄴ, ㄷ, ㄹ, ㅁ, ㅂ, ㅇ의 7가지만 대표음으로 발음된다. 겹받침이 어말이나 자음 앞에 올 때는 그 가운데 하나만 발음되는데36) 이 경우에 남과 북이 차이를 보인다.

---

36) 국어의 음절 구조는 ①V, ②C-V, ③V-C, ④C-V-C 형 중에 하나를 취한다. 현대국어 음절 구조의 특징은 첫소리나 끝소리에 두 개 이상의 자음을 허용하지 않는다는 점이다. 그러므로 표기상 겹자음을 취하는 음절

【남】　제10항 : 겹받침 'ㄳ', 'ㄵ', 'ㄼ', 'ㄽ', 'ㄾ', 'ㅄ'은 어말 또는 자음 앞
　　　　　　　에서 각각 〔ㄱ, ㄴ, ㄹ, ㅂ〕으로 발음한다.
　　　　제11항 : 'ㄺ', 'ㄻ', 'ㄿ'은 어말 또는 자음 앞에서 각각 〔ㄱ, ㅁ, ㅂ〕
　　　　　　　으로 발음한다.
【북】　제9항 : 1) 받침 ≪ㄳ, ㄺ, ㅋ, ㄲ≫의 받침소리는 무성자음앞에
　　　　　　　　　서와 발음이 끝날 때는 〔ㄱ〕으로 발음한다.
　　　　　　　3) 받침 ≪ㄼ, ㄿ, ㅄ, ㅍ≫의 받침소리는 무성자음앞에서
　　　　　　　　　와 발음이 끝날 때는 〔ㅂ〕 으로 발음한다.
　　　　　　　4) 받침 ≪ㄽ, ㄾ, ㅀ≫의 받침소리는 자음앞에서와 발음
　　　　　　　　　이 끝날 때 〔ㄹ〕 로 발음한다.
　　　　　　　5) 받침 ≪ㄻ≫의 받침소리는 자음앞에서와 발음이 끝
　　　　　　　　　날 때는 〔ㄹ〕 로 발음한다.
　　　　　　　6) 받침 ≪ㄵ, ㄶ≫의 받침소리는 자음앞에서는 〔ㄴ〕 으
　　　　　　　　　로 발음한다.

　　남한에서는 겹받침 가운데 앞에 것이 발음되는 것과 뒤에 것이 발
음되는 것을 나누어 규정하고 있는데 반해 북한에서는 같은 자음으로
시작하는 겹받침으로 분류하여 규정하고 있다. 이를 정리해 보면 남과
북의 규정이 크게 다르지 않다.

　　【남】　앞에 자음이 발음되는 겹받침: ㄳ, ㄵ, ㅀ, ㄼ, ㄽ, ㄾ, ㅄ
　　　　　　뒤에 자음이 발음되는 겹받침: ㄺ, ㄻ, ㄿ
　　【북】　앞에 자음이 음되는 겹받침: ㄳ, ㄵ, ㅀ, ㄽ, ㄾ, ㅀ, ㅄ,
　　　　　　뒤에 자음이 발음되는 겹받침: ㄺ, ㄻ, ㄼ, ㄿ

　　남한에 비해 북한은 뒤에 자음이 발음되는 겹받침으로 'ㄼ'을 더 들
고 있다(다만 '여덟'은 〔여덜〕로 발음한다.) 다만 겹받침의 규정은 이것
으로 끝나는 것이 아니라 좀 복잡한 세부 규정을 갖는다.
　　먼저 남한의 경우 겹받침 'ㄺ'은 본래 뒤에 오는 'ㄱ'으로 발음하는
것이 원칙이나 'ㄺ' 뒤에 'ㄱ'으로 시작하는 어미가 올 때는 예외적으로
앞에 오는 'ㄱ'으로 발음한다.

구조상 발음할 때는 그 가운데 하나만을 선택한다

흙이 - 〔흘기〕 / 흙도 - 〔흑또〕 / 흙과 - 〔흑꽈〕
읽어 - 〔일거〕 / 읽도록 - 〔익또록〕 / 읽고 - 〔일꼬〕

또 '래'의 경우에는 앞에 오는 받침 'ㄹ'로 발음하는 것이 원칙이지만 동사 '밟-'의 경우는 예외적으로 자음 앞에서 '밥'으로 발음하고 '넓죽하다'나 '넓둥글다'의 경우에도 각각 '넙'으로 발음하도록 하였다.

북한은 'ㄹ' 뒤에 'ㄱ'로 시작하는 토나 뒤붙이(접미사)가 올 때는 'ㄹ'로 발음하는 것을 원칙으로 하므로 남한의 발음 규정과 같으나 '래'도 'ㄹ'과 같은 기준을 적용하는 점이 다르다.

5.5. 소리 이음

받침 뒤에 모음으로 시작하는 어미나 조사가 올 때, 앞의 받침이 뒤의 자리로 이어 난다.

찾아 - 〔차자〕, 싶어 - 〔시퍼〕, 닭이 - 〔달기〕

이는 어미나 조사와 같은 허사가 올 때 일어나는 음운 현상이고 뒤에 실사가 올 때는 소리 이음이 일어나기 전에 대표음으로 먼저 발음되고 뒤 이어 소리 이음이 난다.

헛웃음 - (헏+웃음) - 〔허두슴〕
밭 아래 - (받+아래) - 〔바다래〕

'맛있다'나 '멋있다'의 경우 명사 '맛'과 동사 '있다'가 결합한 것이므로 실사와 실사가 결합한 형태이다. 그러므로 소리 이음이 생기기 전에 '맛'이 먼저 대표음 '맏'으로 발음되고 그 뒤에 소리 이음이 일어나는 것이 발음 원리에 맞다.

맛있다 - (맏+있다) - 〔마딛따〕
멋있다 - (먿+있다) - 〔머딛따〕

이는 비슷한 구조의 '맛없다'의 발음이 〔마섭다〕가 아니라 〔마덥다〕라는 점을 생각하면 쉽게 이해할 수 있을 것이다. 그러나 실제적으로 남북한의 언중들은 〔마신따〕 〔머신따〕라고 발음하는 것이 일반적이다. 그러므로 북한에서는 이를 '마신따' '머신따'로 발음하도록 했고 남한의 경우는 그렇게 발음하는 것도 허용하여 '마딛따/마신따' '머딛따/머신따'를 복수 표준 발음으로 인정하였다.

5.6. 음의 동화

동화 현상과 관련된 남과 북의 규정은 크게 다르지 않다.

우리말에서 'ㄴ-ㄹ'은 어떠한 순서로든 이어나는 것이 제약된다. 그래서 그 중에 한 소리가 다른 소리로 바뀌는데 주로 'ㄴ'이 'ㄹ'도 바뀐다. 이에 대해 남한과 북한 모두 같은 규정을 적용하고 있다.

【남】 제20항 : 'ㄴ'은 'ㄹ'의 앞이나 뒤에서 〔ㄹ〕로 발음한다.
【북】 제23항 : 받침《ㄹ》뒤에 《ㄴ》이 왔거나 받침 《ㄴ》뒤에 《ㄹ》이 올적에는 그 《ㄴ》을 〔ㄹ〕로 발음하는것을 원칙으로 한다.

'들놀이'나 '물농사', '별나라'는 'ㄹ-ㄴ'의 순서로, '신라', '한라산'은 'ㄹ-ㄴ'의 순서로 소리가 이어나는 말이다. 남북한 모두 이러한 소리이음은 원천적으로 허용하지 않기 때문에 그 가운데 한 소리를 바꾸는데 우리말에서는 'ㄴ' 소리가 바뀌는 것이 일반적이다.37)

그런데 북한의 경우 "일부 굳어진 단어의 경우에는 적은대로 발음함으로써 닮기현상을 인정하지 않는다"고 하면서 다음과 같은 보기를 제시하였다.

례 : 선렬, 순렬, 순리익

---

37) 여기서 일반적이고 한 것은 반드시 그렇지는 않기 때문이다.
　의견란〔의견:난〕, 생산량〔생산:냥〕, 이원론〔이:원논〕, 음운론〔음운논〕
　이유절 이상의 실사와 결합할 때는 대개 앞에 뒤에 'ㄹ'이 'ㄴ'으로 바뀌는데 이는 형태적으로 분명한 선행 형태의 형태를 보존하려는 의식 때문인 것으로 보인다.

이는 다소 무리가 있는 규정으로 보인다. 「조선말 규범집」(1988), 맞춤법 제25항에 "한자말은 소리마디마다 해당 한자음대로 적는 것을 원칙으로 한다"는 규정은 'ㄹ'음의 표기를 고정시켜 버렸다. 남한의 경우 '선렬'은 '선열'로 표기하므로 이 경우에 'ㄴ-ㄹ' 연쇄가 일어나지 않으므로 별문제가 없으나 북한의 경우 '선렬'로 표기하는데, 'ㄹ'음은 늘 본음대로 발음해야 하므로, 그 결과 【북】 제23항 규정에 따른다면 '설렬', '술렬', '술리익'이 되어야 하는데 이는 북한 발음에서도 받아들이기 어려웠던 것 같다.

5.7. 된소리(경음화)

우리말에서 경음화는 매우 다양한 조건에 따라 실현되는 발음 현상 가운데 하나이다. 북한은 남한보다 경음화를 허용하는 경우가 적다.

> 【남】 제23항 : 받침 'ㄱ(ㄲ, ㅋ, ㄳ, ㄺ), ㄷ(ㅅ, ㅆ, ㅈ, ㅊ, ㅌ), ㅂ(ㅍ, ㄼ, ㄿ, ㅄ)' 뒤에 연결되는 'ㄱ, ㄷ, ㅂ, ㅅ, ㅈ'은 된소리로 발음한다.

ㄱ, ㄷ, ㅂ은 모두 닫음소리로 이 뒤에 된소리 쌍을 갖는 자음 ㄱ, ㄷ, ㅂ, ㅅ, ㅈ이 오면 반드시 경음으로 발음된다. 이는 표준 발음에서는 예외 없이 나타나는 현상이다. 북한에서는 이에 해당하는 규정이 따로 없다. 다만 '밥그릇〔밥그를〕, 밭관계〔받관개〕, 엿보다〔열보다〕 등과 같은 다른 예문의 보기에서 된소리 되기를 인정하지 않는 경우가 많음을 알 수 있다(이은정, 1988).

그 밖의 규정에서도 북한에서는 된소리를 제한적으로 허용하고 있는데 그 범위는 분명하지 않다.

> 【북】 제15항 : 일부 단어에서나 고유어의 보조적 단어 또는 토에서 《ㄹ》 받침뒤에 오는 순한소리를 된소리로 발음하는것을 국한하여 허용한다.
> 발달〔발딸〕, 설정하다〔설쩡~〕

갈것〔갈껏〕, 열개〔열깨〕, 여덟벌〔여덜뻘〕

갈가?〔갈까?〕, 갈수록〔갈쑤록〕

제17항 : 단어나 단어들의 결합관계에서 울림자음이나 모음으로 끝
난 단위의 뒤에 오는 모든 첫 소리 마디는 순한소리로 내
는것을 원칙으로 하되 일부 경우에만 된소리로 낸다.

순한소리의 례 : 된벼락, 센바람, 훈장, 안사돈, 마을사람,
봄소식, 별세계

된소리의 례 : 논두렁〔논뚜렁〕, 손가락〔손까락〕, 손등〔손
뜽〕, 갈대숲〔갈때숩〕

1966년 「조선말 규범집」의 「표준 발음법」과 비교해 볼 때 1987년
의 「문화어 발음법」에서는 제15항이나 제17항과 같이 된소리로 발음
되는 현상을 제한하고 있다.

5.8. 음의 첨가 / 사이시옷

【남】 제29항 : 합성어 및 파생어에서 앞 단어나 접두사의 끝이 자음이고
뒤 단어나 접미사의 첫 음절이 '이, 야, 여, 요, 유'인 경우
에는, 'ㄴ'을 첨가하여 '니, 냐, 녀, 뇨, 뉴'로 발음한다.
솜-이불〔솜니불〕, 막-일〔망닐〕, 신-여성〔신녀성〕, 담-요
〔담뇨〕, 식용-유〔시콩뉴〕

【북】 제26항 : 합친말(또는 앞붙이와 말뿌리가 어울린 단어)의 첫 형태
부가 자음으로 끝나고 둘째 형태부가 ≪이, 야, 여, 요, 유≫
로 시작될 때는 그사이에서 〔ㄴ〕소리가 발음되는것을 허용
한다.
논일〔논닐〕, 밭일〔받일 → 반닐〕, 어금이〔어금니〕

제27항 : 합친말(또는 앞붙이와 말뿌리가 어울린 단어)의 첫 형태부
가 모음으로 끝나고 둘째 형태부가 ≪이, 야, 여, 요, 유≫
로 시작될 때에는 적은대로 발음하는것을 원칙으로 하면서
일부 경우에 ,≪ㄴ ㄴ≫을 끼워서 발음하는 것을 허용한다.
나라일〔나라일〕, 바다일〔바다일〕, 베개잇〔배개잇〕, 수여
우〔순녀우〕, 수양〔순냥〕

음의 첨가는 사이시옷 표기와 관련된 문제로 매우 복잡한 양상을 갖는다. 북한에서는 사이시옷 표기를 없애 버렸는데, 이후 발음에서도 사잇소리를 내지 않는 쪽으로 바꾸었다.

【북】제28항 : 앞말뿌리가 모음으로 끝나고 뒤말뿌리가 순한소리나 울림자음으로 시작된 합친말 또는 단어들의 결합에서는 적은대로 발음하는 것을 원칙으로 하면서 일부 경우에 ≪ㄷ≫을 끼워서 발음하는 것을 허용한다.

례 : 개바닥〔개바닥〕, 노래소리〔노래소리〕 / 가위밥〔가윗밥〕, 배전〔밷전 → 배쩐〕, 이몸〔읻몸 → 인몸〕

북한에서 원칙적으로 사이시옷을 사용하지 않기 때문에 표기만으로는 발음을 알 수 없다.

6. 남북한의 문장 부호

문장 부호는 자모 글자 외에 일정한 기호를 사용하여 문장의 논리적 구조를 분명히 하고 서법을 제시하거나 문장을 이루는 단위들의 관계나 지위를 환기시키는 등 글의 의미를 보다 쉽고 분명하게 파악할 수 있도록 하는 표기법의 보조 수단이다.

이 장에서는 남한의 「한글 맞춤법」(1988) 부록에 실려 있는 「문장부호」와 「조선어 규범집」(1987)의 「문장부호법」을 비교하고 특징적인 것을 살펴보도록 하겠다. 먼저 남북한의 문장 부호를 비교하여 표로 보이면 다음과 같다.

남 한	부 호	북 한
온점(고리점)	. (.)	점
물음표	?	물음표
느낌표	!	느낌표
반점(모점)	, (`)	반점
가운뎃점	·	×
쌍점	:	두점
×	;	반두점
빗금	/	×
큰따옴표(겹낫표)	" "(『　』) ≪ ≫	인용표
작은따옴표(낫표)	' '(「　」) 〈 〉	거듭인용표
소괄호	( )	쌍괄호
중괄호	{ }	×
대괄호	〔 〕	꺾쇠괄호
줄표	—	풀이표
붙임표	-	이음표
물결표	~	물결표
드러냄표	°, ·	×
숨김표	×× ○○	숨김표
빠짐표	□	×
줄임표	……	×
×	……	밑점
×	″	같음표

앞의 표에서 '부호' 칸의 ( ) 안의 것은 세로쓰기에 사용하는 문장 부호로 남한에서만 사용하는 기호이다. '×'는 해당하는 기호가 없음을 나타낸다.

　(1) 〔 . 〕

　남한에서는 '온점'으로 북한에서는 '점'으로 각각 달리 부른다.[38] 기본적인 사용은 남한과 북한이 크게 다르지 않다.

　【남】 1 (1) 서술, 명령, 청유 등을 나타내는 문장의 끝에 쓴다.

---

[38] 일반적으로 '마침표'라고 하는데 '마침표는 온점〔 . 〕 외에도 물음표나 느낌표를 포함하는 용어이므로 〔 . 〕 표시를 마침표라고 하는 것은 정확한 표현은 아니다.

【북】제2항 1) 문장(감탄문과 의문문 제외)이 끝났을 때 문장 끝의 오른
          편 아래쪽에 친다(이 부호의 이름을 ≪끝점≫이라 할수 있다.)

다만, 북한에서는 달과 달의 숫자를 합쳐서 이룬 명사에서 그 숫자 사이에 온점(점)을 찍는 데 반해, 남한에서는 가운데 점을 찍는다.

【남】3·1운동 8·15광복
【북】3.1 절 8.15

(2) 〔 ? 〕, 〔 ! 〕
'물음표'와 '느낌표'는 남한과 북한이 용어도 같으며 쓰임새 역시 거의 비슷하나 남한의 규정이 좀더 상세하다.
수사 의문의 경우 남한에서는 물음표를 북한에서는 점을 친다.

【남】2. (1) 반어나 수사 의문(修辭疑問)을 나타낼 때에 쓴다.
         제가 감히 거역할 리가 있습니까?
         이게 은혜에 대한 보답이냐?
【북】제6항: 〔붙임〕≪수사학적 물음≫으로 된 문장이 끝났을 때에는 점
         을 치는것을 원칙으로 한다.
         동무가 그래서 되겠는가. 대오의 앞장에 서야할 동무가 말이요.

(3) 〔 , 〕
'반점'은 남북한이 용어도 같고 쓰임새도 비슷하다. 남한에서는 모두 15개 항목으로 북한에서는 각각 9개 항목으로 남한이 더 세분되어 있다. 이를 비교하면 다음과 같다.

남 한	북 한
(1) 같은 자격의 어구가 열거될 때에 쓴다.	3) 죽 들어 말한 단어들 사이를 갈라주기 위하여 친다.
(2) 짝을 지어 구별할 필요가 있을 때에 쓴다. (닭과 지네, 개와 공양이는 상극이다)	

(3) 바로 다음의 말을 꾸미지 않을 때에 쓴다.	9) 문장에서 단어들의 관계가 섞갈릴수 있을 경우에는 그것을 구분하기 위하여 친다.
(4) 대등하거나 종속적인 절이 이어질 때에 절 사이에 쓴다. (콩 싶으면 콩 나고, 팥 심으면 팥 난다.)	1) 복합문에서 이음토가 없이 문장들이 이어질 때 단일문들 사이에 친다.
(5) 부르는 말이나 대답하는 말 뒤에 쓴다. (얘야, 이리 오너라. 예 지금 가겠습니다.)	
(6) 제시어 다음에 쓴다. (빵, 빵이 인생의 전부이더냐?)	5) 제시어뒤에 친다.
(7) 도치된 문장에 쓴다. (이리 오세요, 어머님)	7) 문장성분의 차례를 바꾸어 한 부분을 특별히 힘주어 나타낼 때에는 그 힘준 말뒤에 친다.
(8) 가벼운 감탄을 나타내는 말 뒤에 쓴다. (아, 깜빡 잊었구나)	4) 문장의 첫머리나 가운데에 들어있는 부름말, 끼움말, 느낌말 같은것을 구분하기 위하여 친다.
(9) 문장 첫머리의 접속이나 연결을 나타내는 말 다음에 쓴다. (첫째, 아무튼, …)	
(10) 문장 중간에 끼여든 구절 앞뒤에 쓴다. (나는, 솔직히 말하면, 그 말이 별로 탐탁하지 않소.)	4) 번 내용.
(11) 되풀이를 피하기 위하여 한 부분을 줄일 때에 쓴다. (여름에는 바다에서, 겨울에는 산에서 휴가를 즐겼다.)	8) 하나의 피규정어에 동시에 관계하는 두개이상의 규정어가 잇달을 때 그것들을 구분하기 위하여 친다.
(12) 문맥상 끊어 읽어야 할 곳에 쓴다. (갑돌이가 울면서, 떠나는 갑순이를 배웅했다)	
(13) 숫자를 나열할 때에 쓴다. (1, 2, 3, 4)	
(14) 수의 폭이나 개략의 수를 나타낼 때에 쓴다. (5, 6 세기 6, 7 개)	
(15) 수의 자릿점을 나타낼 때에 쓴다. (14,314)	
	2) 어떤 문장이나 말마디가 렬거되거나 맺음토로 끝났다 하더라도 뒤의 문장이나 말마디와 밀접하게 련관되어 있을적에는 그 맺음토의 뒤에 친다. (왔고나, 왔고나, 혁명이 왔고나.)
	6) 동격어뒤에도 칠수 있다.

(4) 〔 · 〕

'가운뎃점'은 남한에서만 사용하는 부호이다. 열거된 여러 단위가
대등하거나 밀접한 관계임을 나타낸다.

> 【남】 철수·영이·영수·순이가 서로 짝이 되어 윷놀이를 하였다.

(5) 〔 : 〕

남한에서는 '쌍점', 북한에서는 '두점'으로 부른다. 주로 소표제 뒤에
간단한 설명이 붙을 때에 쓴다.

(6) 〔 ; 〕

'반두점'은 북한의 문장 부호법에만 있는 기호이다. 한 문장 안에서
반점〔 , 〕으로 구분된 말이 잇달아 있을 때 더 크게 묶여지는 단위가
올 때 그 사이에 찍거나 복합문이나 아주 긴 문장에서 일부 단위가 반
점으로 끊어졌을 때 더 큰 단위를 보이기 위해 찍는다.

> 【북】 상점에는 무우, 배추, 시금치, 쑥갓 등과 같은 남새; 물고기, 미역,
>   젓갈, 등과 같은 갖가지 수산물; 그리고 여러가지 과실들이 차있었
>   다.

(7) 〔 " " 〕, 〔≪ ≫〕

남한의 '큰따옴표'와 북한의 '인용표'는 부호와 용어가 모두 다르지
만 쓰임새는 거의 같다. 다만 북한에서는 '소위'라는 뜻을 가지고 따온
말 마디의 앞뒤에 〔≪ ≫〕를 사용한다.

> 【북】 미제국주의는 ≪원조≫를 미끼로 남의 나라를 침략한다.

남한의 작은 따옴표 〔' '〕와 북한의 거듭인용표 〔〈 〉〕 역시 쓰임에
크게 차이가 없다.39)

---

39) 남한의 '작은 따옴표'는 마음속으로 한 말을 적을 때 쓰는데 북한의 '거듭인용표'에는 이런 규정이 없다. 남한에
   서 〔" "〕에 대해 〔『 』〕는 세로쓰기에서 사용하는 부호이나 관례적으로 단행본을 표시할 때 사용하기도 한다.

(8) 〔 ( ) 〕

남한에서는 '소괄호'로 북한에서는 '쌍괄호'로 부른다. 남한에서는 원어, 연대, 주석, 설명 등을 넣을 적에 쓰며, 빈 자리를 나타낼 적에 쓰기도 한다. 북한에서는 보충하기 위하여 붙인 말의 앞뒤에 치거나 인용하는 말이 나온 곳을 밝히는 말마디의 앞뒤에 친다.

　　【남】 커피(coffee)는 기호 식품이다.
　　　　 니체(독일의 철학자)는 이렇게 말했다.
　　　　 우리 나라의 수도는 (　　)이다.

(9) 〔 { } 〕

중괄호는 여러 단위를 동등하게 묶어서 보일 때에 쓰는 부호로 남한에서만 쓴다.

　　【남】 주격조사 { 이 / 가 }

(10) 〔 〔 〕 〕

남한에서는 '대괄호'로 북한에서는 '꺾쇠괄호'로 부른다. 남한에서는 묶음표 안의 말이 바깥 말과 음이 다를 때, 또는 묶음표 안에 또 묶음표가 있을 때에 쓴다.

　　【남】 나이〔年歲〕　낱말〔單語〕　손발〔手足〕

북한에서는 괄호 안에 또 다른 괄호 또는 쌍괄호나 인용표기가 있을 때 바깥것을 꺾쇠괄호로 묶는다.

　　【북】 〔≪루드위히 포이에르바흐와 독일고전철학의 종말≫(에프, 엥겔스)
　　　　　 조선로동당출판사 1597년판, 25페지〕

(11) 〔 ― 〕

남한에서는 '줄표'로 북한에서는 '풀이표'로 용어가 틀리고 쓰임새도 다르다. 남한에서는 뜻을 부연하거나 보충할 때 사용하는 데 반해, 북한에서는 1)같은 종류의 문장 성분들과 그것에 대한 묶음말 사이에, 2)동격 뒤에, 3) '에서—까지'의 뜻을 나타내는데(평양—신의주), 4)제시어 뒤에, 5) 서로 맞서거나 대응하는 관계를 나타낼 때, 6) 특수한 글에서 주어와 술어가 토없이 맞물렸을 때 그 사이에 쓸 수 있다.

(12) 〔 - 〕

남한에서는 '붙임표', 북한에서는 '줄표'로 다르게 부른다. 남한에서는 사전, 논문 낱말의 형태 구조를 표시할 때, 또는 외래어와 고유어 또는 한자어가 결합되는 경우에 쓴다. 북한에서는 두 개 이상의 단어가 어울려 하나의 통일된 개념을 나타낼 때 사용한다.

【남】 겨울-나그네, 슬기-롭다 / 나이론-실, 염화-칼륨
【북】 맑스-레닌주의, 구조-문법적 특성, 물리-화학적 성질

(13) 〔 ~ 〕

'물결표'는 남과 북이 용어도 같고 쓰임새도 거의 같다. '내지'라는 뜻에 쓰거나 어떤 말의 앞이나 뒤에 들어갈 말 대신 쓴다.

(14) 〔 °, ˙ 〕 〔 … 〕

남한의 '드러냄표'와 북한의 '밑점'은 부르는 용어가 다르며 사용하는 위치도 다르다. 남한에서는 가로쓰기의 경우에는 글자의 위쪽에 세로쓰기의 경우에는 오른쪽에 사용하며, 북한의 경우 글자의 아래에 표시하는데 그 밖의 다른 기호를 임의로 사용할 수도 있다.

(15) 〔 ××, ○○ 〕

숨김표는 남북한이 용어도 같고 쓰임새도 같다. 다만 북한에서는 숨김표로 '□'가 더 있다. 남한에서는 '빠짐표'로 쓰는 부호이다.

참고문헌

고려대학교이중언어학회(1990), 남북한 언어의 통일문제 토론, 『이중언어학회지』7, 고려대학교
　　　　이중언어학회.

고영근(1988), 남북한 언어·문자의 이질화와 그 극복 방안 (1), 『주시경학보』2, 탑출판사.

──(1989), 남북한 언어·문자의 이질화와 그 극복 방안 (2), 『주시경학보』3, 탑출판사.

──(1989), 북한의 초기 철자법과 문법 연구, 『정신문화연구』36, 한국정신문화연구원.

──(1993), 북한의 문자 개혁에 관한 연구, 『주시경학보』12, 탑출판사.

──(1999), 『북한의 언어 문화』, 서울대학교 출판부.

고창운(1999), 민족 통일과 남북한의 언어 이질감 해소를 위하여, 『한말연구』5, 한말연구학회.

권인한(1994), 남북 맞춤법 어떻게 다른가, 『말글생활』창간호.

기세관·최호철(1994), 남북한 통일 맞춤법을 위하여, 『언어학』16, 한국언어학회.

김경석(1992), 한글 전산화의 입장에서 살펴본 남·북한 한글맞춤법의 차이점과 그 통일 방안(1)
　　　　(한글 가나다순), 『한글』215, 한글 학회.

김무림(1989), 남북한의 표준 발음법, 『북한의 어학혁명』, 백의.

김민수(1989), 남북한의 현행 맞춤법, 표준어 문제, 『새국어교육』45, 한국국어교육학회.

김응모·최호철(2000), 『통일 대비 남북한어 이해(수정 증보판)』, 세종출판사.

김희진(1998), 남북한의 외래어 표기와 사용 실태, 『남북한 언어 연구(수정 증보판), 박이정.

남성우·정재영(1990), 『북한의 언어 생활』, 고려원

박갑수(1994), 남북 맞춤법의 차이와 그 통일 문제, 『어문연구』81·82.

박경전(1995), 남북한 표기법의 비교 연구, 중앙대학교 석사학위논문.

박재수(1999), 『조선 언어학에 대한 연구』, 사회과학출판사. (원 책 제목은 '조선민주주의인민공화
　　　　국의 언어학에 대한 연구).

박재호(2001), 언어규범연구사, 『주체의 조선어 연구 50년사』, 박이정.

배현숙(1989), 남북한 외래어 표기법 비교 분석, 『북한의 어학혁명』, 백의

성광수(1989), 북한의 외래어 표기법 -남북한 표기법상의 차이를 중심으로, 『북한의 말과 글』,
　　　　을유문화사.

송기중(1988), 북한의 로마자 표기법, 『국어생활』15, 국어연구소.

시정곤(1989), 남북한 띄어쓰기 규정의 비교, 『북한의 어학혁명』, 백의

연규동(1998), 『통일시대의 한글 맞춤법』, 박이정.

오시형(1992), 남북한 국어 맞춤법 비교, 『봉죽헌 박붕배 선생 정년 기념 논문집』, 논문간행위원회.

유목상(1989), 북한의 맞춤법, 『북한의 말과 글』, 을유문화사.

유송용(1989), 남북한의 맞춤법 비교, 『북한의 어학혁명』, 백의

이경희(1997), 현행 북한의 맞춤법 규정에 대하여, 『김정일 시대의 북한 언어』, 태학사.

이봉원(1997), 북한 표준 발음의 실상, 『김정일 시대의 북한 언어』, 태학사.

이상억(1989), 북한의 로마자 표기법, 『북한의 말과 글』, 을유문화사.

이은정(1988), 『한글 맞춤법 표준어 해설』, 대제각.

———(1989), 남북한의 맞춤법 비교 검토, 『한글』 205, 한글학회.

———(1996), 『남북한 어문 규범 고찰』, 백산출판사.

이현복(1993), 남·북한의 로마자표기법 비교 연구, 『한글』 222, 한글학회.

전수태·최호철(1989), 『남북한 언어 비교 -분단 시대의 민족어 통일을 위하여』 녹진.

정명숙(1997), 북한의 띄어쓰기 규정의 실제, 그리고 전망, 『김정일 시대의 북한 언어』, 태학사.

조오현(1997), 민족 동질성 회복을 위한 언어통일 방안, 『한반도통일론』, 건국대학교 출판부.

최호철(1988), 북한의 맞춤법, 『국어생활』 15, 국어연구소.

———(1993), 북한 철자법의 변천, 『주시경학보』 12, 탑출판사.

———(1993), 북한의 맞춤법, 『국어생활』 15, 국어연구소.

한글학회(1971), 『한글학회 50년사』, 한글학회.

황인권(1989), 남북한의 문장부호법 비교, 『북한의 어학혁명』, 백의.

남북한의 어휘

1. 남북한 말다듬기

언어는 한 민족의 정신적 창조물 가운데서도 으뜸가는 것인 동시에 이 언어는 그 민족의 고유한 정신을 형성해 나가는 데 다른 어떠한 요소들보다도 더 큰 영향력을 발휘한다. 그런데 우리 민족의 말은 오랫동안 우리 의식의 고갱이를 담지 못하고 중국어라는 주변 강국어의 일방적인 영향 밑에서 지내야만 했다. 이러한 형편은 일제 시대에 들어서 더욱 악화되어 우리말을 사용할 권리조차도 빼앗기고 일본말만을 사용해야 하는 상황 속에서 우리말의 왜곡 현상과 오염 현상은 더욱 심화되어 가기만 했다.

해방을 맞이한 후, 남북한은 그 체제와 이념을 달리하면서도 우리말이 안고 있는 이러한 문제점을 바로 잡아야 한다는 생각에 일치하고 있었다. 그리고 속도와 방법에는 차이가 있지만, 남한은 국어순화, 북한은 말다듬기라는 이름으로 우리말의 왜곡과 오염 문제를 해결하기 위해 많은 노력을 기울여 왔다. 이 장에서는 남북한의 이러한 말다듬기 과정을 소개하고 이들을 상호 비교하여 그 특징들을 밝혀 보고자 한다.

1.1. 남한의 국어 순화

국어 순화의 과정

1946년 6월 문교부장의 지휘로 편수국에서 「우리말 정화」에 대한 방침을 세우고 당시 우리 사회에서 흔히 쓰는 일본말을 찾아 초안을 만들어 내었다. 각계의 인사 128명이 모여 이 문제를 토의하고 다시 18명으로 심사위원을 구성하여 1947년 10월까지 심사안을 만들었다. 여론을 반영하는 기간을 거쳐 1948년 1월 12일에 이를 발표하고 시행하기에 이르렀다.

1948년에는 「우리말 도로 찾기」(총36면)[1]를 펴내는 등 문교부는 광복 이후부터 일본말에 오염된 우리말을 다듬는 작업을 펴 왔다. 그런데 이 시기의 말다듬기는 주로 일본말의 잔재를 확인하고 그 일부를 손질하는데 그치고 있다. 어려운 한자어나 일제 시대 이전의 낡은 말들을 정리하는 일은 손을 대지 못한 상태였다.

정부 차원에서 국어 순화 운동에 적극적으로 관심을 갖기 시작한 것은 1976년이라 할 수 있다. 당시 박정희 대통령은 4월에 있었던 국무회의에서 국어 순화 운동의 적극적인 전개를 지시하였다. 그 후 1976년 8월 문교부는 국어 순화 운동 협의회를 설치하고, 같은 해 11월 국어심의회 안에 국어 순화 분과 위원회를 새로 만들었다. 학계, 언론계 및 교육계 인사 9명과 정부 각 부처 실·국장 11명으로 구성되었는데 이 위원회의 설립으로 국어 순화 사업을 보다 체계적으로 추진할 수 있는 계기가 마련되었다.

이 시기에는 일본말의 잔재뿐만 아니라 서양 외래어의 무분별한 도입으로 인해 일상 대화상에서 쓰이는 말은 물론이고 상품이나 간판 이

---

1) 『우리말 도로 찾기』 머리말에서는 당시 문교부의 말다듬기 운동의 기본 방침을 엿볼 수 있는데 다음과 같다. ① 우리말이 있는데 일본말을 쓰는 것은, 일본말을 버리고 우리말을 쓴다. ② 우리말이 없고 일본말을 쓰는 것은, 우리 옛말에라도 찾아보아 비슷한 것이 있으면, 이를 끌어다가 그 뜻을 새로 작정하고 쓰기로 한다. ③ 옛말도 찾아낼 수 없는 말이, 일어로 씌어온 것은 다른 말에서 비슷한 것을 얻어 가지고 새 말을 만들어, 그 뜻을 작정하고 쓰기로 한다. ④ 한자로 된 말을 쓰는 경우에도 일본식 한자어를 버리고 우리가 전부터 써오던 식의 한자어를 쓰기로 한다.

름 등도 심하게 오염되어 있던 터였다. 따라서 국어 순화 운동의 대상을 좀더 넓히고 범사회적이고 범국민적인 운동을 정부가 직접 나서서 추진할 필요가 제기되던 때였다.

문교부는 국어심의회의 심의를 거친 말들을 모아 1977년에 『국어 순화 자료집』 제1집을 내 놓았다. 이후 1982년까지 『국어순화자료집』 제2~5집을 발간하였고, 1983년에는 이들을 모아 『국어순화 자료』(학교 교육용, 장학 자료 제39호)를 발간하였다. 이 때까지 실린 어휘들은 모두 14,159개였다. 그 후 1988년 국어연구소에서 『국어 순화 자료집』을 발간하였다. 그 밖에도 총무처, 법제처 등에서 『행정 용어 순화 편람』, 『법령 용어 순화 편람』 등 순화 자료를 계속 발간 보급하였다.

정부에서 국어심의회를 두고 국어 순화 작업을 지속시킴으로써 얻어진 효과는 자못 크다. 그러나 이러한 심의 기구는 국어 순화를 체계적이고 통일성 있게 추진하기에는 역부족이었다. 이 국어심의회는 상설 심의 기구도 아니며 문교부 장관의 자문 기관으로서 어떤 필요에 의해서만 잠정적으로 개최되는 기구였다. 그리고 여기에서 심의된 내용은 어떤 제도적 구속력을 지니지 못하였다. 따라서 국어 순화를 이론적으로 뒷받침하고 원칙과 방향을 일관성 있게 계획하고 추진해 나갈 수 있는 상설 기구의 필요성이 제기되고 있었다.

이러한 시대적 요구를 바탕으로 1984년 국어연구소가 설립되었다. 국어연구소는 국어 순화 업무뿐만 아니라 국어 정책 전반에 대하여 본격적인 조사와 연구를 수행할 수 있게 해 주었다. 한글맞춤법, 표준어 규정, 외래어 표기법을 개정하도록 뒷받침을 하였고 『국어 순화 자료집』과 『국어 오용 사례집』 등을 발간하였다. 그러나 국어연구소는 당시 문교부의 직속 기관이 아닌 학술원 산하 기관으로서 정책의 추진력에 문제가 있었다.

1991년에 국어연구소는 교육부에서 문화부로 이관되었고, 문화부 직속의 국립국어연구원으로 확대 개편되었다. 국립국어연구원은 1급 상당(학예연구관)의 원장을 중심으로 어문규범연구부, 어문실태연구부, 어문자료연구부 등 세 연구부서를 두고 있다. 여기서는 남한의 어문 정책 전반에 관련된 연구를 주관하고 국어사전 편찬, 각종 어문 규정의 제정과 보급을 통하여 언어 생활의 표준을 제공하고, 각종 어문 자료를 수집하여 국어 유산을 보존하고 연구하는 일을 해 오고 있다. 최근에는 각 전문 분야별 순화 용어 자료집을 내놓고 있기도 하다.2)

국어연구소와 국립국어연구원의 탄생은 이제까지 남한에서의 국어 순화 운동이 이해 관계에 따라서 당면한 문제만을 근시안적으로 해결하려는 방식에서 벗어나 보다 체계적이고 일관된 정책에 따라 문제를 해결해 나갈 수 있는 계기를 마련해 주었다는 점에서 의의가 있다.

그런데 남한의 국어 순화 운동의 특징은 이러한 운동이 정부 주도보다는 일반인 또는 민간 단체를 통해서 더욱 활발히 이루어졌다는 데 있다. 1973년에는 학회, 교육계, 종교계, 일반 사회 단체 등을 중심으로 국어 순화 운동 전국 연합회가 결성되어 국어 순화 운동에 더욱 힘을 실어 주었다.

국어 순화 운동에 앞장선 연구 단체로는 한글학회를 들 수 있다. 한글학회는 전신인 조선어학회 때부터 흐트러진 국어를 정리하고 통일된 규범을 이론적으로 뒷받침하는 연구 작업을 계속해왔고 이에 따른 구체적인 결과물들도 꾸준히 내 놓았다. 한글학회에서는 『국어순화자료집』에 실린 내용과 각 학술 용어 가운데 순화한 내용들을 모아서 1967년에 『쉬운말 사전』을 완성시켰다. 또, 정부와 함께 한자 또는 서양외래어로 된 과학 및 문화어들을 우리말로 고치는 작업을 계속해 왔으며, 전국 각지의 고유한 땅이름들을 조사하여 『한국지명총람』을 완성시켰다.

또, 전국 국어 운동 대학생 협의회는 1967년에 창립되어 개별 대학 또는 연합 활동을 통하여 꾸준히 국어 순화 운동을 추진하였다. 이 협의회의 성격상 국어 순화 운동보다는 한글 전용에 더 많은 관심을 기울였지만 우리말을 살려 쓰고 널리 보급하려고 노력한 민간 단체이다. 특히 서울대 국어운동회에서는 1967년부터 고운이름 뽑기 대회를 열어 일본어의 잔재를 없애는 일뿐만 아니라 순수한 우리말을 살려 쓰는

---

2) 이 시기의 전문 분야별 순화 용어 자료집의 내용은 대략 다음과 같다. 일본어투 용어 702개, 행정 용어 9,219개, 건설 용어 392개, 생활 외래어 751개, 미술 용어 738개, 선거 정치 용어 451개, 전산기 용어 1,068개, 임업 용어 997개, 봉제 용어 331개, 국악 용어 447개, 패션 디자인 용어 1,471개, 문화재 용어 1,174개, 언론 외래어 627개, 전기 전자 용어 353개, 금융 경제 용어 159개, 정보 통신 용어 31개, 운동 경기 용어 1,496개 등이다.

일을 위해서도 많은 노력을 기울여 왔다.

현대 사회는 시간이 지나면 지날수록 언론 매체의 위력을 실감하는 때이다. 한국교열기자회는 이러한 언론 매체의 사명을 다하기 위하여 1975년 창립되었다. 여기에서는 보다 규범에 맞는 말을 사용하며 순화된 말들을 적극 홍보하고 정착시키기 위하여 『말과 글』이라는 회지를 계간으로 발행해 왔으며 그간의 국어 순화 운동의 성과를 정리하여 『국어 순화의 이론과 실제』(1982)를 출간하기도 했다.[3]

국어 순화의 원칙

"국어는 그 나라 사람들의 정신 생활의 표현인 동시에 그 정신 생활의 기초 수단이다. 국어는 그 나라 백성에게 민족 의식을 북돋우며, 국민정신을 기른다. 말은 일반으로 사람을 사람답게 만들며, 국어는 그 국민을 국민답게 만든다. 그러므로 사람은 말 일반을 중시하여야 하며, 겨레는 그 겨레말을 사랑하여야 하며, 국민은 그 국어를 존중하여야 한다."

「국어 운동의 다섯 가지 목표」(최현배)

위에서 국어는 민족 정신을 반영하고 있으며 그 나라 국민의 삶과 밀접한 관련이 있음을 말하고 있다. 그러기에 그 나라말이 살면 그 나라와 민족도 살 수 있다는 논리이다.

우리 민족은 일제의 악랄한 식민지 지배 과정을 통해 많은 고초를 겪었다. 그리고 우리말 또한 많은 상처를 입었다. 하지만 우리 민족은 이를 잘 이겨내고 광복을 맞이했다. 일제 36년은 민족적으로는 불행한 시기를 맞이하기도 했지만, 한편으로는 민족(국가)의 중요성과 국어의 소중함을 깨닫는 계기가 되기도 했다. 이러한 의식의 각성은 나라를 잃은 일제시대뿐만 아니라 해방 이후에도 계속 이어져 국어 순화에도 그 영향을 미치고 있다.

최현배는 국어 운동의 목표를 '깨끗하게, 쉽게, 바르게, 풍부하게, 너르게'의 다섯 가지로 나누어 제시하고 있다. 리의도(1993:28~29)에서는 이 중 '깨끗하게'를 해석하여 '언어의 순결성 추구'로 설명하고

---

3) 이러한 과정을 거쳐 최근까지 다듬어진 남한의 어휘는 약 3만 2천여개에 달한다.

있다. 우리말에 있는 순수하지 못하고 오염된 말의 잡초인 들어온 말(외래어)을 뽑아 버리는 일이 국어 순화의 첫째라는 것이다.

일제의 잔재를 벗어나서 독립된 국가를 이루었지만 독립된 사상이나 사고를 제대로 갖추지 못한 우리들의 최우선 과제는 국가적으로나 민족적으로 완전히 독립되는 것이었다. 이를 위해 국어 정책의 최우선 과제는 우리말에 녹아 들어온 일본말들을 제거하는 일이었다. 여기에 일반인들이 쉽게 이해할 수 없는 어려운 한자어들을 쉬운 말로 고쳐나가는 것도 포함되었다.

해방 이후 일본어의 오염에 대한 경계와 우리말에 대한 관심으로 일본어 잔재의 문제가 해소되어 갔지만, 새롭게 들어오는 서양 외래어의 범람은 또 하나의 문제가 되고 있었다. 따라서 국어 순화 운동을 주도하는 일반 단체들은 이러한 문제를 해결하기 위하여 간판 이름을 조사하거나 방송 용어, 제품 이름들을 조사하여 오염의 실태를 직접 확인하고 이를 시정하려는 노력을 기울여 왔다.

둘째는 '규범성'의 추구이다. 이는 언어의 전통성이나 어법이나 문법 등 갖가지 기준에 어긋나는 요소들을 바로잡아 전통성을 회복하고 통일성을 유지시키려는 노력이다. 말이 바르게 작용할 경우에는 긍정적인 결과를 가져오지만 그렇지 못할 경우에는 반대의 결과를 가져올 수도 있다. 바르지 못하거나 저속한 말들은 말하는 사람이나 그 말을 듣는 사람에게 부정적인 영향을 미칠 수 있다. 이러한 말들을 바로잡는 것 또한 국어 순화의 중요한 부분이다.

우리나라는 산업 사회로의 급격한 변모와 민주적 언로가 막힌 사회적 상황 속에서 비속어와 은어가 넘치며 이것이 우리 사회 구성원들을 이질화시키거나 각박하게 만드는 요인이 되기도 하였다. 최근에는 인터넷 상에서 주고받는 말들 속에 기존의 언어와는 다른 어형들이 많이 나타나고 있는데 이를 사용하는 대상이나 인터넷상이라는 제한성을 염두에 두더라도 바르지 못한 말들에 대한 정리는 이루어져야 한다.

그 외에 보다 명확한 표현, 아름다운 표현, 소리말과 글말의 일치, 풍부한 언어 표현 등이 이루어지도록 노력해야 한다.

국어 순화의 대상과 고쳐진 말

문교부에서는 1976년 국어 순화 운동의 일환으로 국어 심의 위원 회 안에 순화 분과 위원회를 두었는데 여기에서 국어 순화 운동을 이끌 기 위한 지침을 삼고자 「국어 순화 세칙」을 마련하였다.
그 내용은 다음과 같다.[4]

(1) 순화 대상의 범위
① 우선 대중의 언어 생활 및 대중을 상대로 하는 언어활동을 그 대 상으로 한다.
② 발음, 어휘, 문법, 맞춤법, 언어 활동들을 포함하되, 어휘의 순 화를 먼저 한다. 어휘는 그 특수성을 고려하여 일반 용어, 전문 용어 그리고 그 밖에 비어·속어 등 세 부분으로 나눈다.

　ㄱ. 어원면에서 : 한자어, 외래어
　　일본식 한자어 : 手入(→손질), 上申(→아뢰다)
　　한자어 : 共히(→함께, 같이), 驅鼠(→쥐잡기, 쥐를 잡다)
　　외래어 : 슈거(→설탕), 레귤러(→보통)

　ㄴ. 쓰이는 범위에서 : 일반 용어, 전문 용어
　　일반 용어 : 賣物(→팔기), 瑕疵(→흠)
　　전문 용어 : 供覽(→돌려봄), 登廳(→출근)

　ㄷ. 그 밖에 : 비어, 속어, 은어, 유행어
　　은어 : 삥땅, 깔치, 재숙이(재수생)
　　비속어 : 공갈치다(거짓말하다), 물먹었다. 알랑방구, 농땡이

③ 순화 대상 어휘 중 편의상 일반 용어 및 널리 알려진 전문 용어 의 순화를 먼저 한다.

---

4) 여기에 제시된 내용은 한국교열기자회에서 펴낸 『국어 순화의 이론과 실제』(1982:151~152)에서 정리한 것을 실었다.

(2) 순화 심의의 원칙

① 아주 바꾸어서 먼저 것을 쓰지 않기로 결정한 말, 특히 일본식 한자어나 일본어를 어원으로 하는 외래어는 이 항에 따름을 원칙으로 한다. 다만 널리 쓰이거나 달리 적절한 말이 없을 때에는 예외로 한다.

見出, 와리깡

② 바꾼 말만을 사용하도록 권장한 말(바꾼 말에 별로 저항감이 없는 경우)

負債하다 → 책임지다, 不然이면 → 그렇지 않으면, 于今 → 지금까지

③ 바꾸되 얼마 동안 아울러 쓸 수 있는 말(바꾼 말에 저항감이 적은 경우, 또는 순화 대상이 된 말이 매우 널리 알려진 경우)

再次 → 거듭, 類似하다 → 비슷하다

④ 순화하기가 어려워서 얼마 동안 먼저 말을 사용하도록 한 말. 다만, 얼마 동안 먼저 말을 사용하도록 한 말이라도 계속 연구하여 순화한다.

이후 국립국어연구원에서는 다음과 같은 「국어 순화의 지침」을 두고 국어 순화를 추진하고 있다(최용기, 2001:68에서 재인용).

① 국어 순화의 목적은 우리말을 알기 쉽고, 바르고, 풍부하게 하는 데 있다.
② 국어 순화의 범위를 정한다.
   ㄱ. 국민이 자주 사용하는 생활 용어를 먼저 순화함을 원칙으로 한다.
   ㄴ. 전문 용어라고 할지라도 일상 생활에서 널리 사용되면 순화를 한다.
      (※ 전문 용어의 순화는 별도의 계획을 세워 추진한다.)

③ 국어 순화의 기준과 방법을 정한다.

    ㄱ. 국어 순화는 국어학적 측면보다는 국민들의 수용성 여부를 우선적으로 고려한다.

    ㄴ. 순화한 용어는 사용 가능성을 높이고 국어 어휘를 풍부하게 하기 위하여 순화한 용어가 쓰이는 상황과 문맥을 고려하여 복수 표준어를 최대한 허용한다.

    ㄷ. 순화한 용어는 고유어 이외에 쉬운 한자어도 함께 활용한다.

    ㄹ. 순화한 용어는 순화 대상 용어보다 가능한 한 음절수가 많아지지 않도록 한다.

    ㅁ. 용어마다 순화 시안을 마련하게 된 사유와 근거, 용례를 제시한다.

1.2. 북한의 말다듬기[5]

말다듬기의 과정

북한에서의 말다듬기 과정은 해방 직후부터 지금까지 지속적으로 추진해 왔다. 그러나 이러한 과정에서 그들은 나름대로의 성과와 함께 시행착오를 겪어 오면서 몇 차례의 추진 방향에 대한 수정 및 심화 과정이 이루어졌다. 여기서는 이러한 과정을 바탕으로 대략 세 시기로 나누어 살펴보기로 한다.

(1) 제1기(1945~1960년) : 개별적인 어휘 정리 작업기

북한에서의 말다듬기 사업은 비교적 일찍 시작된 것으로 보인다. 이러한 사업을 뒷받침하는 김일성의 교시가 광복 직후에 발표되고 있다.

> "조선어를 발전시키는데서 우리 말의 고유한 민족적 특성을 살리는것이 매우 주요합니다. 우리말에는 한자말과 외래어가 많이 섞여있는데 어문연구회에서는 한자말과 외래어를 정리하기 위한 연구사업을 잘하여야 하겠습니다."
>
> (『김일성 전집』 8권, 410쪽)

---

5) 최근 북한의 말다듬기와 관련된 연구 서적이나 보고서가 많이 소개되고 있다. 이 책을 집필하기 위해 필자는 여러 자료들을 참고로 하였는데, 이 중 박재수(1999)의 『조선 어어학에 대한 연구』라는 책을 많이 참고하였다.

> "력대 봉건통치배들의 반인민언어시책과 그 반세기에 걸치는 일제침략자들
> 의 식민지동화정책의 후과로 해방직후 조선말과 글은 생사기로에서 구원되었
> 지만 언어의 민족적 특성이 침해당하여 어지러워질대로 어지러워진 형편에 처
> 해있었다."
>
> (박재수(1999:69쪽)

　　새로운 정권을 창출한 북한에서는 주민들의 결집을 이루고 국가가
요구하는 사회주의 건설을 시작하기에 앞서 우선 국어의 말다듬기 사
업이 시급함을 인식하고 있었다. 북한은 봉건타파를 주장하였기 때문
에, 일제 이전의 시기에 집권자들이 인민을 착취하고 한자어와 한자를
숭상하면서 우리의 민족성을 말살하고 있다고 보아 우선 한자어를 줄이
고 한자를 쓰지 않는 정책을 시행해야 한다고 보았다. 또, 일제 시대에는
직접적으로 우리 민족과 국어를 말살하기 위해서 노력해 왔기 때문에 우
리말에 들어 있는 일본어의 잔재를 청산하여 자주성을 회복하는 일이 그
무엇보다도 필요하다고 보아 이 일을 추진하기 시작한 것이다.
　　그런데, 이러한 말다듬기 사업의 실질적인 필요성은 정권 시작부터
추진해온 문맹퇴치 사업과도 깊은 연관이 있는 것 같다. 북한의 언어정
책에 관한 내용 중 1945년과 1946년 자료를 보면 문맹퇴치 사업과 관
련된 내용이 많다.6)

1945년

- 문맹퇴치를 위한 성인학교 8,000여 개 설립됨. 〔참고〕『조선로동당정
  책사』〔1973:102〕
- 해방 당시 250여만 명의 성인이 문맹 상태였다. 〔참고〕『조선로동당의
  지도 밑에 개화 발달한 우리 민족어』〔1962:136〕
- 공화국 북반부에서만 해도 230여만의 성인들이 문맹의 상태에서 해방
  을 맞이하게 되었다. 〔참고〕 고현(1975:228)
- 특히 우리나라에서 230여만의 문맹자를 퇴치해야 하였던 만큼. 〔참고〕
  고현(1975:233)
- 1945년 11월 25일 김일성, 황해도 공청 일군들을 만나 청년 조직이 문
  맹퇴치 사업에 앞장설 것을 말함. 〔참고〕 고현(1974:6).

---

6) 이 부분은 '임홍빈(1993), 북한의 언어정책, 『세계의 언어정책』, 태학사'에서 인용하였다.

1946년
· 1946년 1월 10일 김일성, 황해도 민주녀성동맹 결성대회에 참가, 녀맹
  단체가 녀성들 속에서 문맹퇴치 사업을 널리 벌려야 한다고 말함. 〔참
  고〕 고현(1974)
· 1946년 8월 수많은 성인학교들이 세워졌다. 〔참고〕 김인호(1986
  나:40) 〔참고〕「우리 당의 언어 정책〔1976〕」:문맹자 230만, 12살부터
  50살까지의 문맹자를 등록하게 함.
· 성인학교 8,061개 세워, 413,000명의 문맹자 교육 중, 금년말까지 성
  인학교를 17,200개로 확장, 535,000명을 교육할 준비를 하고 있다.
  〔참고〕 "조선말을 고수하고 발달시킬 데 대한 김일성동지의 교시" 『문화
  어학습』 1968년 창간호

북한 주민들을 사회주의 이상을 실현할 혁명 투사로 무장시키기 위
해서는 우선 문맹자들을 교육시켜야 했을 것이고, 이것을 본격적으로
추진해 가는 과정에서 어렵고 배우기 힘든 한자어나 일제어의 잔재를
없앨 필요성을 더욱 절실하게 느꼈을 것이다.

그리하여 1947년 이후의 언어 정책과 관련된 내용 중에서는 문맹퇴
치 사업보다 언어 규범을 확정하는 문제와 한자어 및 일본어의 잔재를 고
유어로 다듬는 내용이 월등히 많아진다. 이후 1960년 초까지 국어학자들
은 조선어문연구회의 기관지 《조선어 연구》를 비롯해서 《로동신문》,
《조선어문》, 《말과 글》 등에 한자어 및 외래어 정리와 관련된 논문들
을 많이 발표하였다. 이와 함께 교육 및 언론 출판 분야에 종사하는 사람
들과 정부 기관의 협조를 얻어 정리 대상 어휘에 대한 활발한 토론을 통
해 대중성을 획득하고 정리된 어휘들을 대중들에게 보급하는 일에 힘써
왔다.

또, 언어학부문 학자들을 중심으로 하여 과학원 언어문학연구소 안
에 《말다듬기소조》를 만들고 이들을 통하여 말다듬기 사업에 필요한
기초 조사자료들을 수집하기도 했다.7)

그러나 이 시기의 말다듬기 사업은 여러 가지 문제에 봉착하기 시
작했다. 말다듬기 사업을 지속적으로 추진하기 위해서는 사업을 뒷받
침할 수 있는 이론적 배경이 튼튼해야 하고 기초자료 조사가 착실히 이

---

7) 박세수(1999:72) 참고.

루어져야 했다. 그러나 학자들에 따라 말다듬기에 대한 이론이 각기 다르고 연구 대상도 개별 어휘 중심으로 이루어져 왔기 때문에 사업의 통일성과 체계성의 부재가 문제로 제기되기 시작했다.[8]

(2) 제2기(1960~1980년) : 체계적이고 통일성 있는 말다듬기 사업기

제1기의 여러 가지 문제점들을 바탕으로 하여 1960년대 들어서 보다 진전된 말다듬기 사업이 진행되고 있다. 이 시기에 김일성은 ≪조선어를 발전시키기 위한 몇 가지 문제≫(1963)과 ≪조선어의 민족적특성을 옳게 살려나갈데 대하여≫(1966) 등의 교시를 통해 말다듬기 사업의 기본 원칙과 방법들을 제시한 바 있다.

이러한 김일성의 교시 아래 제2기의 말다듬기 사업은 "고유어에 근거한 하나의 체계"를 만드는데 총력을 기울이고 있다. 그리하여 이전 시기의 말다듬기 사업을 '언어정화사업'이라고 한데 반하여 이 시기의 사업을 '언어정리사업'으로 규정하고 있다.[9]

'언어정리사업'은 전체 체계를 중시하고 있는 만큼 언어 구조 전반에 대한 연구가 뒷받침되지 않으면 안 되었다. 이를 위해 학술용어사정위원회를 국어사정위원회로 격상시켜 개편하고 말다듬기사업에서 생기는 여러 문제를 학술적으로 체계화하고 이론화하도록 하였다.

이와 함께 다른 한편에서는 어휘실태조사와 어휘평가를 전면적으로 실시하였다. 한 예로 당시 출판된 ≪조선말사전(1~6권)≫에 수록된 어휘를 놓고 한자어와 외래어, 고유어에 대한 통계적 분석을 하였고 각 어휘를 놓고 어휘정리의 각도에서 재평가하는 사업을 진행하였다. 그 결과 1964년에 ≪눌러두고 쓸 한자말과 외래어≫와 ≪빼버려야 할 한자말과 외래어≫를 정리하였고, 어원에 따른 우리말의 빈도수와 같은 통계 조사도 끝마쳤다. 그리고 이러한 기초조사를 바탕으로 1965년에

---

8) "학계적인 력량을 동원하여 학계의 공통적인 견해로 이루어지는것이 아니라 개별적인 부문들의 용어를 다듬는데 그치였으며 그것도 개별적인 학자들의 견해와 주장에 따라 진행되였다. ……또한 말다듬기사업을 실속있게 전격적으로 벌려나가기 위해서는 언어실태 조사사업과 전망계획작성사업 그리고 그 보급과 도입에 대한 조사장악사업 등 여러 가지 문제들을 푸는것과 함께 과학적인 연구사업을 안받침하여야 하겠으나 이 사업을 따라세우지 못하고있었다."(박재수, 1999:72)

9) '언어정화'는 단순히 개별적인 단어들을 대상으로 말다듬기를 한다는 측면이 강한데 반해 '언어정리'는 일관된 원칙과 체계 아래에서 어휘 전체를 다듬는다는 의미가 강하다.

는 국어사정위원회 산하 20개 분과에서 약 2만개의 다듬어진 학술용어
들을 내놓고 있다.

이처럼 체계적이고 일관성 있는 어휘 정리 사업을 추진하는 과정에
서도 문제가 있음을 실토하고 있다.10) 즉 짧은 기간에 많은 용어를 내
놓다 보니 체계적으로 잘 정리된 말들임에도 일반 대중의 호응을 받지
못했고 이로 인해 다듬어진 말을 대중에게 무리 없이 보급하는 데 실패
하고 말았던 것이다.11)

이러한 지적을 바탕으로 1960년대 후반부터는 대중성 확보를 위해
말다듬기 사업의 속도를 조절하면서 토론회와 신문, 잡지의 의견란을
통해 일반 대중들의 의견을 수렴해 나갔다.12) 또, 1968년부터 1976
년 사이에는 ≪다듬은 말≫을 발표하되 단계적으로 조금씩 나누어 발
표하고 1976년에는 1만 7천개의 어휘를 묶어 ≪표준말초고 4≫를 내
놓았다. 그리고 2년 뒤에는 지금까지 다듬은 말 3만 6천여개를 모아
≪다듬은 말묶음≫을 출간하였다.

(3) 제3기(1980년대 이후) : 다듬은 말의 보급과 공고화 시기

제1, 2기를 거치는 동안 다듬어진 말은 약 5만여 개이다. 제3기는
이렇게 다듬어진 말들을 대중들이 사용할 수 있도록 널리 보급시키는
노력을 기울여 왔다. 이와 함께 지금까지 다듬어진 말들을 재정리하고
새롭게 다듬는 작업을 통해 말다듬기 사업을 보다 공고화하는 작업을
벌여 왔다.

특히, 말다듬기 과정에서 생성된 새말의 토착화 과정을 면밀히 검
토하여 생명력을 잃은 말은 다듬은 말에서 제외시키거나 새말, 또는 다
듬기 이전의 말로 복원하여 새롭게 다음은『말묶음 사전』(1986)을 편
찬하기도 했다. 그리고 이 기간 중에는 그동안의 말다듬기 사업 추진
과정에서 축적된 이론적, 학술적 성과를 여러 단행본으로 출간하기도

---

10) 박재수(1999:77)에서는 이 시기의 말다듬기 사업이 짧은 기간 안에 많은 성과를 이루려는 데서 생긴 문제점
　　들을 지적하고 있다.
11) 이러한 것은 초기 말다듬기 사업에서 제시되었던 어휘가 최근의 말다듬기 작업 과정에서 많이 제외되고 있다
　　는 것으로도 증명된다.
12) 1967년에는 2,400여건의 독자 의견을 받았으며, 1974년에도 2,000여건의 의견을 받았다. 다른 연도에도 천
　　여건, 수백 여건의 의견을 받아 시상토론에 밸표하였다.

했다. 이 외에도 국제적인 교류가 활발해지면서 새롭게 들어오는 외래어들을 지속적으로 다듬고 있다.

말다듬기의 원칙

김일성은 1964년 1월 3일에 ≪조선어를 발전시키기 위한 몇 가지 문제≫와 1966년 5월 14일에 ≪조선어의 민족적특성을 옳게 살려나갈데 대하여≫등의 교시를 통해 말다듬기 사업의 기본 원칙과 방법들에 대해 언급하고 있다. 여기서는 후자의 내용 중 말다듬기와 관련된 내용만을 정리하여 제시하기로 하겠다.13)

(1) 우리나라는 정치·경제·문화의 교류로 외래 요소가 많이 들어왔다. 언어도 서양의 외래어, 한자어, 일본어가 많이 쓰인다. 특히 남한의 서양화, 일본화, 한자화는 심각하여 민족적 특성을 상실할 위험에 놓여 있다. 따라서 더 늦기 전에 북한만이라도 한자어와 외래어를 고유한 우리말로 고치고 체계적으로 발전시켜야 한다. 외래어는 국어사정위원회에서 제때에 새 말을 만들어 보급해야 하고 한자어를 고칠 때에는 그대로 두고 사용할 것, 뜻폭이 같지 않은 것은 조심해서 고쳐 나갈 것, 단어의 결합 관계도 고려하여 고쳐 나갈 것 등을 유념해야 한다.

(2) 문화어를 설정하여 북한의 언어를 민족 특성이 살아 있는 언어로 발전시켜야 한다.

(3) 말다듬기는 다음과 같은 구체적 실천 사항을 통하여 추진하여야 한다.

① 말다듬기의 재료를 신문 같은 곳에 실어 대중의 평가를 받도록 한다.

② 서둘지 말고 오랫동안에 걸쳐 하나하나 차분히 해 나가야 한다.

③ 교육 기관, 언론 매체를 통해 자연스럽게 진행시킨다. 신문사, 방송국은 초안을 실험적으로 사용하고 학교에서는 교과서를 인쇄하여 보급한다.

④ 옛날책 번역에 힘쓰되 한자어는 안 쓰도록 해야 한다. 옛날 전설이나 소설 등 문학 작품의 번역도 해 두어야 한다.

⑤ 한자어는 가급적 쓰지 않도록 해야 하지만 학생들에게 필요한 한자는 가르쳐야 한다.

---

13) 여기에 정리된 내용은 최용기(2002)에서 발췌했다.

(4) 말다듬기의 구체적인 예시를 다음과 같이 하였다.
  ① 한자어의 경우
     첫째, 한자말에서 계속 써야 할 것과 버려야 할 것을 구분하고 버릴
     것은 사전에서도 빼버린다.(상전→뽕밭, 돈사→돼지우리). 다만, 과
     학 논문이나 정치보고, 군대에서 쓰는 정치 술어와 군사 용어는 혼
     란을 피하여 예외로 하고 추후로 미룬다(련합회, 분과회, 사업보고).
     둘째, 한자말이라도 이미 우리말로 굳어진 것은 그냥 둔다(방, 학
     교, 과학기술).
  ② 고유어의 경우
     첫째, 고유어와 한자어의 두 체계를 고유어라는 하나의 체계로 만드
     는 것을 원칙으로 한다(못→나사못, 타래못, 나무못).
     둘째, 비교적 많이 쓰이는 한자말이라고 해도 그에 맞는 고유어가
     있으면 방언에서 찾아 쓰고(불술기: '기차'의 함경 방언), 새말은 고
     유어로 만들어 쓰며 고장 이름이나 사람 이름도 고유어로 짓는다
     (붉은바위 : 적암, 돌다리골: 석교동).
     다만, 한자말과 고유어가 그 뜻폭이 같지 않은 경우에는 모두 그대
     로 둔다(심장과 염통, 일기와 날씨).
  ③ 우리말에 섞여 들어온 외래어를 정리하고(에끄자멘→시험, 클라스→
     학급), 새로 들어오는 외래어는 제때에 고친다(국광→북청, 오봉→
     차반).

그리고 북한의 말다듬기 운동은 다음과 같은 원칙에 따라 시행하였다.
  ① 고유어와 한자어 둘 다 있을 때는 고유어를 사용한다.
  ② 고유어가 없을 경우에는 한자어를 고유어로 풀이해서 쓴다.
  ③ 우리말에 녹아버린 기본적인 한자어는 그대로 쓴다.
     예) 동, 서, 남, 북, 법, 산, 교육, 산업, 과학 등
  ④ 고유어로 풀이할 때에는 어휘의 유기적 연관성을 고려하여 반대말,
     합성어 구성 등이 어울려야 한다.
     예) 피경 → 덩이줄기, 근경 → 뿌리줄기
  ⑤ 합성어일 때에는 어느 한쪽만 다듬어도 된다.
     예) 전기용접 → 전기땜
  ⑥ 외래어는 '미터'와 같이 국제화된 것이나 우리말에 어감이 같은 말이
     없을 때에는 그냥 쓴다.
     예) 깜빠니아 – '집중적인 사업'이란 소련어에서
  ⑦ 외래어의 표기는 그 본토국의 발음을 기준으로 한다.
     예) 북경 → 베이징, 첵코슬로바티아 → 첵코스로벤스꼬

말다듬기의 대상과 고쳐진 말

북한에서의 어휘 정리 또는 말다듬기 사업의 기본 목적은 언어의 자주적 발전을 다그치며 그 사회적 기능을 최대한으로 높여 그들의 말이 혁명과 건설에 더 잘 이용되도록 하려는 데 있다. 그런데 어휘 구조 속에 들어 있는 한자어와 외래어들 가운데 적지 않은 것들이 어휘 정리 또는 말다듬기 사업의 근본 목적을 실현하는데 큰 장애물이 된다는 것이다. 이러한 부정적인 요소들이 민족적 사상 교양의 수단으로서의 언어의 사회적 기능을 높일 수 없게 하며 나아가서 사람들 속에 사대주의를 비롯한 낡은 사상을 침투시키게 하는 요인이 된다고 주장한다. 그리하여 언어의 자주적 발전을 위해서도 말다듬기 사업이 필요하며 그 대상은 다음의 몇 가지 경우로 간추려진다고 하였다.

말다듬기의 일차적 대상은 고유어와 동일한 의미를 가진 외래적 어휘이다. 고유어인 '뽕밭', '소채', '송곳이', '돌다리', '갈퀴' 등이 '상전', '남새', '견치', '석교', '레이크' 등에 대신하여 쓰여야 한다. 우리말에 훌륭한 민족 고유어들이 있음에도 불구하고 그것들과 동의 관계에 있는 외래어들이 존재하는 사실은 그 어떤 언어 발전의 필연적인 요구에 의해서 생긴 것이 아니라, 기본적으로 과거의 봉건 통치배들과 일제 침략자들의 반인민적인 언어 정책에 의해서 인위적으로 빚어진 것으로 보고 있다. 언어생활은 곧 언어의식과 언어관습을 구체적으로 실현하는 과정인데 이러한 언어생활에서 낡은 의식과 관습을 담은 말들은 북한에서의 새로운 사회주의 건설에 해를 끼치는 요소로 작용한다는 것이다.

그러나 같은 뜻의 고유어와 외래적 어휘 가운데 어느 하나가 다의성을 띠는 것과 관련하여 두 어휘의 뜻폭에서 차이가 생기는 경우는 외래적 어휘를 아주 없애 버릴 대상으로 생각지 않고, 가능한 조건에서 다듬어 쓸 수 있도록 하였다. 예를 들어 고유어 '값'은 한자어 '가치', '가격'보다 뜻폭이 넓다. 그러므로 '가치'나 '가격'의 개념을 정확히 나타낼 필요가 있을 때에는 이 두 단어를 존속시켜야 한다는 것이다. 대상 어휘를 규정할 때 또 한 가지 유의할 것은 문맥상 이상이 없을 때에만 말다듬기가 가능하다고 했다. 이를테면 '일기', '국가', '주택'이 각각 '날씨 예보', '독립 나라', '문화 살림집'이 될 수는 없다는 것이다.

말다듬기의 이차적인 대상은 어렵고 우리말답지 않게 만들어진 한자어이다. 어렵고 우리말답지 않은 한자어는 대부분 우리말에 그와 대등한 어휘가 없었기 때문에 들어온 것인데, '발사(실뽑기)', '지고병(가지마르는 병)', '돌방(밀어떼기)' 등이 여기에 해당된다. 그런데 이러한 말들은 언어의 사회적 기능을 약화시키고 언어의 민족적 특성을 어지럽히므로 다듬어져야 한다고 본다. 알기 쉬운 고유어로 말할 수 있는 것을 이처럼 어렵고 까다로운 한자어로 표현하게 되면 사람들 사이의 사상교환이 순조롭지 못하여 언어의 사회적 기능을 떨어뜨리고 민족적 특성을 갖지 못한 외래어를 자주 사용하다 보면 민족성이 훼손될 수밖에 없다는 것이다.

삼차적인 대상은 사상이나 의식에 부정적인 영향을 미치는 어휘들이 대상이 된다. 인민의 낙원이라는 북한 사회를 기준으로 생각할 때, 지난날의 낡은 사회가 배태한 반동적이고 뒤떨어진 사상이 언어 속에 아직도 남아 있어 이를 제거해야 한다는 것이다. 언어는 그 자체 견고하고도 치밀한 체계를 가지고 있으며 언어 의식, 언어 생활 습관은 쉽게 변하지 않는 완고한 특성을 가지고 있다. 그리고 언어적 현상은 다른 사회적 현상의 발전에 비해 매우 느린 속성이 있으므로 민족적 허무주의와 사대주의를 불식시키고 민족의 자존과 존엄을 지키기 위해서 사상 생활에 부정적 영향을 미치는 봉건 통치배들의 언어, 종교적, 미신적 관념의 언어는 말다듬기의 대상에 올려 하루 빨리 청산하여야 한다고 주장한다. 그리고 이러한 의식을 바탕으로 다듬어진 말들이 오늘날 남북한 언어의 이질화를 가져오게 한 주 대상이 되고 있음도 자명하다.

그런데, 이러한 어휘들을 다듬는 과정에서도 다음과 같은 부류들은 말다듬기 대상에 포함시키지 않고 「눌러두고 쓸 어휘」라는 이름으로 유지시켜야 한다고 하였다.

첫째, 토착화된 한자어는 말다듬기의 대상으로 하지 않는다. 일반적으로 토착화된 한자말이라고 하면 그 뜻과 사용의 측면에서 고유어와 같은 정도의 일상적인 단어들을 말한다. 이 부류에 속하는 한자어들은 몇 가지의 유형으로 나눌 수 있다. 우선 단어의 말소리에서나 뜻에서 한자어 본래의 것과 달라진 것이다. 한자어 '천지'는 '하늘 땅'이라는 의미를 가지고 있었으나 의미 변화를 거쳐 '무척 많은 상태', '가득차 있는 상태'의 뜻을 가지고 있으면서 주로 구어에서 쓰이고 있다. 다음으로 한자어로서의 모양을 가지고 있으나 언어 생활에서 그것이 한자어라는 것을 거의 의식할 수 없게 된 것들이다. '수염', '비단', '약', '양말', '별안간', 여전하다', 골몰하다' 등의 단어가 이에 속하는데 말다듬기의 대상이 되지 않는다. 마지막으로 어휘론적으로 한자어의 특성이 명확해서 그것이 한자어로 인식되지만 역시 고유어와 같은 정도로 일상적인 한자 어휘들이다. '학교', '회의', '압력', '공장', '공업' 등이 그것이다. 이상 세 가지 유형의 토착화된 한자어는 말다듬기의 대상에서 제외하고 있다.

둘째, 세계 공통적인 어휘는 말다듬기의 대상으로 하지 않는다. 세계 공통적인 어휘는 세계 여러 나라에서 동일한 음성 구조와 동일한 의미 구조를 가지고 사용되는 어휘이다. 예컨대, '포르테', '필름', '텔레비전', '아그레망', '프로톤', '로켓', '프로그램' 등과 같은 단어들이다. 외래적인 요소가 차용될 당시에 민족적인 것과 대립적인 관계에 놓이게 되면 외래적인 요소는 민족적인 것에 의하여 내쫓기거나 동화되어 버린다. 만일 동화되지 않은 채 뒤섞인다면 그 언어는 아주 혼란스럽게 되고 만다. 그러나 외래적인 요소가 민족적인 것과 대립의 관계가 아니라 상호 보충하는 관계에 있게 된다면 이는 민족어를 더욱 풍부하게 하는 중요한 요소가 되는 것이다. 그런데 세계 공통적인 어휘들은 민족적인 요소들과의 관계에서 어느 하나가 다른 것을 밀어내는 관계에 있는 것이 아니라, 서로 보완하는 관계에 있는 것이다. 그리하여 세계 공통어는 말다듬기 대상에서 제외되는데 이는 나라와 나라 사이의 접촉과 교류가 그 어느 때보다 강화되어 가는 오늘의 현실에 전적으로 부합되면서 민족 의식 발전에 아무런 부정적 영향도 주지 않기 때문에 당연한 것으로 받아들여야 한다고 보았다.

이러한 「눌러두고 쓸 어휘」들은 말다듬기 사업이 진행될수록 국제적인 관계나 대중들의 수용 과정을 고려하여 점차적으로 늘려 가고 있는 추세이다. 한 예로, '아이스크림'은 1986년 『다듬은 말』에서는 '얼

음보숭이'로 다듬었으나 이후의 『조선말대사전』(1992)에서는 다시 '아이스크림'으로 바꾸고 있다.14)

1.3. 남북한 말다듬기 비교

여기서는 남북한 말다듬기의 공통점과 차이점에 대해서 살펴보기로 한다.

남북한 말다듬기의 공통점은 우선 말다듬기를 하게 된 취지가 원칙적으로 같다는 것이다. 즉, 일본말의 잔재를 없애고 일본식 한자어나 한자어를 고유어로 바꾸고자 하는 것이다. 우리말을 억누르던 일본어의 잔재를 없앰으로써 우리 민족의 주체성과 자주성을 높이겠다는 것이다. 다만, 북한에서는 조선 시대를 봉건사회로 규정하고 이러한 봉건의식을 담고 있는 한자어를 쓰지 않아야 한다고 하였다. 이에 반해, 남한에서는 가급적 어려운 한자어를 쓰지 말아야 한다는 데에는 공감하나 조선 시대에 쓰였던 한자어를 타도해야할 대상으로 보지 않고 이를 현대적으로 계승하는 과정에서 잘 쓰이지 않거나 어려운 한자말만을 정리의 대상으로 삼는다.

그리고 남북한 모두가 어휘를 말다듬기의 주대상으로 하고 있다는 것이다. 남한의 국어 순화의 대상 및 원칙은 1977년 문교부에서 정한 「국어 순화 세칙」에 구체적으로 명시되어 있다. 이 세칙에 따르면 국어 순화의 대상은 발음, 어휘, 문법, 맞춤법, 언어 활동들을 포함하되 어휘를 우선적으로 하며, 그 가운데서도 일반 용어 및 널리 알려진 전문 용어 순화를 먼저 하도록 하고 있다. 그 구체적 대상은 일본식 한자어, 한자어, 외래어(일본식 서양 외래어 등)들이다. 순화 방법에 있어서는 고유어(표준어)로 바꿈을 이상으로 하지만 적절한 말이 없을 경우에는 널리 알려진 고유어로 바꾸는데, 적절한 말이 없을 때에는 새 말을 만들어 쓰고, 그래도 부적절한 경우에는 적절한 옛말, 방언에서도 쓰도록

---

14) 북한에서는 말다듬기 사업을 통하여 1980년대까지 약 5만여개의 어휘를 다듬었으나 『다듬은 말』(1986)에서는 이전의 다듬은 말 중에서 절반 정도를 폐기하고 2만 5천개만 올리고 있다. 그리고 이들 중 많은 어휘들은 1992년에 밀간한 『조선말대사전』에서도 제외되고 있다.

하고 있다.15)

　　북한의 말다듬기 역시 발음이나 규범보다도 어휘를 주된 대상으로 하고 있다. 북한에서는 말다듬기 사업을 '어휘 정리'라고도 한다. 이는 북한의 말다듬기의 주 대상이 발음이나 문법, 맞춤법보다 어휘가 됨을 보여 주는 것이다. 북한에서 펴낸 『다듬은 말』(1986, 과학, 백과사전출판사)은 학술 용어/일반어/동식물 이름/벼, 과일 이름/광물, 암석 및 고생물 이름으로 나누어서 정리하고 있는데 그 대상의 폭이 넓고 상당히 체계적이다.

　　다듬어야 할 어휘들을 고유어로 바꾸고, 방언에서 좋은 말들을 찾아 쓰고, 새 말을 만들어 쓰도록 하는 것 등도 남북한이 거의 비슷하다. 또 한자어와 외래어라 하더라도 우리말로 완전히 굳어 버린 것은 그냥 두도록 하여 어느 정도 말다듬기에 융통성을 부여하고 있다.

　　한편, 남북한 말다듬기의 두드러진 차이점은 사업의 주체에 있다. 우선, 남한은 정부의 주도 아래 지속적으로 말다듬기를 추진해 왔지만 다듬어진 말에 대해 표면적으로 드러나는 강제성은 없다. 물론 교과서나 공공성을 띤 출판물에서는 이러한 말들이 적극 권장되지만 이러한 말들이 즉시 사전에 수록되거나 일반 국민들에게 피부에 와 닿을 수 있을 정도로 홍보되거나 교육되지는 않는다. 그리고 남한에서는 정부의 역할 못지 않게 민간 단체의 역할이 크다. 특히, 해방 초에 변변한 지원 체제도 갖추지 못할 시절에는 거의 민간 단체가 중심이 되어 말다듬기 사업이 이루어졌다. 반면에 북한은 일단 정리된 말은 『다듬은 말』로 묶여지고 새롭게 출간되는 사전에 올리게 되어 그 영향력이 증대된다. 또한, 정리되는 과정에서 여러 형태의 토론회를 갖게 되고 여기에 전문가뿐만이 아니라 일반 대중들도 참여하게 된다. 또, 집단적인 학습 과정을 통해서 이러한 말들이 동시적으로 전파된다.

　　남북한 말다듬기에서 나타나는 또다른 차이는 체계성과 일관성이다. 남한에서는 1976년에 가서야 상설기구도 아닌 비상설 심의기구인 국어심의회를 구성하여 말다듬기 사업을 추진하고 있다. 반면, 북한은 해방 직후인 1947년부터 본격적으로 말다듬기 사업을 시작하고 있으

---

15) 허철구(1993) 참고.

며 일정한 시기마다 이전 사업에 대한 반성과 아울러 보다 체계적인 사업을 추진하기 위해 노력하고 있다. 이제 남한에서도 국립국어연구원을 설립하고 국어 순화 운동을 체계적이고도 지속적으로 추진하기 위한 자료 수집과 정리 사업을 병행해 가고 있어 이전보다는 훨씬 좋은 성과가 나올 것으로 기대한다. 다만, 남한에서의 말다듬기 사업이 성공하기 위해서는 민간 단체들의 협조가 필수적이다. 따라서 이들 단체들을 잘 활용하면서 운동의 추진 방향을 제대로 설정해 주는 것이 무엇보다 필요하다.

2. 남북한의 어휘16)

2.1. 남한의 표준어와 북한의 문화어

표준어와 문화어의 정의

남한의 표준어17)에 대한 처음의 정의를 살펴 보면 다음과 같다.

표준말 : 표준말은 대체로 현재 중류 사회에서 쓰는 서울말로 한다.
「한글맞춤법 통일안」 총론 2항(조선어학회. 1933. 10.)

이러한 정의는 1988년 문교부가 고시한 〈표준어 규정〉에서는 그

---

16) 이 항목에서는 편의상 남북한 어휘를 분리하지 않고 함께 비교해 보는 방식을 택하기로 하겠다.
17) 김민수, 『국어정책론』(1973:69~71)에서는 표준어와 방언의 차이를 다음과 같이 요약하고 있다.

표 준 어	방 언
있어야 할 말	있는 그대로의 말
이념적, 추상적인 말	구체적, 실재적인 말
인위적인 말	자연적인 말
객관성을 추구하는 말	주관성을 반영하는 말
특정 지역어를 바탕으로 하는 말	모든 지역어를 바탕으로 하는 말

정의가 약간 달라졌다.

> 표준어 : 표준어는 교양인들이 두루 쓰는 현대 서울말로 정함을 원칙으로
> 한다.
>
> 「표준어 사정 원칙 총칙(1)」(1988)

남한에서는 최근 '표준말'이란 용어가 '표준어'로 바뀌었고, 시기가 '현재'에서 '현대'로, 신분 집단이 '중류 사회'에서 '교양인'으로 바뀌었다.

북한에서는 '문화어'라는 용어를 사용하고 있는데 이도 처음에는 남한과 같이 '표준어'를 사용한 적이 있다. 이에 대한 정의를 살펴보면 다음과 같다.

> 표준어 : 표준어는 조선 인민 사이에 사용되는 공통성이 가장 많은 현대어
> 가운데서 이를 정한다.
>
> 「조선어 철자법」(조선 민주주의 인민 공화국 과학원, 1954)

> 문화어 : 주권을 잡은 로동계급의 당의 령도밑에 혁명의 수도를 중심지로
> 하고 수도의 말을 기본으로 하여 이루어지는, 로동계급의 지향과
> 생활감정에 맞게 혁명적으로 세련되고 아름답게 가꾸어진 언어,
> 사회주의 민족어의 전형으로서 전체 인민이 규범으로 삼는 문화
> 적인 언어이다. 우리의 문화어는 위대한 수령 김일성 동지의 주
> 체적인 언어사상과 당의 올바른 언어정책에 의하여 공화국 북반
> 부에서 혁명의 수도 평양을 중심지로 하고 평양말을 기준으로 하
> 여 우리 인민의 혁명적지향과 생활감정에 맞게 문화적으로 가꾸
> 어진 조선민족어의 본보기이다.
>
> 『조선말 대사전』(1992)

북한에서는 '표준어'를 '문화어'로, 표준 언어 집단을 '조선 인민'으로 했다가 '로동 계급'으로, 언어 중심 지역을 '평양'으로 바꾸고 있다.

이상에서, 남한의 '표준어'와 북한의 '문화어'는 언어의 표준 지역과 표준 집단이 서로 다른 것을 알 수 있다.

표준어와 문화어의 역사적 성립 과정

우리나라에서 표준어 문제가 대두된 것은 일제 강점기 때이다. 조선총독부에서 발표한 「보통학교용 언문철자법」(1912)에서는 "경성어를 표준으로 함"이라고 하였으며, 조선어학회의 「한글맞춤법통일안」(1933)에서는 "표준말은 대체로 현재 중류사회에서 쓰는 서울말로 한다"라고 규정하고 있다. 이러한 바탕 아래 1936년 조선어학회에서 「조선어 표준말 모음」을 제정 발표하였는데 사정 어휘는 표준어 6,231개, 약어 134개, 비표준어 3,082개, 한자어 100개 등이었다.

광복 이후 남한에서는 이를 1980년대까지 계속 사용해 왔다. 1970~1977년 사이에 한글학회를 주축으로 여러 어문 단체가 '국어 조사 연구 위원회'를 구성하여 9천여 개의 표준말 자료를 새로 내놓았다. 1988년 문교부가 고시한 새 「표준어 규정」에 따른 '어휘 목록'과 1990년 문화부에서 공고한 「표준어 모음」에 실려 있는 표준어는 그간의 '국어 조사 연구 위원회'가 마련한 표준말 자료 중 2천개를 골라 표준어와 비표준어를 고른 것이다.

북한은 분단 이후 자신들이 이룩한 정권에 대한 정통성을 세우는 일이 필요했고, 그동안 언어 현실도 많은 변화가 있었으며 주체 사상이 체계화되면서 북한의 언어 정책에도 이를 반영할 필요가 있었다. 따라서 고유 어휘의 발전, 방언 어휘 발굴, 고유 지명 활용 등을 통하여 언어 생활을 풍부하게 하고 정치사상성을 강화할 목적으로 문화어가 새롭게 제시되었다.

문화어는 1945년에 「조선어 철자법」을 내놓고 기존의 표준말 일부만을 수정하던 방식에서 벗어나, 1966년 김일성의 교시에 따라 평양을 중심으로 한 북부 지역 방언을 바탕으로 한 독자적인 규범어로 성립되었다. 이후 1980년까지 평안, 함경, 강원 방언 가운데 3,100여 개를 문화어에 보충시켰다(김병제, 방언사전, 1980). 이후에도 계속 방언이나 새말들을 발굴하여 『조선말 대사전』(1992)에 어휘들을 추가시키고 있다.

2.2. 남북한의 어휘 차이

맞춤법에 따른 차이

(1) 두음법칙의 적용 여부에 따른 차이

남북한 표준말이 처음으로 달라진 것은 1948년에 북한에서 맞춤법의 일부를 달리하면서부터였다. 그 가운데 가장 큰 차이는 북한이 한자말을 소리마디마다 해당 한자음대로 적는 원칙에 따라 말 첫소리의 'ㄴ, ㄹ'을 그대로 적도록 한 것이다.

〔남한〕	〔북한〕
여성	녀성
요소	뇨소
임시	림시
노동	로동
내일	래일
영리하다	령리하다
낙화유수	낙화류수
미풍양속	미풍량속

(2) '사이시옷'의 적용 여부에 따른 차이

남한에서는 한자어 중에서 관용을 인정한 6개와 고유어와 고유어, 고유어와 한자어의 합성어에 대해서는 사이시옷을 쓴다. 그러나 북한에서는 일반적으로 사이시옷을 쓰지 않는다.

〔남한〕	〔북한〕
밧줄	바줄
텃세	터세
빗물	비물
숫자	수자
멧돼지	메돼지

(3) 외래어 표기의 차이

남한과 북한은 외래어를 표기하는 방식에서도 차이가 있기 때문에 같은 대상이나 뜻을 전달하는 말의 형태가 다르게 표시되는 경우가 많다. 특히, 북한의 외래어는 러시아어를 통해서 들어 온 것들이 많다.

〔남한〕	〔북한〕
토마토	도마도
컵	고뿌
트랙터	뜨락또르
컴퓨터	콤퓨터
디스토마	지스토마
탱크	땅크
리본	리봉
그래프	그라프
배드민턴	바드민톤
마라톤	마라손

(4) 예사소리와 된소리의 대립에 의한 차이

남한에서는 된소리로 표기되는 어휘가 북한에서는 예사소리로 표기되는 것이 있다. 이는 그 말의 어원에 충실하기 위한 것으로, 북한의 형태주의 표기 원칙과 일치한다.

〔표기〕	〔발음〕
색갈	색깔
손벽	손뼉
잠간	잠깐
번	뻔
빛갈	빛깔
이발	이빨
날자	날짜

북한에서는 위의 예들을 예사소리로 표기하고 있으나 실제의 발음에서는 남한과 같이 된소리로 발음한다.

한편 위의 예와 빈대로 남한에서 예사소리로 표기되는 것이 북한에서는 된소리로 표기되는 것이 있다.

〔남한〕   〔북한〕
조각   –   쪼각
조박   –   쪼박
안간힘 – 안깐힘
원수   –   원쑤

위의 예에서 보듯이 예사소리의 어휘가 된소리의 어휘로 바뀐 원인은 격렬한 감정을 표출하기 위한 것으로 보이는데 의미의 특성으로 보아 〔원쑤〕가 그러하다. 따라서 〔원수(元首)〕와 〔원쑤(怨讐)〕가 확실히 구분되고 있다.

(5) 한자어의 독음법에 따른 차이

남북한이 같은 한자어를 쓰고 있지만 이를 다르게 소리내거나 표기하는 경우가 있다.

〔남한〕   〔북한〕
개전(改悛) – 개준
갹출(醵出) – 거출
오류(誤謬) – 오유
표지(標識) – 표식
객담(喀痰) – 각담
왜곡(歪曲) – 외곡
발췌(拔萃) – 발취
항문(肛門) – 홍문

표준말 어휘의 차이[18]

(1) 형태가 다르고 뜻이 같은 말

어휘의 형태는 다르나 뜻이 같은 말은 남북한 언어의 차이를 가장

---

18) 이 부분은 김정숙(1989:227-238)의 내용을 많이 참고하였음.

두드러지게 하는 것들이다.

① 말다듬기에 의한 차이
북한은 말다듬기 사업을 추진하면서 한자어나 외래어를 없애고 고유어를 새로 살려 쓰려는 노력을 많이 기울였다. 이러한 과정에서 얻어진 어휘에는 남한의 『쉬운말사전』에 올라 있는 말과 같거나 비슷한 말들이 많이 있다.

        개재하다 → 끼어있다(끼어들다)
        첨가하다 → 덧붙이다. (덧)보태다
        개방하다 → 열어 놓다
        매점   → 가게
        색인   → 찾기(찾아보기, 찾아내기)
        주석   → 풀이
        도해   → 그림풀이
        선별   → 골라내기
        자승   → 제곱

그러나 다음과 같은 말들은 서로 다른 방향으로 다듬어져서 양쪽이 전혀 다른 말을 쓰고 있다.

        날조하다 → (남) 가짜 만들다, 생으로 꾸미다
                 (북) 꾸며내다, 지어내다
        편성하다 → (남) 짜다, 엮다
                 (북) 짜다, 묶어짜다, 별러짜다
        베레모 → (남) 베레모
                 (북) 꼭지모자
        벤또   → (남) 도시락
                 (북) 밥곽, 곽밥
        연륜   → (남) 나이테
                 (북) 해돌이, 해무늬

다음과 같은 경우는 남한에서는 아직 다듬어지지 않았으나 북한에서는 이미 고유한 말로 다듬어진 예들이다.

> 시제 → 시간
> 과거 → 지난시간
> 현재 → 지금시간
> 미래 → 오는시간
> 선과거 → 지지난시간
> 직접화법 → 바로옮김법
> 간접화법 → 풀이옮김법

② 방언을 표준말로 바꾼 표준어와 문화어

남한에서는 방언을 새 표준말로 살려 복수 표준어로 인정한 것이 세 개 있다.

> 멍게(=우렁쉥이)
> 물방개(=선두리)
> 애순(=어린순)

또, 종전의 표준말을 없애고 방언을 표준말로 격상시킨 것이 일곱 개 있다.

> 귀밑머리(×귓머리)　　까뭉개다(×까무느다)
> 막상(×마기)　　빈대떡(×빈자떡)
> 생인손(×생안손)　　역겹다(×역스럽다)
> 코주부(×코보)

북한에서는 이 일곱 개 중 '귀밑-머리/귀-머리, 까-뭉개다/까-무느다, 역-겹다/역-스럽다'를 모두 문화어로 다루면서 약간의 의미 차이가 있는 말로 보았다.

북한은 남한의 표준어를 대체할 문화어를 제정하면서 수도인 평양말을 중심으로 한다고 하였지만 이 외에도 북부 지역 방언들을 많이 받아 들이면서 남북한간 표준말의 차이를 보이고 있다.

내굴(평안, 함경)↦내(연기)
내구럽다(함경)↦냅다
넉줄(평안, 황해)↦넌출
망돌(함경, 황해)↦맷돌
아츠럽다(함경)↦애처롭다
아지(함경, 평안, 강원)↦어린 가지
인차(함경)↦곧

③ 사역형, 피동형에서의 차이
북한의 『조선어문법』에서는 동사의 사역형과 피동형을 입음상, 시킴상 등 상 범주에 관련시키고 있다.

　　ㄱ. 타동사의 사역형은 〔어간 + -이-, -히-, -리-, -기-, -이우-〕
　　ㄴ. 타동사의 피동형은 〔어간 + -이-, -히-, -리-, -기-〕
　　ㄷ. 자동사의 사역형은 〔어간 + -이-, -히-, -리-, -기-, -이우, -구〕
　　ㄹ. 자동사의 피동형은 〔어간 + -이-, -히-, -리-〕

　　남한에서는 사역형과 피동형을 만드는 것이 북한과 약간의 차이를 보이고 있다. 남한에서 사역형을 만드는 〔-우-, -추-〕가 북한에서는 사용되지 않고 있으며, 그 대신 남한에서 사용하지 않는 〔-이우-〕를 사용하고 있다. 그런데 많은 생산성을 가지고 있는 이 〔-이우-〕형은 사역형과 피동형에도 보이고 있어 형태만으로는 구별이 힘들기 때문에 문맥 속에서나 파악된다. 북한에서 〔-이우-〕의 사용으로 인하여 큰 차이가 나타나며, 다른 것은 대개 같은 형이다. 사역형과 피동형의 사용 예는 다음과 같다.

　　(가) 사역형
　　　　벗기우다 - 벗게 하다/ 벗기다
　　　　감기우다 - 감게 하다
　　　　놀래우다 - 놀라게 하다
　　　　자래우다 - 자라게 하다
　　　　빛내우다 - 빛내다

(나) 피동형
 갇히우다 - 갇히다
 밟히우다 - 밟히다
 가리우다 - 가려지다
 볶이우다 - 볶이다
 채우다 - 차이다

④ 파생어, 합성어에서의 차이

북한에서 파생동사를 만드는 방법에는 ㉠접사결합, ㉡어근합성, ㉢음운교체, ㉣품사전성, ㉤의미변화에 의한 다섯 가지가 있고, 파생형용사를 만드는 방법에는 ㉠, ㉡, ㉢의 세 가지가 있다. 그런데 ㉢, ㉣, ㉤의 경우는 남북한이 거의 같으나, ㉠, ㉡에 의해 파생된 어휘 가운데는 남한과 많이 다르다. 접사의 결합과 어근합성에 의한 조어법은 남한에 비해 높은 생산성을 보이고 있으며 파생어뿐만 아니라 복합어에서도 나타나고 있다.

〔-히〕   : 살랑히, 시들히
〔-성〕   : 경각성
〔-되다〕   : 애로되다
〔-롭다〕   : 고르롭다
〔-짓다〕   : 총화짓다
〔-지다〕   : 차례지다, 주렁지다
〔-차다〕   : 아름차다, 성차다
〔-하다〕   : 악착하다
〔-아/어내다〕 : 녹아내다
〔-아/어주다〕 : 배워주다, 바래주다
〔-아/어대다〕 : 고아대다, 울러대다
〔-아/어돌다〕 : 날아돌다
〔-아/어들다〕 : 쓸어들다, 맞아들다
〔-아/어맞다〕 : 급해맞다, 바빠맞다
〔-아/어번지다〕 : 끊어번지다

⑤ 상징어(의성어 · 의태어)의 차이

똑같은 소리라도 언어공동체의 청각영상에 따라 다르게 받아 들이고 다르게 표현하기도 한다. 이는 문화와 역사가 다르기 때문인데, 남북이 분단된 지 반세기가 넘고 있으나 의성어에서만은 차이가 거의 없다. 그러나 의태어에서는 많은 차이가 나타난다. 다음은 북한에서 사용하는 상징어의 예이다.((   ) 안은 남한에서 표현 가능한 상징어이다)

왈랑절랑하는 소방울 소리(딸랑딸랑)
정숙이는 가슴이 후둑후둑 뛰었다.(두근두근, 벌렁벌렁)
넌 힘이 세다고 우쭐렁거리는데….(우쭐)
땀을 뻘뻘 흘립니다.(뻘뻘)
너도 나도 덩실덩실 춤을 추어요.(덩실덩실)

⑥ 일반적 형태의 차이

위에서 제시한 부류에 속하지 않으면서 새로운 형태의 단어들을 일부 제시하면 다음과 같다.

〔남한〕	〔북한〕	〔남한〕	〔북한〕
탁구공	탁구알	가지런히	가끈히
대풍년	만풍년	구름다리	허궁다리
휴양소	정양소(靜養所)	아내	안해
외치다	웨치다	모래톱	모래불
재봉틀	재봉기	몰리다	몰키다

(2) 형태가 같고 뜻이 다른 말

남과 북은 현재 자본주의와 사회주의라는 전혀 다른 사회 체제하에 살고 있다. 이러한 과정에서 이전에는 같은 의미를 지니고 있던 단어라 할지라도 서로 다른 이념이나 가치 아래에서 새로운 의미를 지니거나 그 의미를 아주 달리하는 경우가 생기게 되었다. 이러한 요소는 남북한의 언어 통일을 막는 또 다른 장애물이 될 것이다.

갈기 (남) : 말, 사자 따위의 목덜미에 난 긴 털.
  (북) : ① 말, 사자 같은 짐승의 목덜미에 난 긴 털. ② ≪물거품을 일으키며 타래쳐밀리는 물마루≫를 비겨 이르는 말. ③ ≪바람에 타래쳐날리는 눈발≫을 비겨 이르는 말.
교시(敎示) (남) : ① 가르쳐 보임. ② 지침이 되는 가르침
  (북) : ① ≪혁명의 위대한 수령 김일성동지께서 밝혀주신 혁명과 건설에서 강령적 지침으로 되는 가르치심≫을 이르는 말.
동무 (남) : ① 늘 친하게 어울려 노는 사람. ② 뜻을 같이 하고 가깝게 지내는 벗.
  (북) : ① ≪로동계급의 혁명위업을 이룩하기 위하여 혁명대오에서 함께 싸우는 사람≫을 친근하게 이르는 말. ② 같이 어울리여 사귀는 사람.
부자 (남) : 살림이 넉넉한 사람
  (북) : ① 낡은 사회에서 : (착취와 협잡으로 긁어모은) 많은 재산을 가지고 밥먹고 잘 사는자. ② ≪(일정한 명사다음에 쓰이여) 그 명사가 나타내는 대상을 매우 많이 가진 사람≫을 나타내는 말.
복덕방(福德房) (남) : 집, 토지 같은 것의 팔고 사는 일 또는 개인끼리의 돈을 빌고 빌리는 일 따위를 중개하는 곳.
  (북) : ① 낡은 사회에서 : 복과 덕을 알선해주는 방이라는 뜻으로 ≪집주름이 모여 집이나 토지를 사고 팔거나 빌려주고 빌려쓰는 일을 소개하는곳≫을 이르는 말. ② ≪인심이 좋아 편의를 잘 돌봐주는 주인집≫을 비겨 이르는 말.
아버지 (남) : ① 남성 어버이. ② 아들이나 딸을 가진 남자. ③ '처음으로 어떤 일을 개척하거나 크게 베푼 사람'을 그 방면의 창시자라는 뜻으로 일컫는 말.
  (북) : ① 자기를 낳은 어머니의 남편 또는 가정적으로 그러한 위치에 있는 사람. ② ≪모든 사람들이 흠모하는, 사회정치적생명을 안겨주신분≫을 다함없는 친근감을 가지고 높여 부르는 말. ③ 혈연적관계가 없는 ≪나이가 자기 아버지와 비슷한 남자≫를 높여 이르는 말.

(3) 새롭게 생긴 말

남과 북은 새롭게 전개되는 사회의 다양한 모습을 언어로 표현하기 위해서 때로는 다른 언어를 빌어다 쓰기도 하고 이것이 여의치 않을 때

는 새말을 만들기도 한다. 이러한 새말은 이전까지 남과 북이 서로 접해 보지 않았던 것이므로 남북한 사람들이 대화를 나눈다면 전혀 의사소통이 이루어지지 않거나 오해를 불러일으킬 수 있다.

〈남한말〉
걸림돌, 교통체증, 그린벨트, 때밀이, 끈끈이, 오렌지족, 눈높이, 도우미, 돈가뭄, 소주방, 빨래방, 떡값, 돈방석, 오빠부대, 새내기, 선이자, 실명제, 실버산업, 아르바이트, 먹거리, 마당발, 머리방, 바캉스, 폭탄주, 홀로서기

〈북한말〉
허전감(＝허전한 느낌), 셈세기(＝셈을 세는 일)
살랑히, 명랑히, 드문히, 시들히
인민배우, 공훈배우, 인민기자, 세포위원장, 종파분자
밥공장, 직업동맹, 강철고지, 광업총국

(4) 북한의 속어, 비어

남과 북은 많은 비속어를 사용하고 있다. 여기서는 남한의 비속어는 생략하기로 하고 북한의 비속어만 다루기로 하겠다.

북한의 화법(話法)은 주어와 목적어의 신분에 따라 서술어의 선택이 남한과 다르다. 즉 그 대상이 미제국주의나 남한 및 지주일 경우는 서술어도 적의를 품은 어휘로 쓰며, 속어 비어 등 난폭하고 거친 어휘로 표현한다. 이러한 용어는 초등학교용 교과서에서도 쉽게 찾아 볼 수 있다.

원쑤놈의 불구멍을 가슴으로 막다.
감독놈의 이마빼기를 찍어넘기고….
미제놈의 기관총을 까부시다.
승냥이 대갈통을 짓조겨주네.
그놈의 대가리를 내리치다.
산속을 게싸들듯 돌아치던 놈.
미국놈들을 까눕혔습니다.
선교사놈은 눈깔을 사납게 부릅뜨고….
할아버지는 그놈(지주)의 상판을 힘껏 때렸습니다.

이 외에도 '쳐부시다, 까부시다, 쓸어눕히다. 거지같은 자식, 순사놈, 왜놈' 등의 표현이 있다.

(5) 남북한의 은어

남북한은 모두 시대에 따라 여러 형태의 은어[19]들이 나타나고 있다. 먼저 남한의 청소년들 사이에서 최근에 유행하는 은어 몇 가지를 소개하면 다음과 같다.

짱 : 아주. 대빵(으뜸). 굉장하다 등등
(왕.영.은)따 : 각각 완전히 따돌림. 영원히 따돌림. 은근히 따돌림
야리까다 : 담배피다
생까다 : 완전히 헤어지다.
깔식 : 새로 사귄 이성 친구를 친구에게 소개하는 의식
엄창 : 맹세
원빵 : 패싸움
생일빵 : 생일날 축하해주며 때리는 의식
담탱이 : 담임선생님
백가리 : 백댄서
꼬댕이 : 공부도 못하고 놀지도 못하는 아이
줍밥 : 친구 사이에 인기가 없는 아이
날라리 : 잘 놀고 공부도 잘하는 아이
송방 : 노래방.

남한에서는 요즘 PC 통신의 발달과 함께 통신 언어에도 관심이 집중되고 있다. 주로 청소년들 사이에서 쓰여지는 통신언어의 경우 기존의 어문 규범을 무시하거나 문법을 파괴하고 새로운 의미를 추가하고 있어 PC 통신어를 접해 보지 못한 언중들이나 기성 세대 사이에 의사

---

19) 은어의 형성에 관한 몇 가지 원인이 장태진(1971)에서 제시되고 있다.
　① 종교적 동기에서 형성된 은어가 있다. 예를 들면 심마니어와 같은 것인데 산신숭배 사상을 바탕으로 하는 것이다.
　② 상업적 동기에서 형성된 은어가 있다. 예를 들면 많은 상인어에서 보게 되는 바, 소장수의 은어인 '돈의 은어'와 같이, 주로 '셈의 은어, 돈의 은어' 등 제한된 부문에 은어가 있다.
　③ 방어적 동기에서 형성된 은어이다. 예를 들면 범죄자들의 은어를 보게 되는데 비밀어가 중요한 특징이다.
　④ 언어 유희의 동기에서 형성된 은어이다. 예를 들면 많은 학생들의 은어에서 볼 수 있다.

소통의 단절을 가져올 수 있다는 염려가 제기되기도 한다.

> 사랑하다 : 따랑하다, 살앙하다, 샹하다, 쇠랑하다, 쌍하다, 쌀랑하다, 쌀앙
> 하다, 쏴랑하다, 쌍하다, 짜랑하다
> 파이팅(fighting) : 빠링, 빠룅, 빠이팅, 빠팅, 파링, 파위팅, 파이팅구르, 파
> 팅, 파퉝, 팟팅, 하팅, 화룅, 화링, 화이룅, 화이링, 화팅, 홧팅, 홨팅

위의 두 예처럼 유사한 음을 이용하여 여러 가지 다양한 형태의 말들을 생성하고 있는데, '사랑하다'의 변이형 중 '샹하다, 쌍하다 짜랑하다' 등은 PC 통신어를 접해 보지 않은 사람들은 그 의미를 전혀 알 수가 없을 것이다.

> 잠수 : 두 사람만이 들을 수 있는 귓속말
> 잠수방 : 귓속말 나누는 사람들만 모이는 모임
> 문닫다 : 공개방을 비공개방으로 전환
> 삽질 : 퍼온 글, 다른 사람이 쓴 글을 그대로 옮겨 적은 글
> 초청장 : 대화방으로부터 초대하는 메시지

위에서 제시된 예는 일반적인 상황에서 흔히 쓰이는 말들이 대부분이다. 그러나 이 말들이 PC 통신이라는 매체 내에서 쓰일 경우에는 새로운 의미를 담게 된다. 이러한 말들이 지속적으로 쓰일 것인가 아니면 일시적으로 쓰이다가 사라질 것인가는 분명하지 않다. 그러나 북한의 경우, PC 통신이 보편화되지 않은 상태에서 남북한 청소년들이 서로 의사 소통을 한다고 가정할 때, 이들 사이에는 남한의 신세대와 기성 세대 사이보다도 더 심각한 의사 소통의 단절을 가져 올 수 있을 것이다.

다음은 북한에서 사용하는 은어들을 살펴보기로 하겠다.[20]

① 당간부와 특권층에 관한 은어

> 재앙당 : 중앙당이 재앙만 가져온다고 비꼬는 말.

[20) 여기에서 사용된 자료는 주로 북한 관련 인터넷 사이트에서 제공되고 있는 자료들이 중심이 되고 있다.

콩사탕 : 공산당을 조롱하고 비웃는 말.
개똥모자 : 레닌모를 쓰고 다니는 당간부를 비꼬는 말.
가락국수 : 당간부들이 교양학습때 주민들을 가락국수 뽑듯 괴롭힌다는 말.
빠닥새 : 당과 행정간부들을 멸시하는 말.
뒷구멍치기 : 당간부들이 빽이나 암거래로 생필품을 구입하는 것을 비꼬는 말.
깔포대기 : 당정의 간부 부인들이 남편의 세도를 믿고 놀고 먹으면서 여자
　　　　　구실만 한다고 하여 빈정거리는 말.

　남한에서 공무원들이 능력과는 상관없이 정년이 보장되는 행태를 '철밥통'을 차고 앉아 있다고 비판하듯이, 북한에서도 당간부나 특권층에 대한 불만이 은어로 표현되고 있다.

　② 북한당국의 정책과 주민통제에 관한 은어

다마네기정책 : 아무리 벗겨도 내용이 구태의연한 북한 당국의 정책.
독거미 : 당의 비밀정보원이나 보위부원, 사복안전원 등을 지칭하는 말.
벌잠 : 사상 또는 이념에 관한 영화. 이런 영화의 관람에 주민들이 강제적
　　　으로 동원돼 영화는 보지 않고 잠만 자게 된다고 하여 생긴 말.
용광로(아궁이) : 주민들을 모아 각종 선동구호를 선창하게 하는 집회장.
빈대탄다 : 천리마운동 등으로 주민들의 몸에 있는 빈대까지 탈 정도로 노
　　　　　동력 착취가 극심하다는 말.
박수보약 : 집회나 학습때 박수를 많이 쳐야 신상에도 좋다는 말.

　남한에서는 사회적으로 통제가 심했던 군사 정권 시절인 60~70년대에 지식인들이나 대학가에 정권이나 정치, 사회와 관련된 은어가 풍미했던 적이 있었다. 북한에서도 국가가 직접 사상적으로 통제를 하는 상황에서는 이러한 부류의 은어가 많을 수밖에 없다.

　③ 주민생활에 관한 은어

개탈병 : 얼굴이 누렇게 뜨고 신경쇠약에다 몸도 바싹 마른채 죽을 날만
　　　　기다리는 병.
무삼의료제도 : 병원과 의사, 약이 구비되어 있지 않은 북한의 무상의료제

　　　　　　도를 비꼬는 말.
생활조절위원회 : 부유층을 상대로 절도행위를 하는 도둑.
폭탄밥 : 폭탄을 맞아 움푹 들어간 것처럼 그릇에 조금만 담긴 밥.
염소대조탕 : 소금만 넣고 끓인 죽.
냄새배급 : 간부들이 결혼식때 피로연을 열지만 주민들은 그 냄새만 맡아
　　　　　　야 한다는 것을 지칭함.

　최근 북한의 극심한 식량난 때문에 어려운 현실을 풍자하는 은어들이 많이 생겨나고 있는 것 같다.

④ 성에 관한 은어

구들공사 : 자식이 많아야 배급을 많이 받을 수 있으므로 구들방에서 부부
　　　　　　관계를 많이 해야 한다는 말.
공동변소 : 매춘행위를 하는 여성.
오락행위 : 야간이나 한적한 곳에서 남녀가 정사를 벌이는 것.
해상여인숙 : 북한에는 여성근로자들도 어선에 승선, 어로작업에 종사할 수
　　　　　　　있도록 하는데, 어선에 승선한 어로공 여성들이 배에서 어로
　　　　　　　간부들과 성관계를 갖는다고 하여 나온 말.
간부절단기 : 문란한 성관계가 밝혀져 당간부가 처벌을 받게 된 경우 그
　　　　　　　상대 여성을 일컫는 말.

⑤ 김일성, 김정일 부자와 관련된 은어

ㄱ. 김일성을 지칭하는 은어
　　김만두동무 : '마적단 두목'의 약어
　　김피내동무 : '피비린내'의 약어
　　김人白동무 : '인간 백정'의 약어
　　金大地主 :　김일성이 북한의 모든 토지를 소유했다는 데서 연유
ㄴ. 김정일을 지칭하는 은어
　　올챙이 : 아직 모든 일이 미숙하다는 뜻
　　高度 : 굽이 높은 구두를 애용함을 비꼬아 이르는 말
　　색정이 : '색한'(色漢)이라는 뜻

3. 남북한의 사전

3.1. 사전 편찬의 기본 원칙21)

사전 편찬의 전체적인 원칙과 방침은 3.3.에서 다루고 있으므로 여기서는 사전의 '뜻풀이(뜻매김)'의 기본 원칙을 주로 설명하기로 하겠다(조재수, 1984에서 인용).

① 뜻풀이는 정확해야 한다.
② 뜻풀이는 쉬워야 한다.
③ 뜻풀이는 간단 명료하되 모호한 말, 부정적 표현, 비유적 표현 따위를 피해야 한다.
④ 한 갈래의 풀이는 한 가지 표현 서술로 끝나는 것이 좋다.
⑤ 국어 사전의 뜻풀이에 그 씨가름(품사분류)에 따른 풀이가 요구된다.

이상에서 사전은 정확성, 용이성, 간결성 등이 있어야 함을 말하고 있다. 그러나 사전은 이 밖에도 사전을 이용하는 사람들이 신뢰할 수 있어야 하고 일반 대중들의 기호에 맞도록 편찬되어야 한다.

3.2. 남한의 사전

(1) 『큰사전』(1957), 『중사전』(1958), 『새한글사전』(1986), 『우리말 큰사전』(1991)

1929년 10월 31일에 108명의 발기로 '조선어사전편찬회'를 조직한 가운데 권덕규 외 32인의 사업 추진 준비 위원과 신명균, 이극로, 이윤재, 이중화, 최현배 등 5인의 집행위원을 두고 조선어사전의 편찬 작업을 시작하였다. 1936년 4월에 이 사전 편찬 사업이 조선어학회로 넘어가면서 작업에 박차를 가하여 1942년에는 조판까지 이루어지던 중 조선어학회사건이 일어나 출판의 뜻을 이루지 못하고 해방을 맞이

---

21) Ⅲ장에서는 남북한의 어휘를 다루고 있으므로 사전 편찬의 원칙도 주로 어휘적인 부분만을 설명하기로 하겠다.

하게 되었다. 1947년 10월에 첫째 권이『조선말 큰사전』이란 이름으로 출판되었다. 그리고 1949년 5월과 1950년 6월에 2,3권이 출판되었다. 6·25 전쟁으로 나머지 부분의 출판이 늦어지다가 1957년 6월에 여섯 권 전부를 완간하였는데 이 때는『큰사전』(한글학회)으로 이름을 바꾸어 출간하였다. 총 3,571쪽(머리말 2, 편찬의 경과 6, 범례 6, 본문 3,559, 큰사전 완성 보고서 2)으로 구성되었다.

『큰사전』은 "현대에 표준으로 쓰이는 순조선말, 한자말, 외래어, 숙어, 각종 전문어들은 물론이요, 옛말, 이두말, 옛제도어, 각 지방의 널리 쓰이는 사투리, 변말, 곁말 및 내외 각지의 유명한 땅이름, 사람이름, 책이름, 명승고적의 이름들까지 널리 망라하고, 필요에 따라 중요한 종합 용어와 이미 쓰이는 마디말(慣用語句)들도 수용"했다. 이 사전의 편찬 간행은「한글맞춤법통일안」(1933)의 개정안과「조선어표준말모음」(1936)의 원칙을 따랐다.

표제항의 수효는『큰사전』의 경우 164,125항이다. 그 구체적인 분류는 다음 표와 같다.

	순우리말	한자말	외래어	합 계
표준말	56,115	81,362	2,987	140,464
사투리	13,005	—	—	13,006
고유명사	39	4,165	999	5,203
옛 말	3,013	—	—	3,013
이 두	1,449	—	—	1,449
마디말	990	—	—	990
합 계	74,612	85,527	3,986	164,125

『중사전』은『큰사전』의 절반(총 1,760쪽)에 해당하는 분량으로 현대성과 실용성을 내세우고 있다.『새한글사전』은 앞의『중사전』을 보충 수정하여 낸 것으로 분량(총 1,288쪽)은 약간 적은 편이다. 한글학회는 기존의 사전 편찬 작업의 성과를 아울러서 1991년『우리말 큰사전』을 편찬하여 어문각에서 발행했다. 우선 올림말의 어휘수가 54만여 개로『큰사전』(1957)의 올림말보다 2.5배나 많다. 그리고 현재 북한

에서 사용되는 말 중에서도 정선하여 올린 반면에 기존의 사전이 가지고 있는 백과사전식 나열을 지양하기 위하여 사람이름이나 땅이름들을 가급적 줄이고 국어에서는 거의 쓰이지 않는 한자말이나 외래어들을 줄이고 있다. 부록으로는 이두와 옛말을 수록하였다.

(2) 『국어대사전』(1961), 『국어대사전(수정증보판)』(1982)
　민중서관에서 발행한 이희승 편, 『국어대사전』(1961)은 국어 사전이면서 백과 사전이나 각종 전문 서적의 구실을 겸할 수 있도록 편찬한 것이다. 따라서 그 수록 어휘는 국어 항목에 관해서는 고대로부터 현대에 이르기까지 표준어·비표준어·방언·속어·곁말·심마니말·궁중어·고어·이두·관용어구·속담 등을 널리 수집하였고, 또 백과사전적인 항목은 철학·논리…… 문학 등 온갖 분야에 걸친 사항·용어 외에 인명·지명·책이름·곡명 등의 고유 명사 및 외래어·시사어·신조어·유행어들을 그 중요성·영구성·빈도수에 따라 올리고 있다. 이 사전은 총 어휘수가 23만여 개이며 총 3,348쪽에 달하고 있다. 『국어대사전(수정증보판)』(1982)은 『국어대사전』(1961)에 관용어·신어·전문어를 추가하여 총어휘수가 42만여 개에 이르고 4,502쪽에 달하는 분량이나 백과사전식 나열은 그대로이다.

(3) 『표준국어사전』(1958), 『새우리말 큰사전』(1974)
　『표준국어사전』(1958) 편찬과 함께 오랜 동안 국어사전 개발에 노력한 신기철·신용철님이 편찬한 것이 『새우리말 큰사전』(1974)이다. 『국어대사전』과 마찬가지로 우리말 사전이면서 백과 사전이나 여러 전문 사전의 구실을 겸할 수 있도록 엮은 큰 사전이다. 어휘 수가 31만여 개이고, 분량은 총 4,012쪽에 달한다. 이 사전은 1986년 제7차 수정증보판을 내고 있다.

(4) 『표준국어대사전』(1999)
　『표준국어대사전』은 이제까지 민간단체나 개인이 편찬하던 사전과는 달리 개국이래 처음으로 국가 기관에서 주도하여 편찬한 사전이다.

1992년부터 사전 편찬에 착수한 국립국어연구원은 표준국어대사전 상·하 양권을 발행했다.

이 사전에는 표준어를 비롯하여 북한어, 방언, 옛말 등 50여만 단어가 수록되어 지금까지 나온 사전 중에서 가장 많은 어휘수를 보이고 있다(전문어 190,000, 북한어 70,000, 방언 20,000, 옛말 12,000. 중복 단어는 각각 계산). 전체 면수는 7,300여 면으로 기존의 대사전과 비교하면 최대 두 배 정도이다. 200여 명에 이르는 박사 과정 수료 이상의 국어국문학 전공자가 집필과 교열에 참여하였으며, 전문어는 따로 120여 명의 해당 분야 전문가에게 감수를 받았다. 8년 동안 500여 명의 인원이 편찬에 참여하였으며, 112억 원(국립국어연구원 92억 원, 두산동아 20억 원)의 예산이 들어 지금까지 국내에서 이루어진 사전 편찬 작업 중에서는 최대 규모이다.

『표준국어대사전』의 특징은 다음과 같다.

첫째, 일반 원칙만을 정하고 있는 현행 어문 규정을 구체화하였다. 그동안 기존 사전들이 표기나 표준어 판정에 적지 않은 차이를 보여 국어사전을 찾아보는 사람들이 혼란을 겪어야 했다. 이에 따라 국립국어연구원은 한글 맞춤법, 표준어 규정, 외래어 표기법 등 현행 어문 규정에 정해진 원칙을 구체적인 단어 하나하나에 적용하여 단어를 사정하고 사전에 제시하여 사전을 찾는 사람들이 혼란을 겪지 않도록 하였다.

둘째, 북한어를 대폭 수록하였다. 북한에서 1992년에 간행한 조선말대사전을 참고하여 북한에서만 쓰이는 말뿐만 아니라 남북의 어문 규정의 차이로 북한에서 달리 표기하는 단어들까지 실었다. 단어의 표기가 남한의 어문 규정과 다를 때는 남한식 표기 정보도 제시하였다.

예) 가갸시절, 가계사[1], 가공라선로, 가급, 가까운갈래, '가난'의 속담

셋째, 예문을 풍부하게 제시하였다. 예문이 부족하다는 점은 그동안 우리 국어사전의 큰 문제점으로 지적되어 왔다. 연구원에서는 5,000만 어절 분량의 자료를 입력하여 이를 편찬에 활용하면서 많은 단어에 용례를 제시하였다.

예) 가게채, 가경[4], 가계[3], 가근방, 가궁하다

넷째, 단어의 쓰임에 관한 다양한 정보를 제공하였다. 용언과 어미가 결합할 때 변화하는 모습인 활용형을 모든 용언에 제시하였다. 또한 체언과 조사가 결합하거나 용언과 어미가 결합하여 발음이 바뀌는 경우에도 그 정보를 제시하였다. 대사전으로는 처음으로 각 용언이 어떤 문장 구조를 이루는가에 대한 자세한 정보도 모든 용언에 제시하였다.

예) 가녘, 가는잎할미꽃 / 가꾸다, 가꾸러지다, 가깝다 / 가급적, 가공하다[3] / 가하다[1], 가깝다, 가꾸다, 가누다.

다섯째, 어원 정보를 보완하였다. 17세기 이전에 간행된 옛날 문헌에 처음으로 나타났을 때의 모습과 그 출전을 제시하였으며 현대 국어에 이르기까지 변천도 함께 제시하였다.

예) 가[1], 가까스로, 가깝다, 가꾸다, 가냘프다

여섯째, 정부 조직 개편 등 1999년까지의 최신 정보를 수록하였다. 또한 부록으로 기본 단어 중심의 용언 활용표, 로마자 순서로 정리된 외래어 표기 목록 및 학명 목록을 수록하여 이용자가 한글 표기에 관한 정보를 찾아보는 데 도움이 되도록 하였다.

사전의 올림말과 뜻풀이

여기서는 남한에서의 사전 편찬 사업을 주도적으로 이끌어 온 한글 학회가 펴낸 『우리말 큰사전』(1991)을 설명하기로 하겠다.

가) 올림말의 범위와 뜻풀이

(1) 올림말의 범위
이 사전에 싣는 말(올림말)은 그 종류로 보아 '낱말, 이은말(숙어),

마디(절), 줄기(어간), 뿌리(어근), 가지(접사), 씨끝(어미)'들이다. 이 올림말들은 그 성격에 따라 다음과 같이 나뉜다. 먼저 표준어가 있는데 이에는 고유어와 외래어로 나눌 수 있다. 다음은 표준어가 아닌 사투리(방언), 변말, 곁말, 잘못 적는말들과 속된말, 낮은말, 옛말과 이두말과 표준어로 인정되지 않는 외래어 등이 포함된다. 또, 전문 용어, 지난 시대의 사회 문화 용어, 일의 이름, 직명과 단체 이름, 민족과 신의 이름, 성씨와 일부 사람(역대 왕 들)의 이름, 역사상의 나라와 땅의 이름, 국학 관계의 문헌과 문화재 이름 등이다. 사람 이름, 땅이름들의 고유명사는 원칙적으로 다루지 않으나 위에 밝힌 대로 역사 및 국학 관련의 일부 어휘는 올림말로 다루었다.

(2) 뜻풀이

① 기본 뜻을 앞세우고 번져 나간 차례로 ①②③…의 갈래를 보인다. 뜻의 갈래가 복잡한 경우는 먼저 Ⅰ, Ⅱ…로 큰 갈래를 보이며, 또한 기본 뜻갈래에 포함되면서도 약간의 다른 특징을 띠는 경우에는 ㉠㉡…으로 나타낸다.

(보기) 놓다 ⓤ(남) Ⅰ① 물건을 옮기거나 하여 어떤 데에 있게 하다. ② 어떤 기구, 장치, 구조물 따위를 베풀다. ③ 넣거나 박거나 하다. ㉠ 꾸밈 따위로 넣거나 박다. (ㅂ) 무늬를 ～. 자개를 ～. ㉡ 솜이나 털 따위를 넣다. ㉢…. ④…. Ⅱ ① 들이고 있던 힘을 도로 풀다. ② 자유롭지 못하던 상태를 풀다. ③….

② 한뜻말의 뜻풀이

ㄱ. 표준말과 표준말
   (보기) 갈¹ ㉠((식))＝갈대.(*뜻풀이를 보인 말로 대어 준다.)

ㄴ. 준말과 본말
   (보기) 갈 : ⁴㉠ '가을'의 준말.
        가을㉠ … ㉥갈⁴

ㄷ. 원말과 변한말

　(보기) 곤 : 난 ㉑ '곤란'의 원말 〔困難〕

　　　　 곤 : 란 ㉑ … 〔〈困難〕

ㄹ. 한자말·외래말 들과 우리말

　(보기) 광선 ㉑ = 빛살.

　　　　 빛-살 ㉑ … ㉠광선. 광채²

　　　　 글라 : 스 ㉑①유리2. ②유리잔. 〔영. glass〕(*'='표를 하
　　　　 지 않고, '유리². 유리잔'에서 한뜻말로 '글라스'를 보이기를 생
　　　　 략한다.)

ㅁ. 표준말과 표준말 아닌 말

　사투리는 '→'표로 그 표준말을 가리켜 주거나, 표준말이 없는 사투리는
　뜻풀이를 하고 그 지역을 도 단위로 밝혀 준다. 이때 전국적인 것으로
　보이는 사투리는 지역 밝히기를 생략한다.

　(보기) 가새³ ㉑ → 가위¹.

　　　　 가실³ ㉑ → 가을. (강원. 경상. 전라).

　　　　 건건-ㅎ다 ㉠(여벗) 바람이 건들건들 불어서 시원하다.(제주).

　　　　 헤기다 ㉱(남) ① → 뚱기다. ②→켕기다.(평북).

ㅂ. 변말, 곁말, 속된말, 낮은말 따위

　(보기) 검은-약 〔-냑〕 ㉑ '아편'의 변말. 〔-藥〕

　　　　 감장-콩알 ㉑ '총알'의 곁말.

　　　　 무리미 ㉑ ①'밥'의 심마니말. ②…

　　　　 동그랑-땡 ㉑ '돈저냐'의 통속적인 말.

　　　　 대가리 ㉑ ①'머리¹'의 낮은말. ②…

ㅅ. 잘못 쓰는 말, 억지 쓰지 말아야 할 외래어 따위

　(보기) 억-매다 ㉱(남)→얽매다

　　　　 수속⁶ ㉑→절차². 〔일, 手續〕

　　　　 청부 : ⁴ ㉑→도급¹. 〔일, 請負〕

③ '~하다' 풀이씨 따위의 뿌리.

ㄱ. 종래 이름씨(명사)로 다루어 온 '한자말-하다'꼴 그림씨(형용사)의 뿌리
　와 서양말들 가운데 자립성이 없는 것은 이름씨로 다루지 않고 뿌리로

다룬다.

(보기) 굉장 : - ⇨굉장하다. 〔宏壯〕

　　　확실- ⇨확실하다. 〔確實〕

　　　와일드- ⇨와일드하다. 〔영. wild〕

ㄴ. 종래 이름씨로만 풀이하고 '~하다' 파생 움직씨(동사)를 풀이 끝에 형
태만 보이던 것을 이름씨와 아울러 '~하다' 파생 움직씨도 기본 올림말
자리에 다루도록 한다. 다만, 뜻풀이는 그 뿌리인 이름씨에 바로 기댈
수 있는 경우에도 보이지 않고, 그 이름씨에 '가 보라'는 표(⇨)로 대신
한다.

(보기) 결혼 ㉖ 정식으로 부부 관계를 맺음. 〔結婚〕

　　　결혼-하다 ㉾(제)(여벗) ⇨ 결혼. 〔結婚-〕

④ 그 밖

ㄱ. 풀이하는 월의 마침은 이름꼴('-ㅁ, -음')로 하되, 둘째 월 이하는 베풂
꼴('-다')로 한다.

ㄴ. 입음꼴(피동형), 하임꼴(사동형)의 풀이도 '~을 당하다, ~게 되다/~
게 하다' 따위로 일반스럽게 풀이한다.

ㄷ. 역사 용어로 다루는 임금 이름에는 풀이 끝 ( ) 속에 생존과 재위 기간
을 보인다.

ㄹ. 각 원소 이름에는 풀이 끝 ( ) 속에 원자기호, 원자번호, 원자량 등을
보인다.

ㅁ. 토박이말 셈 단위 앞에는 우리 셈말을 주로 쓰고(보기 : 한 자, 서 푼,
넉 되, 다섯 냥, 열 마지기), 서양말 셈 단위 앞에는 아라비아숫자를 주
로 쓴다. (보기 : 1㎝, 2g, 99%)

(3) 보기글

뜻풀이가 끝난 뒤에 그 올림말이 쓰인 보기글(이은말, 마디, 월)을
보인다. 따온 글에는 〈지은이:글 제목〉을 보이되 고전 문예작품 들에는
주로 작품 이름만 보이고, 가지의 경우는 그 파생말들을 보기로 들어 놓
는다. 옛말과 이두의 보기글 출처는 '옛말 따온 문헌들'로 밝힌다.

(4) 관계말

뜻풀이와 보기글 다음에 그 올림말과 관련이 깊은 다른 올림말들을 보여 준다. 관계말로는 '준말, 거센말, 센말, 여린말, 작은말, 큰말, 한뜻말, 맞선말, 참고말'들을 그 줄임말표로 보인다.

   (보기) 가을-갈이 卽 … 㕛갈갈이. 慶추경. 뫙봄갈이.
       빈둥-빈둥 卽 … (거센)핀둥핀둥. (센)뻔둥뻔둥. (작은)밴둥밴둥

(5) 말밑(어원)

뜻풀이, 보기글, 관계말 뒤 〔　〕 안에 보인다.
① 토박이말은 그 말밑인 옛말 또는 원말.

   (보기) 가을 卽 … 〔<ᄀᆞᅀᆞᆶ〕
       겨우-내 卽 … 〔겨울내〕

② 한자말은 한자로 보이되, 취음은 그 앞에 '취'라고 밝힌다. (*취음은 순수한 토박이말에 한자를 빌어 쓴 것인데 이것은 말밑과는 관계가 없다.)

   (보기) 문명^2 卽 … 〔文明〕
       사발 卽 … 〔취. 沙鉢〕

③ 그 밖의 외래어들은 로마자로 적되 그 언어의 이름을 줄임말로 보인다.

   (보기) 아이스-크림 : 卽 … 〔영. ice cream〕
       다다미 卽 … 〔일. tatami〕
       만만-띠 卽 … 〔<중. manman tê〕

(6) 올림말의 차례
① 글자 차례
   첫소리 : ㄱ ㄲ ㄴ ㅥ ㄷ ㄸ ㄹ ㅁ ㅂ ㅲ ㅳ ㅃ ㅄ ㅶ ㅵ ㅴ ㅳ

ㅸ ㅅ ㅺ ㅻ ㅼ ㅽ ㅆ ㅾ ㅿ ㅇ ㆀ ㆆ ㆁ ㅈ ㅉ ㅊ ㅋ
ㅌ ㅍ ㅎ ㆅ

가운뎃소리 : ㅏ ㅐ ㅑ ㅒ ㅓ ㅔ ㅗ ㅘ ㅙ ㅚ ㅛ ㆇ ㆈ ㆉ ㅜ ㅝ
ㅞ ㅟ ㅠ ㆊ ㆋ ㆌ ㅡ ㅢ ㅣ ㅗ ᆢ ㆍ ㆎ

끝소리 : ㄱ ㄲ ㄳ ㄴ ᇅ ㅦ ㅧ ㅨ ㄵ ㄶ ㄷ ㄹ ㄺ ㅩ ㅪ ㄻ ᇑ
ㄼ ㅫ ㄽ ㅬ ㅭ ㄾ ㄿ ㅀ ㅁ ᇚ ㅮ ㅯ ㅰ ㅱ ㅁ ㅯ ㅂ
ㅄ ㅸ ㅅ ㅆ ㅿ ㅇ ㆁ ㆁㄱ ㆂ ㅈ ㅊ ㅋ ㅌ ㅍ ㅎ

② 형태가 같은 말의 차례

다음과 같은 가름에 따라 차례를 잡고 어깨번호(보기 : 자리[1], 자리[2], …)를 매긴다.

ㄱ. 씨(품사)의 차례 : 이름씨(명사), 대이름씨(대명사), 셈씨(수사), 움직씨(동사)((제움직씨, 남움직씨, 도움움직씨, 모자란 움직씨)), 그림씨(형용사)((도움그림씨, 모자란그림씨)), 잡음씨(지정사), 매김씨(관형사), 어찌씨(부사), 느낌씨(감탄사), 토씨(조사), 줄기(어간)((도움줄기)), 뿌리(어근), 앞가지(접두사), 뒷가지(접미사), 씨끝(어미).
'준말'은 토씨 다음에 둔다.

ㄴ. 표준말을 먼저, 표준말 아닌 말을 나중에 둔다. 표준말 아닌 말들은 '속된말, 낮은말, 방언, 변말, 곁말, 잘못 쓰는 말' 들의 차례로 싣는다. (한편, 옛말과 이두말은 딴 책에 싣는다.)

ㄷ. 토박이말을 먼저, 한자어, 그 밖의 외래어를 나중에 둔다. 곧, 토박이말, 취음한 말, 토박이말-한자어(외래어), 한자어(외래어)-토박이말, 한자어, 외래어(동양, 서양) 따위의 차례로 싣는다.

ㄹ. 위의 같은 항에 드는 말이 여럿일 때는 대개 다음과 같은 가름으로 차례를 잡는다.

- 짧은소리, 긴소리의 차례
- 한자말은 획수의 적고 많은 차례
- 발음란의 없고 있는 차례 (보기) 문과[1], 문화[2] 〔-꽈〕/문자[1], 문자[2] 〔-짜〕
- 일반어, 전문어의 차례

3.2. 북한의 사전

북한에서는 그들의 공화국 창건을 세상에 선포한 지 한 달밖에 안 되는 1948년 10월에 김일성이 언어학자들에게 『조선말사전』 편찬이라는 임무를 줌으로써 최초로 사전 편찬 작업이 시작되었는데 전쟁으로 인해 그 결과가 세상에 나오지 못하였다.

휴전이 이루어지고 3년이 지난 1956년에 『조선어소사전』을 발간한 것을 비롯하여 1960~1962년에는 『조선말사전』(전6권)을, 1968년에는 『현대조선말사전』을, 1973년에는 『조선문화어사전』을, 1977년에는 『우리말사전』(학생용)을 발간했다. 또 1981년에는 김일성의 70회 생일에 맞추어 『현대조선말사전』(제2판)을 발간하였는데 이는 13만 수천 단어를 담은 중사전 규모이다. 1992년에는 김일성의 80회 생일과 김정일의 50회 생일에 맞추어 『조선말대사전』이 발간되었다. 이 사전에는 총 33만여 개의 올림말이 수록되어 있는데 지금까지의 북한사전 연구를 집대성하고 있다.

이하에서는 1984년의 『사전편찬리론연구』(정순기, 리기원)를 중심으로 북한의 사전 편찬에 대한 이론을 살피고 아울러 북한의 주요 사전인 『조선말사전』(1962), 『현대조선말사전』(1968), 『조선문화어사전』(1973), 『현대조선말사전』(제2판)(1981), 『조선말대사전』(1992)에 대해 알아보기로 한다.

(1) 『조선어 소사전』(1956)

과학원 조선어 및 조선문학연구소에서 편찬했다. 총 721쪽(머리말 2, 범례 10, 본문 709)으로 총어휘수는 41,927개이다. 이 사전이 북한에서는 처음으로 펴낸 국어 사전으로 보인다. 이 사전은 1948년 북한 내각에서 조선어문연구회로 하여금 『조선어사전』을 편찬케 하고 출판 인쇄과정까지 맞추었으나 전쟁이 발발하자 뜻을 이루지 못한 적이 있었는데 당시 이 『조선어사전』은 약 10만 어휘를 수록했다고 하였다.

실용성을 강조한 소사전인데, 표준말 일부를 수정한 외에는 대체로 『조선어사전』의 방식을 지키고 있다. 그러면서도 그들의 철자법 및 문법 체계를 따라 처음으로 낸 사전으로서 전쟁 및 전후의 북한 생활과 관련된 어휘들을 정리하여 수록하고 있다.[22]

(2) 『조선말사전』(1962)

과학원 언어문학연구소 사전연구실에서 편찬했다. 전 6권으로 되어 있으며 1960년부터 1962년까지 출간되었다. 총 187,137개의 어휘를 수록했으며, 1965년판 사전은 총5,065쪽(머리말 2, 일러두기 8, 본문 5,054, 조선말 간행을 끝내면서 5)이다.

이 사전은 『조선어 소사전』(1956)보다 4배나 많은 어휘를 수록했으며 "19세기의 '언문일치운동' 시기부터 1960년대초에 이르기까지 출판물에 쓰인 현대조선어 어휘들을 폭넓게 수록"하고 있어서 조선 인민이 일제의 통치로부터 해방된 이후 진행된 새로운 사회주의 건설과 관련하여 나타난 새로운 표현, 새로운 의미들을 광범위하게 반영하려고 노력했다.

그리고 뜻풀이에서도 기존의 사전보다 더욱 세밀하게 분석하고 있으며, 단어의 개념과 의미의 상호 관계, 단어의 기본의미와 파생의미, 본의미와 전이의미의 상호 관계, 의미의 변화 등에 대한 설명도 기하고 있다. 예를 들어 '가다'의 뜻풀이의 경우, 『조선말소사전』에서는 7~8개로 풀이하던 것을 『조선말사전』에서는 크게 4가지로 나누어 설명하면서도 구체적인 분석까지 합하면 24가지로 풀이해 주고 있다.[23]

(3) 『현대조선말사전』(1968)

사회과학원 언어학연구소에서 편찬했다. 총 1,355쪽(머리말 2, 일러두기 3, 본문 1,350)으로 약 5만개의 어휘를 수록한 소사전 규모이

---

22) 박재수(1999:130)에서는 이 사전이 올림말의 수록범위나 단어의 뜻풀이에서의 제한성으로 인하여 발전하는 현실적 요구를 충족시키지 못하고 있으며 뜻풀이를 어렵게 하였거나 결함이 많고, 철자법이 틀린 것 등 오류가 많았음을 지적하고 있다.

23) 이 사전에 대해서도 몇 가지 문제점들을 지적하고 있는데 무엇보다도 올림말 선정에서 조선어의 민족적 특성을 올바로 살리지 못하고 있으며 버려야할 한자말들을 가감 없이 올려서 인민들에게 불편을 주었고 서울말 중심사상에서 완전히 벗어나지 못하였다고 비판하고 있다(박재수, 1999:132). 이로 보아 이 사전은 당시 북한에서 한자말을 고유어로 바꾸려는 말다듬기 사업을 제대로 반영하지 못한 것과, 남한에서 발간한 『큰사전』(1957)의 영향을 받은 것에 대해 비판을 받고 있는 것 같다.

다. 이 사전은 "『조선말사전』이 가지고 있는 부족한 점을 퇴치하고 올림말 선정에서부터 뜻풀이와 예문 선정에 이르기까지 모든 내용을 당의 유일사상 체계가 철저히 선" 사전이라고 평가하고 있으며 "당시 말다듬기 운동의 성과들에 토대하여 일상적으로 쓰지 않는 한자말과 외래어를 철저히 올리지 않는 원칙에서 올림말 문제를 해결하고 있다"고 하였다.

(4)『조선어문화어사전』(1973)

사회과학원 언어학연구소에서 편찬했다. 총 1,063쪽(머리말 1, 일러두기 3, 본문 1,060)으로『현대조선말사전』에 수록된 어휘들을 보충하고 다듬어서 약 7만여 개의 어휘를 수록하고 있다. 이 사전의 올림말은 고유어를 기본으로 하여 평양말이 기준이 된 조선문화어의 어휘들을 비교적 폭넓게 싣고 있다.

(5)『현대조선말사전(제2판)』(1981)

백과사전출판사에서 발행했다. 총 2,960쪽(머리말 1, 일러두기 5, 본문 2,954)으로 약 13만 6천여 개의 어휘가 수록되었다. 이 사전은 김일성의 70회 생일에 맞추어 발간된 것이다.

> 무엇보다도 위대한 령도자 김정일원수님께서 밝혀주신 사전편찬원칙과 방향에 따라 발전하는 현실적 요구를 충족시킬 수 있도록 올림말의 폭을 크게 넓혔다.
> 사전에서는 위대한 수령님께서와 경애하는 김정일원수님께서 몸소 쓰신 어휘표현들을 빠짐없이 올리도록 하였으며, 혁명소설, 혁명가극, 혁명연극, 혁명영화 등 혁명적문예작품들에 쓰인 어휘들, 그 밖의 사상교양자료들과 대중과학기술서적들, 신문, 잡지 등 여러 출판물들에서 쓰인 어휘들을 많이 올리도록 하였다.
>
> (박재수, 1999:138).

이처럼『현대조선말사전(제2판)』은 북한의 어학 혁명적 특성을 적극적으로 반영한 사전이다.

(6) 『조선말대사전』(1992)

이제까지 북한에서 출판된 사전은 여러 가지였지만, 대부분 소사전 내지는 중사전 규모였다. 그런데 이 『조선말대사전』은 1985년부터 사회과학원 언어학연구소가 주관 부서가 되어 7년 동안의 노력 끝에 방대한 규모의 대사전을 완성하고 있다. 이 사전은 2권 2책으로 구성되었는데 총 3,818쪽(머리말 1, 일러두기 5, 본문, 본문 3,812(권말 부록 포함))이다.

이 사전은 1960년대 후반부터 유지해 오던 사전 편찬의 원칙인 주체성, 당성과 노동계급성과 인민성, 현대성, 과학성과 규범성, 민족성의 원칙을 유지하고 있다. 그리고 사전에 수록된 올림말의 수뿐만 아니라 수록 범위가 상당히 넓어졌다. 인민 대중들 속에서 널리 쓰이고 있는 고유어와 한자어는 물론이고 외래어 사회 정치 용어와 각 분야의 학술 용어들 및 항일 투쟁 시기의 주요 사적과 세계적으로 널리 알려진 사변, 사건, 유물, 유적과 관련한 단어들, 포괄적인 고장 이름, 그리고 낡은 투의 한자말과 역사어, 고어, 방언까지도 올리고 있다. 또, 부록에는 빈도수가 높은 어휘일람표를 제시하고 있다.

또한, 이전까지의 어휘 정리 사업에서 새롭게 정리되고 수정된 어휘들을 수록하고 있다. 『현대조선말사전』에 수록되었던 다듬은 말 중 '두성꽃(양성화), 배곯기(복명), 살가죽밑주사(피하주사), 한성꽃(단성화)' 같은 것들은 원래 말을 올림말로 잡고 있다. 그리고 언어 생활에서의 규범성을 더욱 강조하여 고유한 조선말을 살려쓰도록 여러 가지 기호 형식으로 표시해 주고 있다(⊗ : 쓰지 말라는 표식, ⇒ : 될수록 고유어를 쓰라는 표식, → : 비문화어라는 표식).

사전 편찬의 기본 원칙

일반적으로 북한의 사전 편찬에 대한 기본 원칙은 1984년에 평양의 사회과학출판사에서 발행한 『사전편찬리론연구』(정순기, 리기원)에 잘 정리되어 있다.24) 머리말에는 김일성과 김정일이 밝혀 준 뜻풀이

---

24) 이 책은 사전 편찬의 4대 원칙이라 할 수 있는 내용을 머리말에서 설명한 후에 4장으로 구성되어 있다. 제1장

사전의 기본 원칙인 주체성의 원칙, 당성, 노동계급성, 인민성의 원칙, 현대성의 원칙, 과학성과 규범성의 원칙 등이 소개되고 있다.

첫째, 주체성의 원칙은 "주체사상화위업을 다그치기 위한 사상·기술·문화의 3대 혁명 수행에 적극 이바지 할 수 있게 하는 혁명적인 원칙"(정순기·리기원, 1984:5)이라는 것이다.

우리가 일반적으로 생각하는 "주체성"과 유사한 의미를 북한 사전에서도 올리고 있다.

> 언어학에서 주체를 세우는것은 고유한 우리 말과 글을 발전시켜 아름다운 우리 민족어의 고유성을 더욱 살려나가며 사람들에게 민족적 자부심과 긍지를 높여주는데서 근본적의의를 가지는 참으로 중요한 문제이다.
>
> ≪현대조선말사전≫(1981) 머리말

그러나 북한에서 말하는 "주체성"은 보다 강한 이념성을 내포하고 있다.

> 우리는 무엇보다먼저 사상에서 주체를 철저히 세워 모두가 다 우리당의 사상으로 튼튼히 무장하고 우리당의 사상밖에는 그 어떤 다른 사상도 받아들이지 않는다는 튼튼한 립장에 서도록 하여야 하겠습니다.
>
> ≪김일성 저작집≫ 권21 437쪽

결국, 북한에서의 주체성의 원칙은 당이 제시하는 유일하고 고유한 사상만을 사전 편찬에 반영해야 한다는 것을 의미한다.25) 따라서 사전의 올림말 선정이나 뜻풀이에서도 이러한 사상성에 따라 의미가 새롭게 해석될 수 있는 여지가 생긴다. 이러한 원칙은 이미 김수경(1965:11)에서도 언급되고 있으며 1960년대 후반부터 나오기 시작하는 사전들이 모두 통제적 기능을 강조하고 있는 것으로도 알 수 있다.26)

은 우리말 사전의 올림말, 제2장은 우리말 사전의 뜻풀이, 제3장은, 특수한 부류에 속하는 단어들의 뜻풀이, 제4장은 단어들의 문법적 특성에 대한 풀이의 순서로 짜여져 있다. 이 책이 발간된 이후로 나온 사전 편찬 이론서로는 『주체의 백과사전편찬리론연구』, 김홍일·서만호(1987)와 『사전편찬학개론』, 김학련(1994) 등이 있다.

25) 박재수(1999:132)에서는 ≪조선말사전≫(1960~1962)에서는 "단어의 뜻풀이에서 정치사상성과 과학성을 철저히 보장하지 못한 결함"이 있음을 비판하고 있는데 이후에 나온 사전으로 통제적 기능이 강조되고 있는 ≪현대조선말사전≫(1969)에 대해서는 "조선어의 주체적발전을 힘있게 담보해주도록 되어있는" 것이라고 말하고있다.

둘째, 당성, 노동 계급성, 인민성의 원칙은 "우리말 뜻풀이사전의 계급적성격과 본질적특성으로부터 흘러나오는 근본원칙의 하나"이므로 "사전의 내용과 형식의 모든 면에서 수령에 대한 충실성의 기본요구를 철저히 구현하며 수령의 혁명사상과 그 구현인 우리당의 로선과 정책을 정확히 관철하도록 한다는 것"(정순기·리기원, 1984:6)을 말하는 것이다. 다시 말하여 사전의 내용과 형식에서 수령의 혁명 사상과 당의 노선을 충실히 지키면서도 인민들의 생활 언어와 인민들에게 쉽게 교양할 수 있는 사전의 체제나 풀이를 한다는 것이다. 이는 사전이 갖추어야 할 것 중의 하나인 보다 세밀한 언어 정보보다는 인민 대중의 수용성에 더 많은 관심을 두고 있음을 보여 주는 것이다.

셋째, 현대성의 원칙은 "사전의 올림말구성과 뜻풀이에서, 사전의 형식과 체계에서 언어 발전의 현실태를 정확히 반영하며 새로운 시대의 요구와 인민들의 시대적 감정, 지향에 맞게 모든 문제를 처리해나간다는것"(정순기·리기원, 1984:6~7)을 말한다. 시간적으로는 현대라는 시기를 바탕으로 하기 때문에 옛말은 여기에서 제외되며 계층적으로는 일반 대중을 의식하기 때문에 전문성보다는 실용성을 중시하게 된다.27) 그리고 시대적으로는 낡은 봉건 사회가 무너지고 새로운 이념 하에 세워진 공산주의 시대이므로 이러한 시대의 정신을 담아야 한다는 것이다.

넷째, 과학성과 규범성의 원칙은 과학적으로 정확한 내용을 엄격한 언어 규범으로 나타내는 것을 뜻한다. 그리고 이러한 과학성과 규범성이 보장되어야 사전 이용자들에게 정확한 지식과 올바른 언어 생활의

---

26) 조재수(1991:485)에서는 주석 사전을 그 성격에 따라 "통제 사전"과 "참고 사전"으로 나누면서 ≪현대조선말사전≫(1969) 이후 20여 년 간 북한에서는 이러한 통제 사전들이 계속해서 출판되고 있다고 하였다.

27) 그러나 이러한 "현대성의 원칙"은 초기의 중, 소사전만을 편찬할 때에는 잘 지켜졌지만, 후기에 편찬되는 사전일수록 이런 원칙이 소홀해진다. 그 예로 박재수(1999)는 ≪조선문화어사전≫(1973)이 사전으로서의 제 역할을 다하고 있지 못함을 다음의 내용에서 지적하고 있다.

혁명소설 등에서 나오는 어려운 한자말과 한문투의 말을 올리지 않은 것으로 하여 혁명소설을 필독도서로 하고있던 학생들과 지식인들에게 실제적인 도움을 주지 못하고있었다. 위대한 수령 김일성대원수님께서는 이러한 실태를 깊이 헤아리시고 주체63(1974)년 11월 현재 쓰이고 있는 한문투의 말도 사전에 넣을데 대한 가르치심을 주시였다. (136쪽)

또한, ≪조선말대사전≫(1992)에서는 이전의 사전에서는 실리지 않았던 옛말 만오천여 개(이두말 이천개 포함)를 포함시키고 있다.

기준을 제공할 수 있으며 일반 대중의 언어 생활을 하나의 규범에 기초하여 통일적으로 꾸려 나가는 데 도움을 줄 수 있다는 것이다.

여기서 우리가 주목하고자 하는 것은 언어 생활의 규범성과 통일성이다. 북한에서는 언어가 인간의 의식을 결정하는데 중요한 역할을 한다고 보기 때문에 낡은 의식을 담고 있는 말들을 버리고 사회주의 의식을 담을 수 있는 말들을 새롭게 만들거나 수용하고 있다. 그리고 이러한 말들을 하나의 규범에 기초하여 정리하고 이러한 말들을 모든 인민 대중이 통일성 있게 사용하게 해야 한다. 따라서 북한에서는 말다듬기 사업을 통해 정리된 말들을 대중들의 수용 여부와는 상관없이 사전에 올리고 있다. 반대로 남한 사전들에서 제시하고 있는 비어나 속어를 올리지 않고, 방언도 최근에 와서야 제한적으로 올리고 있다. 이러한 사실들은 북한 사전 편찬의 넷째 원칙이 적용된 예라 할 수 있다.

사전의 올림말과 뜻풀이

여기서는 지금까지의 사전 편찬 활동을 집대성했다고 볼 수 있는 『조선말대사전』(1992)의 특성을 설명하기로 하겠다.28)

가) 올림말과 뜻풀이

(1) 올림말

① 이 사전에는 오늘날 조선말에서 쓰이고 있거나 지난날 쓰였던 단어와 공고한 단어결합 및 성구와 속담들을 폭넓게 올리었다.

사전에는 우리 인민들속에서 널리 쓰이고 있는 고유어와 한자어, 외래어, 사회정치용어와 각 부문의 학술용어들 및 항일혁명투쟁시기의 주요사적들과 세계적으로 널리 알려진 력사적 사변, 사건, 유물, 유적과 관련한 용어들, 포괄적인 고장이름들 그리고 낡은투의 한자말과 력사어, 고어, 리두, 방언 등을 널리 올리었다.

---

28) 여기에서 제시되는 내용은 『조선말대사전』(1992)의 머리말에 소개된 내용을 정리한 것인데 조선어 철자법에 따라 제시된 내용의 대부분을 가감없이 실었다.

　　우리 말 문법구조의 특성을 고려하여 앞붙이(접두사), 뒤붙이(접미사), 토들도 독립적인 올림말로 올리였다.

　　② 사전에 올린 올림말의 원천은 다음과 같다.

　　ㄱ. 위대한 수령 김일성동지의 고전적로작들과 친애하는 지도자 김정일동지의 고전적문헌들에 나오는 사회정치용어를 비롯한 각종 어휘부류들.
　　ㄴ. 각 부문 과학기술 도서와 잡지 및 각급 학교교과서들에서 쓰인 과학기술용어를 비롯한 여러 어휘부류들과 그것을 고친 다듬은 말들.
　　ㄷ. 혁명적문예작품을 비롯한 문학예술작품들, 일반잡지들과 각종 신문들에서 쓰인 풍부한 고유어를 비롯한 여러 부류의 어휘들.
　　ㄹ. 해방전 19세기말 20세기초에 나온 국한문혼용체의 각종 자료들과 도서, 신문, 잡지들 및 고전소설 등 옛날 민족고전에 쓰인 한자말과 옛스러운 투의 우리 말들.
　　ㅁ. 해방후에 나온 조선말 뜻풀이사전류와 여러 과학기술사전 및 부문별사전들의 올림말들.

(2) 뜻풀이
① 뜻풀이의 기본원칙과 일반준칙

　　ㄱ. 경애하는 수령 김일성동지와 친애하는 지도자 김정일동지께서 개념이나 본질 또는 어휘적 뜻을 정식화해주신 올림말의 풀이는 위대한 수령님과 친애하는 지도자동지의 명제를 정중히 모시고 그에 기초하여 뜻풀이를 하였다.
　　ㄴ. 모든 올림말의 뜻풀이는 위대한 주체사상의 원리에 철저히 기초하여주었다.
　　ㄷ. 올림말에 대한 뜻풀이는 간결하고 알기 쉽게 하는것을 원칙으로 하였다. 그러나 올림말의 성격에 따라 일부는 어느 정도 상세하게 풀이하도록 하였다.
　　ㄹ. 뜻풀이에서는 문화어의 뜻체계를 정확히 반영하도록 하였으며 대사전의 특성을 고려하여 오늘날 쓰이지 않는 낡은 뜻도 일정한 전제밑에 다 밝혀주도록 하였다.
　　ㅁ. 사회정치용어와 일부 과학기술용어들은 그 본질적 내용 또는 개념을 정확히 풀이한 뒤에 필요한 보충풀이를 덧붙여주었다.

ㅂ. 고사와 유래가 있는 한자성어와 숙어 및 성구, 속담은 그 고사, 유래와 의미적 근거를 밝혀주면서 그 뜻을 풀이하였다.

ㅅ. 한 올림말에 여러 가지 뜻이 있는 경우에는 오늘날 우리 인민의 언어생활에서 많이 쓰이는 적극적인 뜻을 기본으로 하면서 의미발전의 과정도 정확히 알 수 있도록 차례로 뜻배렬을 하였다.

② 뜻풀이의 방식

ㄱ. 올림말에 대한 풀이는 원칙적으로 뜻같은말로 대치하는 방식을 쓰지 않고 뜻의 기본 표식을 잡아 직접 풀이를 주도록 하였다. 그러나 뜻이 꼭 같은 뜻같은말에 대하여서는 같은말과 련계를 지어주었다.

ㄴ. 한 단어안의 여러 뜻은 수자를 부호 ○안에 넣어서 갈라주었으며 아직 옹근뜻으로까지 갈라지지 않은 뜻은 같은 번호안에서 부호 D로 갈라서 주는 방식을 썼다.

ㄷ. 단어의 뜻과 쓰임을 정확히 알도록 하기 위하여 올림말이나 개별적 뜻이 일정한 시기 또는 일정한 부문에만 한정되거나 일정한 문체론적 특성을 가지는 경우에는 필요한 전제 또는 특성을 풀이의 앞과 뒤에 달아주었다.

원시사회에서 :　봉건사회에서 :　낡은 사회에서 :　유교적관념에서 : ≪…≫을 높여 이르는 말.　≪…≫을 롱으로 이르는 말.　≪…≫을 비켜 이르는 말.

ㄹ. 명사말뿌리와 ≪하다≫, ≪되다≫가 어울려서 이루어진 동사가 새 뜻을 가지지 않을 때에는 풀이를 주지 않았고 명사말 뿌리와 ≪하다≫가 어울려서 이루어진 형용사는 풀이를 주고 그의 어근적 단어는 ≪〈○○○하다〉의 어근적단어≫라고 준 것으로 풀이를 대신하였다.

ㅁ. 여러 개의 뜻을 가진 올림말에서 뜻파생의 갈래가 다르거나 문법적으로 서로 다른 부류에 속하는 뜻은 Ⅰ·Ⅱ·Ⅲ·Ⅳ 등으로 크게 갈라주는 방식으로 풀이하였다.

ㅂ. 올림말의 뜻풀이가 끝난 뒤에 필요한 경우에 뜻같은말 또는 뜻반대말을 주었다. 이때 그 뜻같은말이나 뜻반대말 앞에 부호 (=), ↔를 붙이였다.

미지 〔명〕 밀을 먹인 종이. (=)밀종이.

마른눈 〔명〕 비나 녹은 물기가 섞이지 않고 내리는 문. ‖ ~이 펑펑 쏟아지다. ↔진눈.

나) 올림말의 차례

① 이 사전에 올린 모든 올림말은 ≪가나다라순≫에 따라 배렬하였다. 그러나 파생시켜서 올린 ≪하다≫, ≪되다≫ 형의 동사는 올림말의 뜻풀이 뒤에 배렬하였다.

② 일부 단어결합은 첫 단어의 올림말항목에서 그 올림말의 뜻풀이가 끝난 다음에 한 글자 들여다 배렬하였다.

③ 성구, 속담, 구호 등은 첫 단어의 올림말의 뜻풀이 끝에 ≪◇≫ 표를 하고 우리 말 자모순에 따라 배렬하였다.

④ 소리같은말은 서로 다른 올림말로 올리고 1, 2, 3…의 어깨번호를 달아 순차로 배열하였다. 소리같은말의 올림말차례는 ≪명사, 수사, 대명사, 동사, 형용사, 관형사, 부사, 감동사, 앞붙이, 뒤붙이, 토≫의 순으로 하였다.

⑤ 같은 문법적부류 안에서는 사회정치적 의의가 크고 우리 인민의 언어생활에서 적극적으로 쓰이는 올림말을 먼저 놓되 고유어, 한자말, 외래어의 차례로 배렬하는 것을 원칙으로 하였다.

⑥ 올림말의 배렬에서는 말소리의 길고, 짧음을 고려하지 않았다.

다) 발음 및 소리의 높낮이와 길이의 표시

(1) 발음표시
① 발음규범을 바로 지키도록 하는데 도움을 주기 위하여 발음상 주의하여야 할 경우에 그 바른 발음을 〔 〕 안에 넣어서 표시하였다.

검다〔-따〕   결점〔-쩜〕
굳이〔구지〕   가을누에〔-루-〕
밭일〔반닐〕   덧이〔던니〕
곱하기〔-파-〕 담뿍하다〔-카-〕
대렬〔-열〕   규률〔-율〕

② 같은 말소리조건에서도 오늘날 실제 언어생활에서 적은대로 발

음하는 것이 사회적 규범으로 되어가고 있는 것은 그것을 바른 발음으로 인정하고 따로 발음표시를 하지 않았다.

순량하다 〔형〕   순리 〔명〕

(2) 소리의 높낮이와 길이의 표시
① 높낮이는 올림말뒤에 수자 1, 2, 3으로 표시하였다.

강가〔-까〕22 〔명〕   마늘모232 〔명〕

② 길이는 높낮이를 나타내는 숫자 옆에 두 점을 찍어서 표시하였다.(※ 사전에는 숫자와 길이 표시가 □ 안에 들어 있으나 여기서는 편의상 생략하고 있다:필자주)

가매지다 2: 3 2 1 〔동〕(자)   발그레하다 2 3 3: 2 1 〔형〕

라) 어휘적 특성의 표시

(1) 학술용어의 표시
학술용어에 대하여서는 필요한 경우 그 소속분과를 다음과 같이 표시하였다.

((건설)), ((경제)), ((고고)) 등

(2) 다듬은 말의 표시
어휘정리에 의하여 다듬어쓰게 되여있는 말들은 다음과 같이 처리하였다.
① 이미 다듬어쓰고 있는 말에 대하여서는 뜻풀이란에(다듬은 말로)라고 표시한 다음 그 다듬은 말을 밝혀 주었다.

마방 〔명〕 (다듬은 말로) 말칸   마다라스 〔명〕 (다듬은 말로) 침대깔개

② 전날에 쓰던 말이 아직도 일부 그대로 쓰이고 있는 것은 그것을 올려주고 뜻풀이뒤에 〔다듬은 말로: ○○○〕와 같은 형태로 표시하였다.

③ 마땅히 고유어로 다듬어써야 할 말에 대하여서는 뜻풀이란에 부호 ⇒를 하여 보내주었다.

마도석 〔명〕 ⇒ 숫돌   마령서 〔명〕 ⇒ 감자

(3) 지난날에 쓰이던 한자말이나 한문투의 말 표시

지난날에 쓰이던 한자말이나 한문투의 말에 대하여서는 오늘날 그것을 일반언어생활에서 될수록 쓰지말라는 뜻으로 부호⊗를 하여 그 특성을 밝혀주었다.

마고재 〔명〕 ⊗표고나물   마두출령 〔명〕 ⊗…

(4) 빈도수의 표시

① 조선말어휘의 사용확률을 보여주기 위하여 뜻풀이 뒤끝에 ( ) 안에다 빈도수를 숫자로 밝히였다.

마치다[2] 〔동〕 (타) (하던 일을) 끝내다. ‖ 강습을 ~. 일을~. 이야기를~.(100)

② 빈도수는 최대빈도 ≪46,612≫(하다)로부터 빈도수 ≪2≫까지만을 밝히였다.

이 숫자는 104만 사용단어를 가진 모든 분야의 현대조선말 본문에서 해당한 단어가 거듭하여 나타난 회수를 의미하는 동시에 언어생활에서 그 단어가 어느만큼 자주 쓰이는가를 표시하는 량을 의미한다.

마) 문법적 특성의 표시

① 올림말의 품사소속은 〔 〕안에다 략호를 써서 밝히였다. 앞붙이, 뒤붙이, 토 및 한자성어도 이 방식에 준하였다. 하나의 올림말에 대하여서는 하나의 품사만을 주었다.

마가을 〔명〕 -마다 〔토〕   마치다³ 〔동〕(타)

② 한 글자안에 들여다 배렬한 일부 올림말이나 공고한 단어결합 및 성구, 속담에는 품사표시를 하지 않았다.
③ 불완전명사, 자동사, 타동사의 구별은 품사뒤에 표시하였다.
④ 상형태는 뜻풀이란에서 ≪〈○○○〉의 입음형≫, ≪〈○○○〉의 시킴형≫과 같이 밝히였다.
⑤ 일부 용언에서 말줄기의 토가 어우를적에 줄기의 끝소리가 바뀌여 소리바꿈현상이 일어나는 경우에는 발음표시뒤 또는 높낮이와 길이의 표시뒤에 그 대표적인 형태를 ( )안에 넣어서 보여주었다.

곱다(고우니, 고와)   미덥다(미더우니, 미더워)   노랗다(노라니, 노라오, 노래서)

⑥ 특수한 시킴형이 있는 경우에는 ( )안에 따로 밝히였다.

가다(가거라)   오다(오너라)   있다(있거라)

바) 한자말의 한자와 외래어의 원어 표시

(1) 한자말의 한자표시
① 한자말에는 참고로 한자를 밝혀주되 근간적인 첫 단어에만 주는 것을 기본으로 하고 그밖에는 필요하다고 보는 경우에 일부 표시하였다.
② 한자는 뜻풀이 뒤에 또는 용례 뒤에 괄호 〔 〕안에 넣어서 표시하였다.

마사¹ 〔명〕 말과 관련하여 하는 일. 〔馬事〕

③ 한자말의 오늘날 발음이 해당 한자의 음과 다르게 된 경우에는 근간적인 단어라도 한자를 주지 않았다.
④ 원래 한자말에서부터 유래한 말도 현대조선말에서 그 유래가 명백하지 않은 것은 한자를 밝히지 않았다.

사발 〔명〕 (사기그릇)   조리 〔명〕 (부엌세간)

⑤ 한자말이 고유어의 요소와 어울려서 한 단어를 이루었을 때에는 고유어의 부분을 ≪―≫로 표시하였다.

간곡하다…〔懇曲―〕   순하다…〔順―〕

(2) 외래어의 원어표시

① 외래어의 원어는 모든 외래어에 다 주되 반복하여 나오거나 단어 결합 속에서 다시 나오는 경우에는 흔히 생략하였다. 외래어가 고유어나 한자말과 어울려서 이루어진 말에 대하여서도 이 원칙을 따랐다.

② 외래어의 원어는 뜻풀이 뒤에 또는 용례 뒤에 괄호 〔 〕안에 넣어서 밝히되 그 원어가 속하는 언어이름을 ○안에 넣어서 함께 표시하였다.

가제…〔Gaze독〕   니크론…〔nichrome영〕

③ 원어의 표시는 슬라브계통의 언어는 로어 글자로, 그 밖의 언어는 라틴글자로 표시하는 것을 원칙으로 하였다.

로만찌까…〔Романтика로〕   곤로…〔konro일〕

④ 외래어의 현재 우리 말 발음이 해당 원어의 말소리와 거리가 있게 달라졌거나 외래어의 준말형태를 올림말로 잡았을 경우에는 그 원어 앞에 부호 ←를 주었다.

고무…〔←gum 영〕   데마…〔←Demagogie독〕

사) 올림말을 배렬한 자모의 차례

ㄱ ㄴ ㄷ ㄹ ㅁ ㅂ ㅅ (ㅇ) ㅈ ㅊ ㅋ ㅌ ㅍ ㅎ ㄲ ㄸ ㅃ ㅆ ㅉ

ㅏ ㅑ ㅓ ㅕ ㅗ ㅛ ㅜ ㅠ ㅡ ㅣ ㅐ ㅒ ㅔ ㅖ ㅚ ㅟ ㅢ ㅘ ㅝ ㅙ ㅞ

※ ( )안의 자모는 받침의 경우에만 해당된다.

3.4. 남북한 사전 비교

남북한이 기본적으로 추구하고 있는 사전 편찬 원칙은 동일하다고 할 수 있다.

우선, 남북한 사전에서의 '뜻풀이'의 원칙이 거의 동일하다.

남한의 『큰사전』(1957)에서는 다음과 같이 '뜻풀이'에 대한 설명을 하고 있다.

"어휘의 해석은, 막연하게 뜻이 비슷한 다른 어휘를 여러 개 늘어 놓는 방식을 취하지 아니하고, 아무쪼록 정확한 독립적 개념을 잡아, 쉬운 말로써 분명한 정의를 내는 방법을 취하여, 각 어휘의 같고 다른 점을 엄정히 밝히도록 힘썼음."

또, 『금성판 국어대사전』(1991)의 풀이에서도 다음과 같은 언급이 나타난다.

"알기 쉬운 말을 사용하되, 적확하고 구체적으로 핵심을 찌르도록 했다. 지나치게 포괄적이어서 막연하거나 너무 한정적이어서 편협하지 않도록 정보의 수위를 적정하게 하였다."

북한의 『현대조선말사전(제2판)』(1981)에서는 보다 구체적인 언급이 나타난다.

① 어휘적뜻의 풀이는 기본표식을 잡아 직접적인 설명을 주는것을 기본으로 하였다.
② 합친말의 풀이에서는 내적인 뜻구조를 풀어주는 방식을 리용하기도 하였다.
③ 뜻같은 말이나 뜻비슷한 말로 풀이를 대치시키는 방식을 되도록 피하면서 미세한 뜻의 차이나 류종관계의 차이를 밝혀주기 위하여 필요한 설명을 달아주는 방식을 리용하였다.

결국, 남한이나 북한의 사전에서 추구하는 '뜻풀이' 원칙 더 나아가서 사전 편찬의 원칙에는 정확성, 명료성, 대중의 편이성 등이 고려되고 있다.

최근의 남한 사전에서는 북한어에 대한 관심이 높아져서 사전의 올림말에 북한어를 포함시키는 경우가 많아졌다.『우리말큰사전』(1991)에서도 남북한의 방언 및 북한의 문화어 대부분을 수록하고 있으며『표준말대사전』(1999)의 경우도 북한어를 무려 7만 어휘나 싣고 있다. 이러한 경향은 북한에서도 있어 왔다. 북한은 비록 시대 현실에 맞는 말들을 사전에 올려야 한다고 하면서도 남한의 실정을 알고 있어야 한다는 전제아래 일부 정치 사회 용어들을 다루어 왔다.(보기:갑호경계령, 공업단지, 교차승인, 구악일소, 군납, 빨갱이……) 그러나 이러한 경향은 주류를 이룰 정도는 아니다.

그리고 올림말의 차례도 거의 유사하여 〈올림말〉-〈발음〉-〈말밑(어원)〉-〈씨갈래(품사분류)〉-〈보기글〉-〈참고말〉의 차례로 올리고 있다.

이러한 총론의 유사성에도 불구하고 몇 가지 면에서는 서로 다른 점도 보이고 있다.

첫째, 남한에서는 최근에 나온『표준말대사전』(1999)를 제외하고는 개인이나 학회 또는 출판사에서 사전을 편찬하였다. 따라서, 편찬 원칙이나 방식에 따라서 사전이 조금씩 다르게 나타난다. 또, 이들 사전은 사설 출판사를 통해서 출간되어야 하기 때문에 사전을 이용하는 대중들의 기호나 경제성을 고려할 수밖에 없다.

다음은 이정식(1997:216~7)에서 따온 것인데 '어근적 단어'를 올림말로 선정하는 데 대한 차이를 보이고 있다.(여기서 금성판『국어대사전』은『금』, 한글학회『우리말큰사전』은『한』으로 표시하고 있다.)

단순〔單純〕
『금』명 ((일부 명사 앞에 쓰여) 복잡하지 않고 간단하거나 단일한 것.
『한』⇒ 단순하다

간주〔看做〕
『금』명 그렇다고 보아두는 것. 또는, 그렇게 여기는 것. 간주-하다 통『자』
　　　(여불). 간주-되다 통『자』
『한』명 그렇다고 봄(침)

금성판의 경우 위의 두 단어들을 모두 '명사'로 처리하고 있으면서 독립적인 뜻풀이를 하고 있다. 반면에 한글학회의 경우 '단순'은 독립적인 품사를 표시하지 않고 '-하다'를 덧붙여 형용사로 처리하고 있다. 반면, '간주'는 독립된 명사로 처리하여 뜻풀이를 하고 있다.

북한에서는 『조선말 사전』(1962)이 과학원의 '언어문학연구소 사전연구실'에서 편찬되었고, 『현대조선말사전』(1981) 이후 현재까지의 사전은 사회과학원의 '언어학 연구소'에서 편찬되었기 때문에 모두 국가의 통제 아래에서 발간된 것들이다. 따라서, 북한의 사전들이 정치·경제·문화·과학기술 등의 어휘와 그 내용에 있어서 사상·이념(정치사상성)을 강하게 반영하고 있는 것은 이에 기인한 것이라 할 수 있다.29)

> 종파¹ 〔명〕 ① 개인이나 분파의 리익만을 노리면서 로동계급의 수령의 유일적 령도를 거부하고 당과 혁명운동을 분렬파괴하는 반당적이며 반혁명적인 집단이나 분파. ‖ ~를 청산하다. │ 지방주의와 가족주의는 종파의 온상이다. ② 봉건적인 씨족관념에서, 「종가의 계통」을 지파에 상대하여 이르는 말. ③ 같은 종교안에서, 교리와 의식 등에서 서로 구별되는 여러개의 큰 갈래. │ 장로교와 감리교는 기독교의 큰 세력을 가진 종파들이다.〔宗派〕(45)

둘째, 올림말의 범위에서 차이를 보인다. 남한에서는 표준어뿐만 아니라 사투리(방언), 변말, 곁말, 잘못 적는말들과 속된말, 낮은말, 옛말과 이두말과 표준어로 인정되지 않는 외래어 등이 포함된다. 또, 지난 시대의 사회 문화 용어 등도 모두 수록하는 것을 원칙으로 하고 있다.(『우리말 큰사전』(1992)) 그런데 북한에서는 주로 현대어 중심의 사전을 많이 만들어 내고 있다. 그들은 사전의 올림말 구성과 뜻풀이에서 그리고 사전의 형식과 체제에서 언어 발전의 현 실태를 정확히 반영하며 인민 대중의 시대적 감정과 지향에 맞게 모든 문제를 처리해 나가야 한다는 '현대성의 원칙'을 유지하고 있으며, 옛말은 낡은 사회 또는 봉건 사회의 의식을 보여 주는 것이므로 고쳐야 할 대상일 뿐이다. 물론 이러한 경향은 『조선말대사전』(1991)에 와서 약간 변모한 감을 보여준다. 즉, 이 사전에서는 '지난날 쓰였던 단어와 공고한 단어

---

29) 이병근(2000:274) 참고.

결합 및 성구와 속담들'도 폭넓게 올리고 있다.

셋째, '다듬은 말'에 대한 태도이다. 북한에서는 언어 혁명을 통해서 사회주의 사상을 더욱 공고히 할 필요가 있기 때문에 계속해서 '말다듬기 사업'에 심혈을 기울여 왔다. 그리고 이렇게 해서 다듬어진 말은 새로운 사전이 만들어질 때마다 사전에 수록하면서 기존에 만들어진 말이라 할지라도 대중들에게 수용되지 않는다거나 새로운 방침에 의해서 폐기될 때는 이를 사전에서도 삭제한다.

사전은 '과학성과 규범성'을 가져서 인민 대중들이 사전을 통해 사회주의·주체사상에 따른 정확한 지식과 올바른 언어생활의 기준을 줄 수 있어야 하고, 사회의 언어생활을 하나의 규범에 기초하여 통일적으로 꾸려나가는 데에 도움을 주어야 한다고 본다. 그리고 이러한 규범은 법과 같아서 일단 정해지면 이를 통일적으로 사용해야 한다고 본다. 그러나 남한에서는 '국어순화운동'과 '사전편찬 작업'은 일단 별개라고 보아야 할 것이다. 아무리 국가나 단체가 순화된 언어를 정리하여 발표하더라도 이에 대한 법적 구속력을 갖지 않을뿐더러 궁극적으로는 언어 사용자의 수용 여부에 달려 있다고 보기 때문에 다듬어진 말이라도 언중들에 의해서 보편화되지 않는다면 사전에 실릴 필요가 없다.

이 외에도 몇 가지 지엽적인 문제들에서 나타나는 차이점들을 들기로 하겠다.

넷째, 올림말의 배열 순서에서 차이가 있다. 남한에서는 자음에서 된소리를 예사소리 다음으로 배열하고 있으며(ㄱ, ㄲ, ㄴ, ㄷ, ㄸ…) 모음도 같은 계열의 이중 모음을 단모음 다음에 배열하고 있다(ㅏ ㅐ ㅑ ㅒ ㅓ…). 그러나 북한에서는 된소리를 자음의 마지막에 배열하고 있으며 모음도 ㅏ, ㅑ, ㅓ, ㅕ…ㅡ, ㅣ 다음에 ㅐ, ㅒ, ㅔ… 순으로 배열하고 있다. 또, 남한의 경우 문자 'ㅇ'이 표기되는 것을 중시하여 'ㅇ'으로 시작되는 단어들은 'ㅇ'에 소속시켜 배열하고 있는데 반해 북한에서는 'ㅇ'이 발음되지 않은 것을 중시하여 자음이 끝난 다음에 'ㅇ'과 상관없이 배열하고 있다.

다섯째, 남한에서는 한글맞춤법 통일안을 따라서 표기하고 있는데 반해 북한에서는 조선어 철자법에 따라서 표기하고 있는데 남북한 모두 어문 규범의 변화에 따라 각기 다르게 표기해 오고 있다.

여섯째, 남한의 경우 일제시대의 사전들과 마찬가지로 장음(긴소리)만을 표시하고 있지만, 북한의 경우는 시대에 따라 달리 표시하고 있다. 초기의 사전에서는 장음만을 표시하다가 『조선말 사전』 이후에는 장음조차 표시하지 않고 있는데 1990년대의 『조선말대사전』에서는 장음과 함께 고저(높낮이)까지 숫자로 표시하고 있다.

강가〔-까〕2 2 〔명〕   마늘모 2 3 2 〔명〕
가매지다 2: 3 2 1 〔동〕(자)   발그레하다 2 3 3: 2 1 〔형〕
(※ 원래 숫자는 □ 안에 넣어져 있다)

일곱째, 남한의 사전들에서는 단어의 빈도수를 표시한 적이 없는데, 최근에 발간된 『조선말대사전』에는 전부는 아니지만 많은 단어들에 대한 빈도수를 측정하여 풀이말의 맨 끝에 수치를 적어 놓고 있다.

마치다[2] 〔동〕 (타) (하던 일을) 끝내다. ‖ 강습을 ~. 일을~. 이야기를 ~.(100)

이처럼 남한과 북한의 사전 사이에는 총론에서는 많은 공통점이 발견되면서도 각론에서는 차이점도 나타나고 있다.

참고문헌

KBS아나운서실 한국어연구회편(2001), 『함께 가야할 남북의 말과 글』, 한국방송출판.

고영근 편(1989), 『북한의 말과 글』, 을유문화사.

───(1988), 남북한 언어·문자의 이질화와 그 극복방안(1), 『주시경학보』 2, 탑출판사.

───(1989), 남북한 언어·문자의 이질화와 그 극복방안(2), 『주시경학보』 3, 탑출판사.

───(1993), 통일 대비한 어문정책, 『북한연구』 13.

───(1994), 『통일시대의 語文問題』, 길벗.

곽충구(1989), 남북한의 언어 정책과 언어 현실, 『목화』 18. 동덕여대.

───(1993), 북한의 방언 연구 목적과 그 실제, 『북한연구』 13.

───(2001), 북한 언어 이질화와 그에 관련된 몇 문제, 『새국어생활』 11-1, 국립국어연구원.

국립국어연구원(1992), 북한의 국어 사전 분석(Ⅰ).

───(1993), 북한의 국어 사전 분석(Ⅱ).

───(1994), 북한의 국어 사전 분석(Ⅲ).

───(1995), 남북한 친족 호칭·지칭어 비교 분석-표준 화법과의 차이를 중심으로-

───(1995), 북한의 국어 사전 분석(Ⅳ).

───(1996), 북한의 국어 사전 분석(Ⅴ).

국어연구소(1988), 북한어 연구 특집(문법 연구, 로마자 표기, 말다듬기, 맞춤법 등), 『국어생활』 15.

───(1989), 『남북한 언어 차이 조사』(Ⅰ 발음·맞춤법 편), (Ⅱ 고유어 편)

극동문제연구소(1973), 『북한 말다듬기 자료집』.

김계곤(1991), 북한의 조어법 연구에 대한 개관, 『한글』 213, 한글학회.

김광해(1993), 올림말의 관련 어휘 처리, 『새국어생활』 3-4, 국립국어연구원.

김민수 편(1997), 『김정일 시대의 북한언어』, 태학사.

───(1985), 『북한의 국어연구』, 고려대학교 출판부.

김병제(1980), 『방언사전』, 과학백과사전 출판사.

김세중(1995), 국어대사전의 사전 편찬 방향 및 현황 –북한 말의 수록에 대하여-, 『새국어생활』
　　　　　5-1, 국립국어연구원.

김수경(1965), 새로운 조선말사전 편찬을 위한 몇 가지 문제, 『조선어학』 1965년 4호.

김정숙(1989), 남북한 어휘비교, 『북한의 어학혁명』, 백의.

김홍수(1989), 북한어의 성격과 관련된 몇 문제, 『효제 이용주박사 회갑기념 논문집』.

───(1993), 북한 사전의 다듬은 말, 『새국어생활』 3-4, 국립국어연구원.

김희진(1996), 외래어 표기, 남북한이 어떻게 다른가 –외래어 표기법·국어사전·국어교과서를 중
　　　　　심으로-, 『새국어생활』 6-4, 국립국어연구원.

남기심·김하수(1989), 북한의 문화어,『북한의 말과 글』, 을유문화사.

大江孝男(1993), 사전의 역할에 관해서,『새국어생활』3-4, 국립국어연구원.

리의도(1993),『오늘의 국어 무엇이 문제인가』, 어문각.

리형태(1990),『조선동의어사전』, 사회과학출판사.

박금자(1989), 북한의 국어 사전 평설 -조선말사전, 문화어사전, 현대조선말사전을 중심으로-,
　　　　　　『북한의 말과 글』, 을유문화사.

박상훈·리근영(1986),『우리 나라에서의 어휘 정리』, 사회과학출판사.

박재수(1999),『조선 언어학에 대한 연구』, 사회과학출판사(원 책 제목은 '언어학에 대한 연구').

북한언어연구회(1989),『북한의 어학혁명』, 백의.

성광수(1993), 남북한의 문법 비교,『북한연구』13.

송천식(1993), 조선말대사전(1992)의 성격,『새국어생활』3-4, 국립국어연구원.

어학연구(1992), 남북한 국어연구의 동질성 회복을 위한 기초적 연구, 서울대 어학연구소.
　　　　　　(고영근, 임홍빈, 이상억, 최명옥, 이현희)

이병근(1993), 남북한의 사전편찬 비교,『북한연구』13.

────(2000),『한국어 사전의 역사와 방향』, 태학사.

이상복(1993), 북한 사전의 올림말,『새국어생활』3-4, 국립국어연구원.

이정식(1997), 조선말대사전의 특징-남북한 사전의 비교를 중심으로-,『김정일 시대의 북한언어』,
　　　　　　태학사.

이현복(1985), 북한의 언어정책과 이질화 극복방안,『북한』10.

임홍빈(1993), 북한 사전의 뜻풀이,『새국어생활』3-4, 국립국어연구원.

전수태·최호철(1989),『남북한 언어 비교』, 도서출판 녹진.

전재호(1985), 남북한 어휘형태의 비교 분석,『북한』10.

정순기·리기원(1984),『사전편찬리론연구』, 사회과학출판사.

정유진(1997), 북한의 말다듬기,『김정일 시대의 북한언어』, 태학사.

정종남(1993), 북한의 한자교육,『북한연구』13.

조재수(1984),『국어사전편찬론』, 과학사

────(1986),『북한의 말과 글─사전편찬을 중심으로─』, 한글학회.

────(1991), 북한의 사전 편찬에 대한 고찰,『한글』213, 한글학회.

────(2000), 남북한 표준말의 차이와 공동 표준말 가꾸기,『교육한글』13, 한글학회.

최용기(2001), 남북한 국어정책 변천사의 연구, 단국대학교 박사학위청구논문.

최정후·박재수(1999),『주체적 언어리론 연구』, 사회과학원

하치근(1993),『남북한문법 비교 연구』, 한국문화사.

한국교열기자회(1982), 『국어 순화의 이론과 실제』, 일지사.

한글학회(1971), 『한글학회 50년사』, 한글학회.

허 웅(2000), 남북의 말과 글자, 『교육한글』 13, 한글학회.

허재영(1994), 『국어 교육과 말글 운동』, 서광학술자료사.

허철구(1993), 남북한 국어 순화의 비교, 『말과글』 54.

홍연숙(1981), 남북한의 언어문화 비교 연구, 『통일문고』 3, 민족통일중앙협의회.

홍윤표·정광·곽충구 외(1998), 남북한 어휘 비교 사전, CD-롬, 문화관광부.

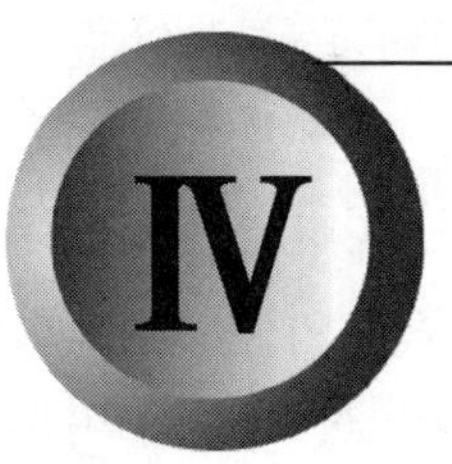

북한의 언어 사용법

1. 북한의 문체

1.1. 북한 언어의 문체적 특징

북한의 문체론은 '언어는 인류 교제의 가장 훌륭한 수단이며 혁명적 사상의 선도자로서의 관계에 의하여 제약된다. 이러한 언어적 역할을 다하기 위하여 사상은 최대한도로 명확하게, 단순하게, 평이하게 기술해야 한다'는 레닌의 요구에 충실하면서 언어의 본질을 '발전과 투쟁의 무기'로 보는 스탈린의 언어관이 그 특징의 배경에 있다. 북한에서는 이러한 사회주의의 언어관을 바탕으로 김일성에 의해 주체의 관념을 넣어 만든 것이 이른바 북한의 주체 언어 이론이다. 김일성도 언어의 본질을 '혁명과 건설의 힘있는 무기'로 보고 있으며 김일성 이론을 뒤따르고 있는 김정일도 언어를 '인민대중의 자주성을 실현하기 위한 투쟁에서 힘있는 무기로 된다'로 보고 있다. 김일성과 김정일에 있어서 언어는 '자주성을 실현시키고 주체형의 인간으로 교양'하는 수단이요 도구이다. 바꾸어 말하면 그들에 있어서 언어는 체제를 유지하면서 공산주의 사고를 가진 인간으로 개조해 나가는 도구이다. 북한의 문체는 이러한 언어의 본질을 완수할 수 있도록 명확성, 단순성, 평이성을 유지하면서 호소력이 강한 어투로 바뀌어가고 있다. 따라서 북한의 문체적 특징은 전투적이며 선동적이며 감탄적인 어투로 되어 있다. 그러나 이것은 모든 사람에게 해당되는 것은 아니고 표현하는 대상에 따라 달라진다는 것도 또 하나의 특징이다.

1.2. 문체 분석

입말체를 중시한다.

민족어는 원래 입말로부터 생겨났으며 입말에 기초하여 글말이 발전하였다.

(≪주체문학론≫, 216쪽)

지난날에는 문자와 글이 지배계급의 소유물로 되고있는데로부터 지배계급의 손에 장악된 글말과 인민이 널리 쓰는 입말사이에는 여러가지 심한 차이가 생겨나게 되었다. 인민대중이 문자와 서사생활의 주인으로 된 오늘의 조건에서 낡은 시대가 남겨놓은 입말과 글말의 심한 차이를 그대로 둘수 없다.

(≪주체문학론≫, 216쪽)

김정일의 지적은 글말과 입말의 차이를 없앨 것을 주장한다. 그러나 이 지적은 글말을 없애고 입말을 사용하자는 언어관을 들어낸 것이다. 글말은 봉건시대에 지배계급에서 사용되던 언어이므로 사용해서는 안 되고 인민대중이 널리 사용하는 입말을 사용해야 한다는 말이다.

사회주의사회에서는 입말체와 글말체가 접근하는 방향으로 발전하게 된다. 사회주의사회에서 입말체와 글말체가 접근하게 되는것은 인민대중이 말과 글의 주인으로 된것과 관련된다. 지난날 착취사회에서 착취계급과 일부 계층들의 독점물로 되여있던 글말과 글말체가 사회주의사회에서는 인민대중의 소유물로 된다. 다시말하여 인민대중은 입말과 입말체의 주인으로 될뿐만아니라 글말과 글말체의 당당한 주인으로 된다. 이것은 사회주의사회에서 입말체와 글말체가 접근할수 있게 한 주되는 요인으로 된다.

로동계급의 당의 언어정책은 사회주의사회에서 입말체와 글말체가 접근하게 하는데서 결정적인 작용을 한다. 주권을 잡은 로동계급의 당은 다른 모든 분야에서와 마찬가지로 언어와 언어생활분야에서도 낡은 사회가 남겨놓은 온갖 외래적요소들과 반인민적인 요소들을 없애기 위한 투쟁을 힘있게 벌려나간다. 이 과정에서 지난날 글말체를 어렵고 까다로운것으로 만들었던 어려운 어휘들과 낡은 '틀'이 없어지게 된다.

위대한 수령님과 우리 당의 현명한 령도밑에 우리 말과 글의 발전에서 이룩된 빛나는 성과는 그 뚜렷한 증거로 된다. …

사회주의사회에서는 지난날 착취계급의 반인민적 책동에 의하여 글말체에 스며들었던 반인민적인 요소, 사대주의적이며 교조주의적인 외래적 요소, 낡은 말투는 없어진다. 그런데 말을 어떻게 하는가 하는 방식에 따르는 글말체와 입말체의 차이는 의연히 남아있게 된다.

사회주의사회에서는 영화, 연극, 소설 등의 대사들이 인민언어에 바탕을 두고있고 그것이 전체 인민들의 사상적교양에 이바지할뿐만아니라 언어생활에서 본보기로 되고있다. 또한 사회주의사회에서 언어와 언어생활에 대한 교육교양사업이 여러가지 형식과 방법으로 널리 진행된다. 이로부터 사회주의에서는 입말체가 끊임없이 세련되여나가게 된다.[1]

입말체를 중시하는 데는 언어를 교제의 수단으로 보는 것도 하나의 이유가 된다. "직접적인 교제형식인 입말체에는 혼자말형식의 글말체와는 달리 듣는 사람에 대한 말하는 사람의 여러가지 태도가 직접 반영된다"[2]는 것이 입말체를 선호하는 또 다른 이유가 된다.

간결체의 문장

북한 언어의 문체는 간결한 문체를 선호한다. 이는 입말체의 특징이기도 하지만 사회주의 언어학에서 주장하는 명확성, 단순성, 평이성을 실현하기 위해서는 간결한 문장이 적합하기 때문이다.

말을 하고 글을 쓰는 사람들이 립장과 관점을 올바로 가지는것이 중요합니

---

1) 강상호(1989), 『조선어입말체연구』, 사회과학출판사. 10~11쪽 인용.
2) 강상호(1989), 13쪽 인용.

다. 말을 하고 글을 쓰는데서 사람들의 립장과 관점 문제는 결정적인 작용을
합니다. 어떤 립장과 관점에 서서 말을 하고 글을 쓰는가 하는데 따라 인민대
중을 위하고 인민대중의 요구를 반영한 말을 하고 글을 쓸수도 있고 그렇지 못
할수도 있습니다.3)

　　사회의 모든 성원들이 말과 글에 대한 옳바른 립장과 관점을 가지고 말을
정확히 쓰는 기풍을 세워나가는것은 언어생활을 바로잡는데서 기본문제의 하
나입니다. 언어생활을 바로잡는 문제도 사람의 사상이 어떻게 발동되는가 하
는데 크게 달려있습니다.4)

　　김정일은 입장과 관점을 명확히 할 것을 지적한다. 이것도 언어를
혁명과 사상 교양을 위한 수단으로 여기는 주체 이론에 맞는 문체이다.
사상 교양에는 서술형보다는 호소력이 강한 문장이 필요했고 호소력이
강한 문장에는 자연히 긴 문장보다 짧은 문장이 맞았을 것이다. 그래서
이들은 단호하면서도 힘이 있어 보이는 짧은 문장을 선호하였다.

　　골짜기를 향하여 내리쏘았다.
　　저저마끔 제 주장을 쏟아 놓으며 들끓었다.
　　혁명력량이 장성하다.
　　가극 음악의 절화가는 혁명가극 건설의 원칙이다.
　　적들을 좁은 골짜기에 몰아넣고 답새였다.
　　그의 가슴속에는 하냥 끝없는 격정이 솟구쳐 올랐다.
　　주체태양의 해발이 되자.
　　이 문제를 해결하려는 사상동원이 부족했었소.
　　사람들이 사상분야에서 때를 제때에 씻어내지 않으면 사상병에 걸릴수 있다.
　　강좌는 교수교양사업과 과학연구사업의 기본단위입니다.
　　그들은 교양개조하기 위한 공격전을 벌릴수도 없다.
　　맡겨진 계획과제를 성과적으로 수행하기 위한 생산전투를 직접 지도한다.
　　사회주의 대건설전투는 더욱 기세차게 번져나간다.
　　봄을 맞은 논벌은 모내기전투로 한창 들끓고 있다.
　　문화인들은 문화전선에서 싸우는 투사들이다.
　　김일성 종합대학은 우리 나라 민족간부 양성의 가장 중요한 기지이다.

---

3) 최정후 · 박재수(1999), 229쪽 인용.
4) 최정후 · 박재수(1999), 233쪽 인용.

남조선 괴뢰군은 미제의 값싼 대포밥이다.

예술소조에서 나가서 문학소조에 들어갔다.

영웅적 위훈에로 힘있게 고무추동하고 있다.

경제선동대가 왔다가자 생산이 부쩍부쩍 늘어났다.

핵심진지를 튼튼히 꾸리다.

기계화부대가 도착하자 공사는 번쩍 자리가 났다.

수령님께 무한히 충직한 일당백의 초병이요.

후방의 공고성은 전쟁승리의 중요한 담보이다.

가정은 가까운 사람들이 모여서 생활을 같이하는 우리 사회의 세포입니다.

계급적원쑤를 청산하다.

일당백의 힘을 키우다.

천리마가 나래치다.

공산주의 건설의 후비대가 되기 위하여 항상 준비하고 있다.

분기초부터 생산을 정상화하여 계획을 넘쳐하고있다.

경기마다에서 그는 한 번도 진 일이 없다.[5]

접속어의 의도적인 생략

북한 언어의 문체적 특징으로 접속어의 의도적인 생략을 들 수 있다.

문장을 시작할 때마다 필요없이 ≪그래서≫를 쓰거나 ≪하여튼≫, ≪하여간≫같은 단어를 쓰거나 문장가운데 ≪바로≫, ≪도대체≫, ≪물론≫과 같은 단어들과 ≪말이야≫를 필요이상으로 쓰는 현상이 있다.[6]

사상 교양을 위해서는 설명형의 문장보다는 주장형의 문장이 더 적절하다. 주장형의 문장은 언어를 무기로 보는 언어관과도 합치된다. 그렇기 때문에 북한의 언어는 선동적이고 전투적이며 건조하면서도 단호한 느낌을 준다. 호흡이 빠르면서 선동적인 억양을 사용함으로써 전투적인 성격이 강하다.[7]

---

5) 이상의 예는 '홍아영(1997), 남북 언어의 이질화 현상과 극복방안'에서 따온 것임.
6) 강상호(1989), 14쪽 인용.
7) 억양에 대해서는 강상호(1989), 30~38쪽을 참고하기 바람.

특수한 구문의 사용

남한에서 사용하지 않는 특수한 구문을 즐겨 사용한다. '-(을) 대신에'의 형태가 자주 나타나며, "조선어의 민족적 특성을 옳게 살려나갈데 대하여"에서 보는 바와 같이 문화어에서는 '-(으)ㄹ데 대하여' 구문을 자주 사용한다. 또한 "돌탕을 치다", "난탕을 치다", "날탕을 치다", "개탕을 치다"와 같이 '-탕을 치다'는 구문이 자주 나타나며, '-바람으로'[8]의 구문도 북한에서는 자주 나타나나 남한에서는 보이지 않는 구문이다.[9]

표현의 대상에 따라 격식이 달라진다.

표현의 대상에 따라 특수한 격식을 나타내는 존칭을 사용하거나 직설적인 욕설과 증오에 찬 표현을 사용한다. 김일성의 말을 인용할 때에는 언제나 앞에 "위대하신 수령 김일성동지께서는 다음과 같이 교시하시였다"를 붙이고, 김정일의 말을 인용할 때에는 언제나 앞에 "위대하신 지도자 김정일동지께서는 다음과 같이 지적하시였다"를 붙여서 사용한다. 또한 김일성이나 김정일에 대해서는 찬사의 수식어를 나열하여 붙인다. 반면 미국이나 일제, 남한의 정치가를 지칭할 때에는 증오에 찬 수식어를 사용함은 물론 극단적인 욕설을 한다.[10]

① 김일성에 대하여 사용한 말

절세의 애국자이시며 민족적영웅이시며 백전백승의 강철의 령장이시며 국제공산주의운동과 로동운동의 탁월한 령도자이신 우리 당과 인민의 위대한 수령 김일성동지 만세!

혁명의 영재이시며 민족의 태양이신 경애하는 수령 김일성동지의 만수무강을 삼가 축원합니다.

---

8) '-자마자'의 뜻이다.
9) 남성우, 정재영(1990), 『북한의 언어생활』 30~31쪽을 참고하다.
10) 자세한 내용은 다음 절(화법)을 참고하기 바람.

어둡던 이 강산에 태양으로 솟아 자유의 해빛 온 누리에 뿌려주신 민족의 영웅 김일성장군님.

항일대전을 선포하시고 수십만리 피어린 길을 헤치시며 강도 일제를 때려 부시고 잃었던 나라를 찾아주신 해방의 은인.

인류가 낳은 혁명의 영재이시며 민족의 태양이시며 전설적 영웅이신 위대한 김일성동지를 수령으로 모시고 있는것은 우리 당과 인민의 가장 높은 영예이며 가장 큰 행복이다.

경애하는 수령 김일성동지는 심오하고도 폭넓은 사상리론활동으로 시대의 요구와 인류의 지향을 담을 불멸의 주체사상을 창시하시어 우리 혁명과 세계 혁명이 나아갈 길을 휘황히 밝혀주신 위대한 사상리론가이시다.11)

② 적에 대하여 사용한 말

돌탕을 쳐 죽이자.
미제의 각을 뜨자.
오래 토론할것없이 끌어내다가 돌탕을 쳐죽이자.
순사놈들은 마을에 달려들어 난탕을 치며 돌아갔다.
계급적원쑤를 청산하다.
원쑤에 대한 적개심으로 타끓다.12)

북한 언어의 문체적 특징을 요약하면 설명보다는 주장을 다기에 편리하도록 입말체로 된 간결한 문장을 사용한다. 선동적이고 전투적이며 감탄적인 문투를 많이 사용하고 있는데 선동적, 전투적, 호소적인 문투는 주로 어휘를 통해서 표현하고 있다.

---

11) 이상의 예문은 모두 남성우, 정재영(1990)의 『북한의 언어생활』 207~209쪽에서 인용한 것이며 더 많은 예는 같은 책 207~221쪽을 참고하기 바람.
12) 이상은 '홍아영(1997), 남북 언어의 이질화 현상과 극복방안'에서 따온 것임.

2. 북한의 화술

2.1. 화술의 가치

국어사전에서 '화술'은 "말재주, 말주변"으로 풀이하고 있다. 다시 '말재주'를 찾아보면 "말을 잘하는 슬기와 능력"이라고 되어 있다. 비슷한 개념으로 '화법'이라는 용어가 있는데, 화법은 말 그대로 '말하는 법'이니 엄밀한 의미에서 '화술'은 '화법'[13]보다 대화에 있어서 기술적인 면을 강조한 용어라 할 수 있다.

국어 교육의 범주를 크게 '말하기, 듣기, 쓰기, 읽기'로 구분했을 때 남한에서는 '쓰기'나 '읽기'에 비해 상대적으로 '말하기'나 '듣기' 교육에 대해서는 크게 비중을 두지 않았다. 각 대학의 교양 과목을 보더라도 '작문'을 필수 과목으로 채택하는 경우는 적지 않으나 '말하기' 과목을 필수 과목으로 택하는 경우는 많지 않다. '말재주'로써의 '화술'은 국어학의 중심 주제도 아니어서 전공 분야에서 이론적으로 다루지도 않는다.[14] 그러므로 남한에서 화술 교육은 정규 교육의 차원에서 이루어지기 보다는 주로 비즈니스나 대인 관계를 목적으로 하는 사람들을 대상으로 출판된 서적이나 민간 강좌 등을 통해서 이루어지는 것이 보통이었다. 『화술과 인간 관계』, 『자신의 가치를 높이는 화술의 원칙』, 『성공하는 사람들의 화술 테크닉』, 『사교를 위한 유머 화술』, 『성공하는 사람은 화술이 다르다』 등 최근에 출판된 책들의 제목을 대강 보더라도 남한에서의 '화술'의 성격을 알 수 있다. 이러한 책들은 국어학 전공자들이 언어 이론을 바탕으로 쓴 것이 아니라 아니라 대부분 글쓴이들이 개인적 경험을 바탕으로 하는 처세술의 성격의 강하다. 그러므로 남한에서의 화술은 앞에서 다루었던 맞춤법이나 표준어 규정과는 달리 규

---

13) 문법 용어로써의 '화법'은 문장이나 대화에서 다른 사람의 말을 인용하여 다시 표현하는 방법을 말한다. 남의 말을 그대로 인용하는 '직접 화법'과, 남이 말하는 내용을 말하는 사람의 시공간적 위치에 따라 적절하게 고쳐서 전달하는 '간접 화법'이 있다.

14) 물론 언어 활동 요소인 화자, 청자, 시간, 공간과 관련하여 대화의 의미를 해석하는 '화용론(pragmatics)'이라는 분야가 있기는 하나 단순히 말을 잘하는 법을 배우는 실용 학문은 아니다.

범적인 성격을 갖고 있지 않다.

이에 반해 철저히 실용주의 언어학을 중시하는 북한의 경우에는 '화술'에 대한 비중이 상대적으로 높을 수밖에 없다. 남한과 마찬가지로 북한에서도 '화술'을 규범으로 정하지는 않았지만, 북한에서는 김일성의 화술(문풍)을 가장 이상적인 언어로 보고 이를 따라 배울 것을 강조한다는 점에서 나름대로 화술의 모범을 갖고 있는 셈이다.

> "말을 하고 글을 쓰는 방식과 방법을 위대한 수령님께서 창시하신 혁명적문풍에 기초하여 통일시켜 나가는것은 당의 유일사상체계를 확고히 세우기 위한 중요한 요구의 하나이다.
>
> 전체 당원들과 근로자들이 위대한 수령님의 두리에 굳게 뭉쳐 위대한 수령님의 사상과 의지대로 숨쉬고 행동하려면 말 한마디 글 한줄에 이르기까지 위대한 수령님을 따라배워야 한다.
>
> 특히 위대한 수령 김일성동지께서 혁명투쟁행정에서 창시하신 가장 혁명적이며 인민적인 문풍을 지침으로 삼는것은 전체 당원들과 근로자들이 언어생활 분야에서 지켜야 할 근본원칙이다."
>
> (리상벽, 1975:7)

또한 북한에서 화술을 강조하는 것은 "정치사상교양사업의 역할이 더욱 높아진 오늘 방송을 비롯한 구두선전에서는 그 어느때보다도 인민들의 특성에 맞게 더 알기 쉽고 정확하고 예술적으로 세련된 화술을 요구하게 된다(리상벽, 1975:5)"는 데서 찾을 수 있다. 즉 북한에 있어서 화술은 주체 사상을 전달하거나 정치 선전을 하는 데 중요한 수단 중에 하나이다.

북한 화술에 대한 전반적인 내용은 "리상벽(1975), 『조선말화술』, 사회과학출판사"를 통해 살펴볼 수 있다. 이 책의 체재는 다음과 같다.

머리말
위대한 수령 김일성동지의 혁명적문풍을 따라 배우자
1편. 조선말화술의 기초리론
2편. 언어활동과 입말화술
3편. 방송화술

이 책에서는 "목소리로 전달되는 화술은 다른 언어규범과는 달리 개성적 특성과 기호에 따라 이렇게도 저렇게도 할수 있는 여지를 준다. 그렇다고 하여 우리 인민의 사상감정을 무시하고 제멋대로 말하는 것을 허용하지 않는다"라고 하여 북한에서는 화술에 대해 어느 정도 규범성을 강조하고 있음을 있음을 알 수 있다. 북한 화술에서는 크게 세 가지를 강조하는데 '똑똑히 발음할 것, 쉬운말을 쓸 것, 입말투를 사용할 것'이다. 이 장에서는 리상벽(1975)의 내용 가운데 화술에 대한 일반론이나 발음법 등은 제외하고 김일성과 관련된 화술과 선전·선동의 정치적 목적을 달성하기 위한 화술의 내용을 중심으로 살펴보도록 하겠다.15)

2.2. 언어 활동과 입말 화술

언어 활동에서 입말 수준을 높이기 위한 방법

입말은 사상 감정을 말소리로 상대방의 청각에 전달하는 것이고 글말은 글로 쓴 문장을 상대방의 시각에 전달하는 것이다. 그러므로 입말과 글말은 각각 자기 특성을 가지고 언어 활동에 참가하게 된다.

(1) 입말은 문장을 짜는 데서 글말과 구별되는 것이 있다.
　① 입말 문장은 간결한 것이 특징이다.
　② 외딴 성분으로 쓰이는 부름말, 느낌말, 끼움말, 이음말 등이 많은 것이 특징이다.
　③ 수식을 적게 하고 주로 기본 사상을 전달하는 것이 특징이다.

(2) 입말은 토를 쓰는데 글말과 다른 특성을 가지고 있다.
　① ㄱ. 입말에 주로 쓰이는 맺음토: -지, -군, -구려, -구만, -네, -누만, -걸, -다구, -오, -소, -ㅂ시다, -ㅂ니다, -나, -게, -니, -는지, -라구, -세, -세요
　　ㄴ. 글말에서 주로 쓰이는 맺음토: -나이다, -ㄴ다, -노라, -더라, -

---

15) 되도록이면 책의 내용을 직접 인용하는 방식을 택하였다. 남한에서 화술은 규범성을 갖고 있지 않으므로 이 절에서는 남북한 화술을 직접 비교하지 않고 주로 북한의 것을 소개하기로 한다.

-런가, -ㄴ가, -어라

② ㄱ. 입말에서 주로 쓰이는 이음토: -는데, -다가, -지만, -든지, -든
가, -니까, -ㄴ가, -려니까

ㄴ. 글말에서 주로 쓰이는 이음토: -는바, -려니와, -는지라, -거늘,
-건대, -오니, -고저, -으며, -거니

(3) 입말은 어휘 사용에서도 글말과 좀 달리 쓰이는 특성이 있다.
① 입말에서 주로 사용되는 단어: 이래저래, 그럭저럭, 통, 무척, 설마,
대관절, 몽땅, 온통, 냉큼
② 글말에서 주로 사용되는 단어: 또는, 또한, 지극히, 심히, 자못, 즈음
하여, 관하여

(4) 입말은 글말의 말소리가 없어지는 것, 말소리가 줄어드는 것,
말소리가 덧붙는 것 등이 있다. 발음에서 글말과 좀 다른 특성이 있다.

입말을 잘한다는 것은 사상 관점이 똑바로 서고 교양 가치가 있게
말하는 것이며 전달하는 목적이 뚜렷할 뿐만 아니라 사리정연하고 설
득력 있게 말하는 것이다. 또한 표현이 풍부하고 감동적으로 이야기한
다는 것을 의미한다. 입말의 능력을 높이기 위해서는 정치 이론 수준을
높여야 하며 많은 체험과 지식이 있어야 한다. 발표력을 키워야 하고
표현 기술을 높여야 한다.

선동 연설, 웅변의 입말 화술

(1) 선동 연설, 웅변의 어휘문법적 표현 수법

"선동사업은 군중의 기세를 돋구고 그들을 혁명과업수행에로 직접 발동시키
는 사업입니다. 선동사업도 천편일률식으로 할것이 아니라 시간과 조건, 혁명
임무에 맞게 하여야 합니다."

(『김일성 저작집』, 3권)

① 선동 연설, 웅변은 누구나 알아듣게끔 쉬운 말로 표현하여야 한다.
  ㄱ. 문장의 짜임새가 입말을 할 수 있게 되어야 한다.
  ㄴ. 대상이 알아 들을 수 있는 통속적인 쉬운 어휘를 써야 한다.
  ㄷ. 문장을 짧고 간결하게 짜야 한다.
  ㄹ. 체계를 선명하게 자야 한다.

② 문장에서 설득력과 호소성 높은 표현 수법을 써야 한다.
  ㄱ. 되풀이수법으로 선동성을 나타낼 수 있다.
    투쟁만이 승리를 가져올 수 있습니다.
    투쟁, 투쟁만이 승리를 가져올 수 있습니다.
    투쟁, 또 투쟁, 투쟁만이 승리를 가져올 수 있습니다.

  ㄴ. 반문, 질문의 수법으로 설득력과 호소성을 높일 수도 있다.
    우리에게는 재능, 밑천, 자금 모든 것이 다 있습니다
    우리에게 재능이 없는가? 밑천이 없는가? 자금이 없는가?

③ 선동 연설, 웅변에서 형상적 수법을 알맞게 쓰는 것은 화술의 표현 능력을 높이는 좋은 수법이다.16)

(2) 선동 연설, 웅변 화술의 보조적 표현

① 발음과 목소리

선동하는 말은 힘이 있고 전투적이라는 데 다른 화술과 구별된다. 선전 선동에서 단어 발음은 여느 말의 발음에 비하여 탄력 있고 또렷또렷해야 한다. 받침소리 'ㄱ, ㄷ, ㄹ, ㅂ'에 힘을 주어야 다음 발음에 힘이 더해진다. 출연자는 목소리의 우결함을 알아야 하며 기준 음정보다 높아야 한다. 음질을 가공하지 말고 자연스럽게 내야 한다.

② 말의 높낮이

높낮이가 없으면 말이 아름답지 못하며 뜻이 전달되지 않는다. 선동 연설에서는 강조하는 부분에 힘을 주면서 높인다. 한 문장 안에서

___
16) 여기서 형상적 수법이란 성구와 속담, 비유법을 적절히 사용함으로써 선전·선동 효과를 거두는 것이다.

가장 중요한 대목을 비약적으로 높임으로써 선동성을 나타낸다.

③ 말의 속도 조절과 공간 이용

선동 화술의 말 속도는 1분간 평균 240~250자를 말하는 정도로 끌고 나가야 한다. 말의 공간이란 한 문장의 발음이 끝나고 다음 문장을 발음할 때까지의 사이를 말하는데 보통 속도로 말할 때 문장의 끊기 시간을 1~2초로 보고 있다. 이 한계를 벗어나면 불규칙적인 공간으로 인식되며 사이가 너무 짧으면 조급한 인상을 준다.

　ㄱ. 김일성 교시를 인용할 때는 최대한의 정중함을 보장하기 위해 교시 원문 앞뒤의 공간을 둠으로써 교시와 자기 말을 뚜렷하게 구별해야 한다.
　ㄴ. 하나의 문단이 끝나고 다른 문단으로 넘어가기 전에 의식적으로 긴 공간을 냄으로써 이미 이야기한 내용을 되새길 수 있는 시간적 여유를 주어야 한다.
　ㄷ. 하나의 체계가 끝나고 다른 체계로 넘어가기 전에 의식적으로 긴 공간을 냄으로써 이야기의 줄거리를 체계적으로 인식하게 해야 한다.
　ㄹ. 이야기하던 도중 말이 생각나지 않을 때는 공간을 자연스럽게 이용한다.

담화와 전화의 입말 화술

(1) 교양을 위한 개별 담화

개별 담화는 모르는 것을 가르쳐 주고 깨닫지 못하는 것을 일깨워 주어 김일성의 혁명사상으로 튼튼히 무장하고 혁명 위업에 성실하게 참가하도록 하는 것이 목적이다. 그런 만큼 개별 담화는 스스로 깨닫도록 차근차근 이해시켜주어야 한다.

　ㄱ. 담화자의 올바른 입장과 관점은 담화의 효과성을 높이는 결정적 담보이다.
　ㄴ. 담화의 중심이 뚜렷하여야 하며 중심을 살리기 위하여 철저한 준비를 해야 한다.
　ㄷ. 대상을 미리 파악하는 것은 담화의 효과성을 높이는 전제 조건의 하나이다.
　ㄹ. 담화는 소박하고 통속적인 입말로 진행하여야 한다.
　ㅁ. 담화에서는 고상한 공산주의적 도덕 품성을 보여 주어야 한다.

(2) 전화로 주고 받는 입말

① 전화에서 사상 감정을 정확하게 전달하기 위한 방도
  ㄱ. 발음을 똑똑히 하여야 한다.
  ㄴ. 목소리를 알맞춤하게 내며 정확한 발성법으로 말해야 한다.
  ㄷ. 끊기를 자주 하여야 하며 중심 사상이 강조되어야 한다.

② 전화 대화에서 지켜야 할 언어의 예절
  ㄱ. 전화를 먼저 거는 사람이 상대방을 확인할 때 먼저 자기 직장 이름을
     말하는 것이 옳은 태도이다.
  ㄴ. 대상자를 찾을 때는 자기 직명, 또는 이름을 밝히는 것이 옳은 태도이다.
  ㄷ. 윗사람이 아랫사람을 찾는 경우에도 자기 직명 혹은 이름을 먼저 말하
     고 겸손하게 아랫사람을 찾는 것이 좋다.
  ㄹ. 기관과 기관 사이에 전화걸 때는 직위 여하를 불문하고 높이는 말을
     써야 한다.
  ㅁ. 윗사람이 아랫사람에게 전화를 걸거나 아랫사람이 윗사람에게 전화할
     때는 항상 첫인사를 하는 것이 옳다.

2.3. 방송 화술

북한의 방송 화술은 공산주의 혁명가를 만들며 김일성의 주체사상
요구대로 사회를 개조하기 위한 수단이다.

방송 화술의 기본 원칙

(1) 방송 화술은 김일성의 주체적인 언어 사상이 구현된 평양말-문
    화어에 기초한다.
평양말-문화어는 김일성의 지시 아래 사회주의를 건설하는 과정에
서 조선 인민이 이룩한 조선말의 모든 아름다운 요소들이 종합된 언어
이며 혁명적으로 세련되고 문화적으로 다듬어지고 인민적인 규범으로
통일되어 있는 사회주의적 민족어의 전형이다.

(2) 방송 화술 형상에서 당성, 노동 계급성, 인민성이 철저히 구현되어야 한다.

방송의 모든 활동이 김일성을 정치 사상적으로, 목숨으로 옹호보위하며 김일성에 대한 충성을 다 하도록 하는 내용으로 일관되게 표현되어야 한다. 방송 편집물에서는 무엇보다 김일성의 고전적 노작들을 비롯하여 혁명 사상을 내외에 널리 선전하여 인민들로 하여금 김일성을 수령으로 높이 우러러 모시고 혁명과 건설을 진행하고 있다는 무한한 긍지와 자부심을 갖게 하며 김일성에게 충실하도록 하는데 주목한다.

(3) 방송 화술은 방송의 특성에 맞게 창조되어야 한다.

방송화술은 생활에서 늘 주고 받는 말처럼 하고 싶은 말을 임의의 시간에 하거나 일정한 대상에게 하는것도 아니며 자기의 습성대로 하는 말도 아니다. 방송 화술은 방송원이 일반적으로 원고에 의하여 말하면서도 일상 생활에서와 같은 진실하고 자연스러운 말에 의하여 창조된다.

김일성과 관련된 방송 화술

(1) 김일성에 대한 존경과 흠모의 정을 나타내는 어휘와 표현

① 김일성에 대한 존경과 흠모의 정을 나타내기 위한 어휘와 표현을 잘 어울러서 써야 한다.

> ㄱ. 주격토 '가, 이' 대신에 '께서'를 써야 한다.
> 그들은 최고사령관 동지께서 들려주신 노래의 구절구절을 마음속으로 외웠다.
> ㄴ. 여격토 '에게' 대신에 '께'를 써야 한다.
> 순희는 그처럼 흠모하여마지않던 어버이수령님께 꽃다발을 드리는 영광을 지니게 되었다.
> ㄷ. 존경토 '시'를 붙여 써야 한다.
> 공장을 다 돌아보신 어버이수령님께서는 우리들과 자리를 같이하여주시였다.

② 존경어를 써야 한다. 김일성에 대하여 이야기할 때에 '님'을 붙이여 존경과 흠모의 정을 나타낸다.

> 아버지원수님께서는 친히 망원경으로 적진을 살펴보시였다.
> 그이께서는 몸소 차를 보내시여 혁신자들을 데려오게 하시였다.
> 아버지원수님께 끝없이 충직한 혁명가가 되겠습니다.

③ 발음법상 원칙을 잘 지켜야 한다. 김일성의 이름, 가르침, 또는 그 내용을 전달할 때는 정확하고 정중하게 그리고 천천히 경건한 마음으로 발음해야 한다. 김일성의 이름은 앞뒤 사이를 약간 두고 정중하고 경건하게 발음하여야 한다. 김일성의 이름과 가르침은 다른 구절보다 속도를 늦추어 말하는 것은 김일성에 대한 존경심을 나타내는 데 의의가 있으며 말을 정확하게 전달하려는 데도 목적이 있다.

(2) 김일성 교시를 인용하여 전달하는 화술

① 김일성 교시에 주의를 집중하며 두드러지게 하는 화술

ㄱ. 교시 인용문 앞뒤에 긴 끊기를 둔다. 김일성 교시와 그 앞의 문장 사이에 두 박자 내지 세 박자 끊기를 두는 것이 좋다.

> 경애하는 수령 김일성동지께서는 다음과 같이 교시하였습니다.
> ≪우리는 언제나 남조선인민들의 반미구국투쟁을 물심량면으로 적극 지지성원하며 남조선혁명과 조국통일의 임무를 자기의 첫째가는 혁명과업으로 인식하여야 합니다.≫ (『김일성 저작집』, 4권 544쪽)

ㄴ. 말투를 바꾼다.

김일성 교시를 입말투의 억양으로 할 때에는 그 앞의 문장은 읽기투 억양으로 하고 김일성 교시를 읽기투 억양으로 하였을 때에는 그 앞의 문장을 입말투 억양으로 바꾼다. 같은 말투 안에서 억양을 바꾸기도 한다.

ㄷ. 소리빛깔(음색)을 달리한다.

김일성 교시 앞의 문장에서 교시로 넘어갈 때 좀더 높은 소리로 전달하거나 좀더 낮은 소리로 빛깔을 바꿈으로써 듣는 사람들로 하여금 교시에 주의를 집중하게 한다.

ㄹ. 말의 속도를 늦춘다.

　　김일성 교시를 전달할 때 상대적으로 말의 속도를 늦추어 듣는 사람
의 주의를 집중시키는 것은 교시에 대한 정중함과 존엄성, 그리고 정확
성을 보장하는 동시에 다른 말에 비하여 두드러지게 나타내는 수법이다.

② 김일성 교시를 인용하여 전달할 때 정서적 전달법을 쓰는 화술

ㄱ. 강의한 의지와 혁명적 원칙성을 반영한 어조: 목소리의 긴장도가 높
고 발음의 탄력이 세며 높낮이의 굴곡이 현저하고 속도가 느리면서 박
력이 있어야 한다.
ㄴ. 치하와 고무의 뜻이 반영된 어조: 비교적 높고 기쁨에 넘친 어조이며
다정하면서도 호소성이 강한 표현이 되어야 한다.
ㄷ. 사랑의 정을 나타내는 뜻을 반영한 어조: 일반적으로 사랑의 감정은
낮으며 부드럽고 느리게 하면서 마디마디에 애정이 넘치는 것이 특징
이다. 김일성의 말을 옮길 때에는 특히 소탈하고 겸허한 어조가 뚜렷
이 나타나게 하여야 한다.

(3) 김일성 노작 전문을 전달하는 화술

① 김일성 노작 원문에 철저히 입각하여 문화어 발음법 규범대로
발음하여야 한다. 헛갈릴 수 있는 단어는 특별히 주의하여 똑똑히 발음
한다.

　중요 - 주요, 걸쳐 - 거쳐, 신중 - 심중, 부문 - 부분, 오직 - 오죽, 혼돈
- 혼동, 특성 -특징, 안정 - 안전, 자료 - 재료 ….

② 끊어 읽기를 바로 하여야 한다.

　≪옛날노래는 대체로 다 한시로 되여있기때문에 지금 청년들은 부르기도
힘들고 알수도 없습니다. 그런것을 그대로 이어받을 필요는 없습니다.≫ (『김
일성 저작집』 4권, 156쪽)

위의 원문에서 '옛날 / 노래는', '지금 / 청년들은'하고 끊으면 뜻이
달라진다.

③ 문장의 소리마루17)를 정확히 찾아야 한다.

≪기관본위주의는 리기주의의 변종이며 자본주의사상의 표현입니다.≫
(『김일성 저작집』 5권, 255쪽)

위에서 '기관본위주의'를 강조할 것이 아니라 '이기주의의 변종', '자본주의사상의 표현'을 강조하여야만 이 교시의 사상이 정확히 전달될 수 있다.

(4) 말의 속도를 잘 조절하여야 한다.

알아들을 수 있게 말하는 보통 속도는 1분간 260자~270자이다. 김일성 노작 원문 방송에서는 250자~260자로 하는 것이 좋다.

선전 교양 방송 화술

(1) 보도 기사와 화술

방송의 보도 기사는 근로자들의 투쟁 모습을 생동하게 반영하고 달성한 성과를 신속히 알려줌으로써 김일성 교시와 그 구현인 당정책 관철을 위한 신심과 용기를 주며 혁신의 불길이 널리 퍼지도록 하는 선전 선동적 역할을 담당한다.

① 보도 화술의 특성은 기사의 내용을 정확하게 알려 주는 것을 위주로 하는 말이다.
② 보도 화술은 혁명적 사상 감정을 반영한 심리적 전달로 발전되어야 한다.
③ 방송 보도 화술은 새로 일어난 사건, 사실을 전달하는 만큼 전투적이며 생동한 입말투가 되어야 한다. 또한 입말투에 기초하여 항상 윗사람에게 이야기할 때와 같이 겸손하고 친절해야 하며 개성을 적극 살려야 한다.
④ 텔레비전 방송 보도 화술의 말투는 입말투에 기초하되 담화에 가까운 입말투가 되어야 한다. 텔레비전 방송 보도 화술은 심리적 전달이 위주가 되어야 하며 라디오 방송 화술보다 여유있게 진행하며 설명식 말투에 가깝다.

---

17) '소리마루'는 '악센트'에 해당하는 북한 용어이다. 소리마루에는 '높이마루, 길이마루, 세기마루'가 있다.

(2) 해설 기사와 화술

해설 기사는 문제의 본질을 사리정연하게 이해시킴으로써 인민들로 하여금 실천 활동에 창발성과 적극성을 발휘하게 하는 힘있는 방송 형식이다.

① 해설 기사 화술은 설득력과 선동성이 잘 보장되어야 한다.
② 자기 말처럼 자연스럽고 자유로운 설명식 입말이 되어야 한다.
③ 끝가지 흥미 있게 들을 수 있도록 온갖 화술적 수단들을 다 동원하여야 한다.

(3) 공산주의 교양 기사와 화술

① 공산주의적 산 모범으로 감화 교양하는 기사의 화술적 특성

공산주의 교양 기사의 기본 말투는 느낌식 입말투이다. 문체상 요구로부터 출발하여 순수한 입말로 형상할 수 없는 조건에서 되도록 입말의 특성들을 적극 살려 마치 이야기하는 것과 같이 형상해야 한다.

② 계급적 원수(원쑤)들을 폭로하는 교양 기사의 화술적 특성

ㄱ. 역사 사료에서 계급적 원수들의 반동적 본질을 파악하고 신랄한 어조로 폭로해야 한다.
ㄴ. 기본 말투는 입말투이다. 마주앉아 이야기하는 것과 같은 입말투의 특성을 적극 살려야 한다.

(4) 어린이를 대상하는 방송화술

① 쉬운 표현으로 또한 느린 속도로 이야기하며 친근한 어머니의 말처럼 이야기한다.
② 흥미가 있도록 한다.
③ 어린이 세계에 깊이 잠겨 자연스럽고 진실하게 말해야 한다.

선동물 방송 화술

(1) 선동 방송 화술

대중을 선동하는 방법 가운데 가장 효과적인 방법이 대중 앞에서 말로 선동하여 사람들을 행동케 하는 구두 선동이다. 선동 방송 화술은 다른 방송 화술에 비하여 높고 센 목소리로 형상하며 발음의 탄력과 절도가 있다. 또한 화술 형상 수법이 다양하다. 대상의 제한과 환경, 조건에 관계없이 진행할 수 있으며 문체의 구애도 받지 않는다.

(2) 신문사 논설 화술

사설 방송의 말투는 읽기투를 기본으로 하면서 입말 억양의 특성을 적극적으로 반영한 입말식 읽기투가 되도록 하여야 한다. 선동성과 호소성이 강한 힘있는 어조, 억양을 취해야 하며, 김일성에 대한 끝없는 존경과 흠모, 김일성의 심려를 더는 것을 큰 행복으로, 최상의 영예로 여기는 노동 계급의 진실한 감정을 옳게 전달해야 한다.

(3) 정론 화술

논리적 감정이 지배하는 사논설과 달리 논리적 감정과 심리적 감정이 예술적으로 배합된 종합적인 선동 화술이다. 혁명적 열정, 기백, 투지가 정론의 전반을 일관하고 있다. 찬양할 때는 격조 높이 자랑하고 미워할 때는 주먹을 떨며 이를 가는 증오감으로 형상한다.

(4) 선동 구호 화술

김일성 교시와 그 구현인 당 정책 관철에서 매 시기 나서는 투쟁 과업을 짧은 말로 함축하여 주는 선동 수단이다. 선동 구호에서 요구되는 조건으로, 구호의 내용이 잘 전달되어야 하며 최대한 선동성을 보장하여야 한다.

실황 방송 화술

(1) 체육 경기 실황 방송과 화술
① 문법적인 측면에서, 단일문, 단순문을 주로 쓰며, '토'의 줄임을
   많이 사용한다.
② 형상적 측면에서, 발음 속도가 빠를 뿐만 아니라 그것이 끊임 없
   이 조절된다. 보통 말의 속도가 1분에 260~270자라면 체육 경
   기 실황 방송의 말속도는 1분 동안에 260자부터 800자에 이른
   다. 감정 표현은 비교적 단조롭다.
③ 체육 경기 실황 방송에서는 쉬운 말을 쓰는 데 특별히 주의를 돌
   려야 한다. 고유한 우리말을 살려 쓰는 데 각별한 주의를 돌려야
   하며 새로 다듬은 체육 용어들을 적극 받아들여야 한다.

(2) 공개 방송을 할 때 사회하는 방법과 화술
사회자는 출연자들과 미리 약속이 있어야 한다. 출연자가 약속한
대로 이야기를 다 못하거나 하지 않을 때에는 보충하거나 일깨워 주어
야 한다. 토론자의 말을 그대로 되풀이하지 말고 토론자의 말에 잇대어
사상을 강조한다. 사회자는 모임의 흐름과 분위기를 명랑하고 흥겹게
하기 위하여 노력하여야 하며 출연자들에게는 친근감을 주며 겸손해야
한다. 출연자의 말을 필요 이상 가로채거나 관중을 무시하는 듯한 말과
행동이 있어서는 안 된다.

(3) 방송 대화와 화술
방송 대화 화술에서 지켜야 할 일반적 원칙으로 묻는 말이나 대답
하는 말이 주체사상에 철저히 복종되면서 간결하게 진행되어야 하며
대화는 자연스럽고 통속적인 입말로 하여야 한다. 방송 대화에서는 주
체사상과 분위기에 맞는 어조를 취하여야 하며 문화성을 높여야 한다.

3. 북한의 언어 예절

북한의 언어 예절에 대해서 종합적으로 살펴 볼 수 있는 자료는 북한어학자료총서 중 1983년 김동수가 간행한 『조선말례절법』(과학 · 백과사전출판사, 평양)이다. 이 책에서는 여기에 소개된 내용을 정리하는 방식을 택하기로 하겠다.

3.1. 『조선말례절법』(1983)의 구성

『조선말례절법』(1983)에서 언어 예절과 관련되는 부분은 크게 예절 관련 표현 수법과 수령님에 대한 언어예절, 일상사회생활에서의 언어 예절로 나뉘어지고 있다. 예절 관련 표현 수법에서는 다시 이야기를 듣는 사람(청자)에 대한 예절과 이야기에 등장하는 사람에 대한 예절로 나뉘고 이들은 각각 문법적 수단, 어휘적 수단, 말법을 바꾸는 수법(수사법)의 세 가지와 문법적 수단, 어휘적 수단, 에두르는 수법(완곡어법)의 세 가지로 나뉘고 있다. 수령에 대한 언어 예절에서는 ①수령에 대한 말이나 글, ②수령에게 드리거나 글을 올릴 때의 예절로 구분하여 설명하고 있다. 마지막으로 일상사회생활에서의 언어 예절은 높이는 언어 예절, 같이 대하는 언어 예절, 낮추는 언어 예절로 구분하여 설명하고 있다.

이를 정리하면 다음과 같다.

예절 관련 표현 수법
① 이야기를 듣는 사람
    ㉠ 문법적 수단
    ㉡ 어휘적 수단
    ㉢ 말법을 바꾸는 수단
② 이야기에 오른 사람
    ㉠ 문법적 수단
    ㉡ 어휘적 수단
    ㉢ 에두르는 수법
③ 수령에 대한 언어 예절
    ㉠ 수령에 대한 말이나 글

      ⓛ 수령에게 드리거나 글을 올릴 때
    ④ 일상사회생활에서의 언어 예절
      ㉠ 높이는 언어 예절
      ⓛ 같이 대하는 언어 예절
      ⓒ 낮추는 언어 예절

3.2. 예절 관련 표현 수법

이야기를 듣는 사람에 대한 예절 관계 표현 수법

이야기를 듣는 사람에 대한 예절 관계를 나타내는 수법으로는 문법적 수단, 어휘적 수단, 말법을 바꾸는 수법(수사법)으로 나누고 말차림범주(계층)는 크게 존경과 비존경으로 나누고 비존경은 다시 같음과 낮춤으로 나누고 있다.

〈표1〉 이야기를 듣는 사람에 대한 예절 관계 표현 수법(존경)

수법 \ 구분	말차림토(종결어미)				어휘적 수단			말법을 바꾸는 수법			
	알림 (평서)	물음 (의문)	시킴 (명령)	추김 (청유)	사람대명사 (인칭)	느낌말 (감탄)	부름말 (호칭)				
존 경	≪습니다/ㅂ니다 계열 습/ㅂ니다, 습/ㅂ디다, 답니다, 랍니다, 랍디다, 리다 ≪-요≫계열 ㄴ걸요, 던걸요, ㄴ데요, 로군요, 더군요, 구만요, 누만요, 아요/어, 여요, 지요, 마요…	습/ㅂ니까 습/ㅂ디까 답디까 랍디까 리까 ㄴ가요 ㄹ가요 지요, 나요, ㄹ지요 던가요…	라요 시라요 라구요 아요 /어 여요	자요 자구요	저 저희 그대 당신 귀-	아닙니다 천만에요 글쎄요 옛습니다 옛어요	-님 -동지 -어른 -이시여 -선생님	추김	물음	알림	알림

〈표2〉 이야기를 듣는 사람에 대한 예절 관계 표현 수법(비존경)

<table>
<tr>
<th colspan="2" rowspan="2">수법 / 구분</th>
<th colspan="5">말차림토(종결어미)</th>
<th colspan="3">어휘적 수단</th>
<th colspan="3" rowspan="2">말법을 바꾸는 수법</th>
</tr>
<tr>
<th colspan="2">알림
(평서)</th>
<th>물음
(의문)</th>
<th>시킴
(명령)</th>
<th>추김
(청유)</th>
<th>사람대명사
(인칭)</th>
<th>느낌말
(감탄)</th>
<th>부름말
(호칭)</th>
</tr>
<tr>
<td rowspan="2">비존경</td>
<td>같음</td>
<td>요, 오/소, 다오/라오, 습/ㅂ데, 네, 다네, 데, 군, 구려, 마구</td>
<td>지, ㄴ걸, 는걸, 던걸, 더라니, 더라니까, 구마, 로구만, 아/어, 여, 야</td>
<td>나, 는가, 던가, ㄴ지, ㄹ지, 던지, ㄹ가</td>
<td>게시오, 오/소, 구려, 라구</td>
<td>세, ㅂ세, 자구</td>
<td>나, 우리, 너, 너희</td>
<td>응, 아무렴, 그래, 아니, 천만에, 옛소…</td>
<td>○○아!, ○○!, ○○이여, 여보, 여보게, 동무</td>
<td rowspan="2">시킴</td>
<td rowspan="2">시킴 또는 추김</td>
<td rowspan="2">물음</td>
</tr>
<tr>
<td>낮춤</td>
<td>다, 라, 단다, 로다, 이라/어여라, 구나, 누나, 더러, 마</td>
<td></td>
<td>냐, 니, 느냐, 더냐, ㄹ소냐, 랴</td>
<td>라, 아라, 렴, 렴아, 려무나</td>
<td>자, 자꾸나</td>
<td></td>
<td>응, 그래, 오냐, 암, 그렇구말구, 옛다, 흥, 쳇…</td>
<td></td>
</tr>
</table>

이야기에 오른 사람에 대한 예절 관계 표현 수법

이야기에 오른 사람에 대한 예절 관계를 나타내는 수법으로는 문법적 수단, 어휘적 수단, 에두르는 수법(완곡어법)이 있고 말차림범주(계층)는 존경과 비존경으로 나누고 있다.

<표3> 이야기에 오른 사람에 대한 예절 관계 표현 수법

수법 \ 구분	문법적 수단			어휘적 수단						에두르는 수법(완곡어법)
	존경토	격토		명사, 형용사, 동사, 부사 등		이름말(호칭어)	대명사		성구 속담	
		주격	여격				가리킴	들이킴		
존경	시	께서	께	존경의 뜻을 가진 단어		-동지 -님 - 선생님 -어른	≪이, 그, 저≫+분, 이, 동지, 손님, 선생	자신	정중한 것 또는 중성적인 것	에두르는 표현
비존경	같음	○	가이	중성적인 것		이름 직무 직위 -동무	이들 그 저사람 저동무	저 자기 자신		보통 표현
	경멸 증오			경멸, 증오의 뜻 또는 빛갈을 가진 단어	경멸, 증오의 뜻 또는 뜻빛갈을 가진 단어	-놈 -녀석 -자식 -년 · ·	≪이, 그, 저≫+년, 놈, 자식, 자	제놈	경멸 야유 증오	

3.3. 수령에 대한 언어 예절

『조선말례절법』 제3장 2절의 「위대한 수령님에 대한 언어례절」에서 "말하거나 글을 쓸때, 어버이수령님께 자기들의 사업 성과와 결의, 행복과 기쁨에 대하여 말씀드리거나 삼가 글을 올릴 때 우리 인민들은 티없이 맑고 깨끗한 충성의 마음을 안고 최대의 존칭표현과 가장 정중한 말법으로 언어례절을 표시하고 있다."고 하여 "최대"와 "최고"의 예절을 강조하고 있다.

수령님에 대한 말이나 글

(1) 존칭토(주체 존대어미) '시'를 쓴다(이 때 주격토 '가/이' 대신에 '께서'를 쓴다).

이 자리는 그때 수령님께서 앉으셨던 자리입니다.

(2) 존칭토 '시' 뒤에 '옵/오'를 더 붙여 최대의 존경을 더욱 정중하게 표현한다.

하루라도 한시라도 편히 쉬시옵기를….

(3) 여격토(존칭의 조사) '께'를 쓴다

경애하는 대원수님께서는 바로 이것을 리용하여 일제놈들끼리 싸움을 하도록 하셨던것이다.

(4) 존경의 뜻을 가진 동사나 형용사를 쓴다.

· '주무시다, 계시다 말씀하시다'
· '있다 → 계시다'로 바꿔서 표현한다.
  → '고 계시다'로 써서 그 단어가 나타내는 뜻의 지속성을 표현한다.
· '교시하시다, 현지지도하시다, 인솔하시다, 령도하시다, 심려하시다, 보살피시다, 배려하시다, 선물하시다'
· '모시다, 뵙다, 만나뵙다, 드리다' 이 중 '모시다'는 위대한 수령님의 영상, 동상, 초상화, 사적비 등을 정중히 표현할 때, '드리다'는 '께'와 함께 써서 최대의 정중함을 표시한다.

(5) 존경의 뜻을 가진 명사류, 부사류 단어를 쓴다.

· 심려, 배려, 선물
· 가르치심, 보살피심, 부르심
· 성함, 존함, 안광, 신상, 저택

·분, 이 〈그분, 그이〉
·몸소, 친히, 손수
·재귀대명사는 오직 '자신'만 쓴다.

(6) 위대한 수령님을 정중히 일러 모시는 말에는 위대한 수령님의 존함 또는 다른 이름말에 '님, 동지'를 붙인다. 그리고 위대한 수령님을 친어버이로 모시고 있는 끝없는 자랑과 긍지를 안고 '우리, 어버이, 아버지'와 같은 단어를 앞에 붙여 일러모신다.

경애하는 원수님께서는 이야기를 얼마나 재미나게 하셨던지….
위대하신 수령님, 영명하신 장군님, 경애하는 최고사령관 동지

(7) 위대한 수령님에 대한 정중한 표현으로 에두르는 표현(완곡어법)을 쓴다.

사령관동지, 점심식사는 준비된지 오랩니다.
그런데 벌써 저녁때가 … 아침식사도 번지시고….

(6) 위대한 수령님과 다른 사람이 함께 이야기 대상이 될 때, 함께 등장하는 인물은 존경표현을 제한하고 낮추어 표현한다.

우리 할아버지가 이야기하는데 김일성장군님께선 항일무장투쟁시기 동에 번쩍 서에 번쩍 하셨다던데요.

(7) 위대한 수령님에 대한 표현은 문장의 제일 앞에 놓는다. 남한에서는 주어가 문장의 제일 앞에 오는 것이 일반적 원칙이지만 북한에서는 수령에 대한 존경심을 표현하기 위하여 이렇게 한다.

위대한 수령 김일성동지께 그이의 탄생 70돐을 맞으며 여러 나라 지도자들이 축전을 삼가 드리였다.

수령님께 직접 말씀을 드리거나 글을 올릴 때의 예절

(1) 가장 높이는 정중한 토 '-습니다, -ㅂ니다'로 쓴다.

위대하신 어버이수령님이시여, 부디 만수무강하십시오.

(2) 정중한 언어를 골라쓴다.

나 → 저, 우리 → 저희

(3) 수령님께 말씀을 드리거나 교시를 받는 경우에 '요'가 붙은 감동어들을 쓰지 않는다.

예! 그렇습니다. 옳습니다. 아닙니다

(4) 수령님께 말씀드릴 때는 말법을 바꾸는 수법(수사법)을 쓴다. '시킴'의 경우 될수록 피하고 추김이나 알림 또는 물음의 방법으로 바꾸어 표현한다.

수령님, 밤이 퍽 깊었습니다.("이제 그만 주무십시오"의 말법을 바꾼 경우)

3.4. 일상사회생활에서의 언어 예절

높이는 언어 예절

"높이는 언어례절은 나이 또는 사회적 지위로 보아 웃사람인 경우에 그리고 친족적 계렬에서 항렬로 보아 웃사람에 대하여 쓰며, 이밖에도 특별한 의도에서 높이 대접하는 사람에게 쓰인다."고 하였다.

(1) 이야기에 오른 윗사람에 대한 언어 예절
① 존칭토 '시'를 쓴다.

큰오빠는 일하신다.

② 존경의 뜻 또는 뜻빛깔을 가진 단어들을 골라 써서 높인다.

주무시다

③ 윗사람을 가리키는 대명사를 쓸 경우
≪이, 그, 저≫+「윗사람을 이르는 말, 직무·직위·이름·기타 다른 표식, 분·이·동지 등」을 붙여 쓴다. 이 경우 뒤에 '님'을 붙여 쓰면 좀더 존대하는 표현이 된다.

이분, 이동지, 그동무, 저선생, 저 선생님

④ 윗사람의 행동, 성질, 상태를 표현할 때에 에두르는 수법(완곡어법)으로 높인다.

몸이 무거우시다.

(2) 말을 듣는 윗사람에 대한 언어 예절
① '습니다/ㅂ니다' 계열의 존칭토를 쓴다.
② '요' 계열의 존칭토를 쓸 수 있다. '습니다/ㅂ니다' 계열보다는 낮은 표현이 된다. 이 계열로 표현할 경우, 공적인 환경에서는 상냥하고 친절한 감정을 가지고 대할 때 쓰이며 여성들과 어린이를 상대로 말할 때에 많이 쓰인다. 이러한 특징은 남한과 유사하다.
③ 인칭대명사를 쓸 경우
겸손성을 띤 인칭대명사 '저, 저희, 저희들'을 쓰고, '당신, 당신들'은 주로 공식적인 글에서 상대편을 높이어 가리킬 때 쓰인다.

④ 호칭어를 잘 가려 쓴다.

ㄱ. 친척관계에 있는 경우 친척관계의 이름을 부르고 좀더 높일 경우에는 뒤에 '님'을 더 붙인다.

아버지, 어머니, 아버님, 할아버님

ㄴ. 사회적으로나 나이로 보아 윗사람일 경우, 직무나 직위 또는 이름 뒤에 '동지'를 붙여 부른다.

지배인동지

ㄷ. 지식을 가지고 정신 노동을 하는 사람들은 '선생님'이라 부른다.

박사선생님

ㄹ. 윗사람에 대하여 그의 직급이나 직무 뒤에 '님'이나 '어른'을 붙여 부를 수 있다

사무장어른

⑤ 느낌말(감탄어)를 잘 골라 쓴다.

느낌말로 이루어진 낱말은 상대방에 대한 야유, 경멸, 비칭의 느낌이나 태도의 뉘앙스가 있는 것을 피하고, 정중하게 높이는 낱말을 골라 써야 한다.

⑥ 에두르는 수법(완곡어법)으로 높인다.

같이 대하는 언어 예절

나이나 사회적 직위가 비슷한 사람끼리, 친족 관계에서 같은 항렬에 속하는 사람들 사이에서 쓰이는 언어 예절로서 "이야기에 오른 사람을 같이 대하는 언어 예절"과 "말을 듣는 사람을 같이 대하는 언어 예절"이 있다.

① 상대의 직무, 직위, 이름만을 부르거나, 뒤에 '동무'를 붙여 부른다.
② 부부 사이에는 '여보'라고 부르며, 갓 결혼한 사이에는 이름이나 성에 '동무'를 붙여 부르기도 한다.
③ 대명사로는 '자네' 등이 쓰인다.
④ 높임의 등급으로는 '하게말'이나 '하소말' 그리고 '요' 계열의 말이 쓰인다.

낮추는 언어 예절

나이나 사회적 직위가 아래이거나 친족적 계열에서 아래 항렬에 속하는 사람에게나, 나이에 관계없이 낮추어야 할 대상에게 쓰이는 언어 예절이다.

① 아랫사람을 이르는 경우에는 직무 또는 대명사만으로 쓰는 것보다 '동무'나 기타 표식을 붙여 쓰는 것이 보다 정중하고 예의적이다.
② 지시대명사 '이, 그, 저'를 그대로 쓰거나 다른 칭호를 붙여 쓴다. 인칭대명사를 쓰는 경우에는 자신에 대하여는 '나(내, 우리)'를 쓰며, 상대방은 '너(너희들)'를 쓴다.
③ 높임의 등급으로는 '해라말'을 쓴다.

참고문헌

강상호(1989), 『조선어입말체연구』, 사회과학출판사.

고영근(1989), 『북한의 말과 글』, 을유문화사.

구현정(2000), 『개정 대화의 기법』, 경진문화사.

국립국어연구원(1992), 『표준 화법 해설』, 국립국어연구원.

국립국어연구원·조선일보사(1992), 『우리 말의 예절』.

김동수(1983), 『조선말례절법』, 과학백과사전출판사.

김상준(1991), 남북한 방송언어의 음성 언어적 특징, 『KBS 한국어 연구 논문』 30.

남성우·정재영(1990), 『북한의 언어생활』, 고려원.

려증동(1984), 『한국 가정 언어』, 삼일당.

려증동(1989), 북한의 언어 예절, 『북한의 말과 글』, 을유문화사.

리상벽(1975), 『조선말화술』, 사회과학출판사.

박현우(1995), 북한 방송의 실태와 방송 언어, 『KBS 한국어 연구 논문』 42.

이옥련 외(1997), 『남북한 언어 연구』, 박이정.

이주행(2000), 『방송화법』, 역락.

장은하(1997), 북한의 언어예절, 『김정일 시대의 북한언어』, 태학사.

전영우(1989), 북한의 화법, 『북한의 말과 글』, 을유문화사.

정재영(1991), 북한의 경어법, 『새국어생활』 1-3, 국립국어연구원.

홍아영(1997), 남북 언어의 이질화 현상과 극복 방안, 건국대학교 교육대학원 석사학위논문.

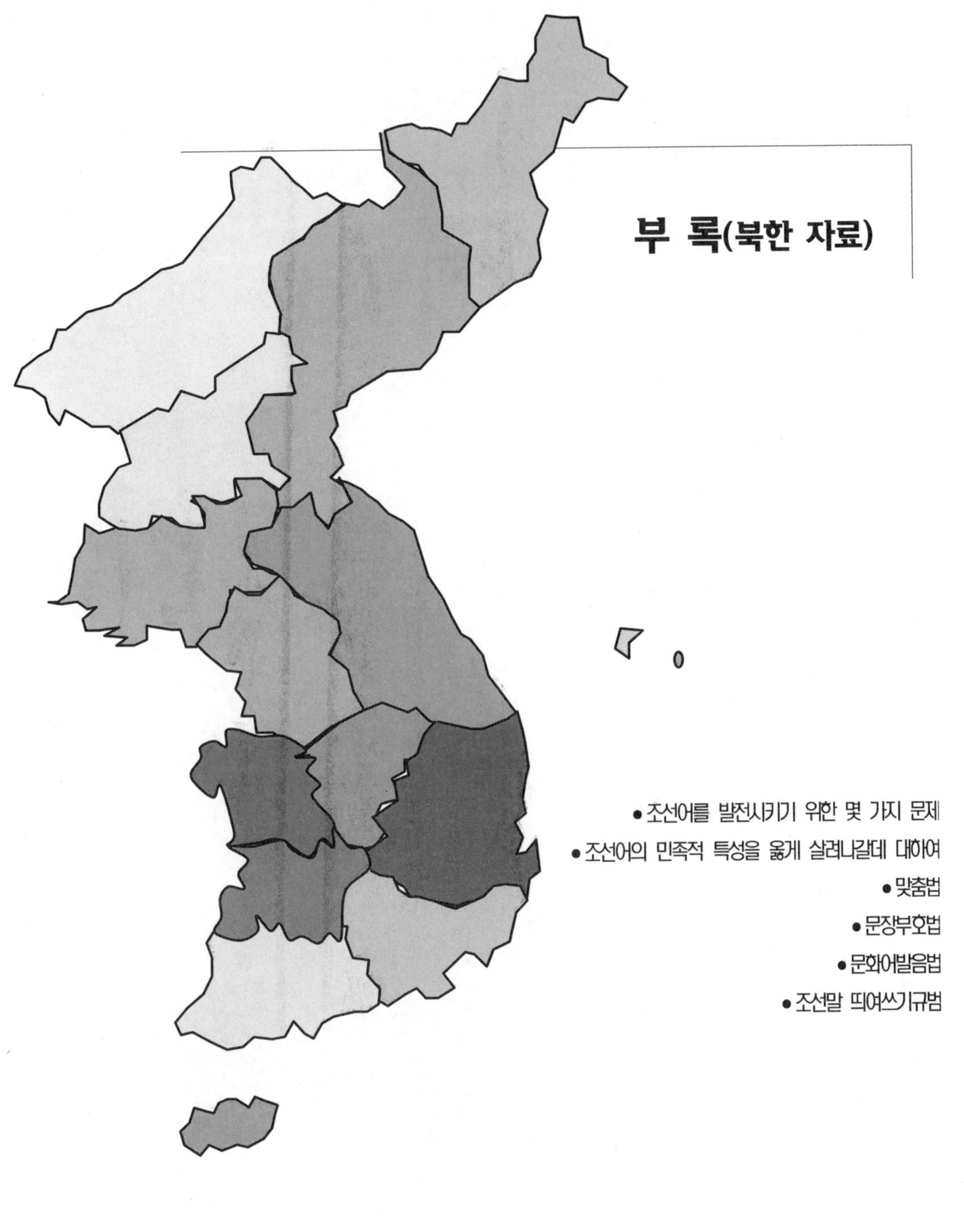

부 록(북한 자료)

조선어를 발전시키기 위한 몇 가지 문제
조선어의 민족적 특성을 옳게 살려나갈데 대하여
맞춤법
문장부호법
문화어발음법
조선말 띄여쓰기규범

조선어를 발전시키기 위한
몇 가지 문제

– 언어학자들과 한 담화(1964년 1월 3일)
『김일성 저작집』 18권 –

　　벌써 오래전부터 언어문제에 대하여 동무들과 한번 의논해보려고 생각하고있었으나 여러가지 일때문에 지금까지 미루어왔습니다. 오늘 나는 우리 나라 언어학의 발전과 관련된 문제들에 대하여 동무들에게 좀 말하려고 합니다.

　　지난날 언어학문제, 특히 문자개혁문제에 대하여 여러번 론쟁이 있었습니다.

　　어떤 사람들은 문자개혁을 곧 하자고 하였으나 우리는 그것을 결정적으로 반대하였습니다. 우리가 문자개혁론을 반대한 중요한 리유는 무엇입니까?

　　첫째로, 어떤 사람들은 언어문제를 민족문제와 결부시키지 않았습니다. 언어는 민족을 특징짓는 공통성가운데서 가장 중요한것의 하나입니다. 피줄이 같고 한령토안에서 살아도 언어가 다르면 하나의 민족이라고 말할수 없습니다.

　　조선인민은 피줄과 언어를 같이하는 하나의 민족입니다. 미제의 남조선강점으로 말미암아 우리 나라가 남북으로 갈라져있지만 우리 민족은 하나입니다. 지금 남조선사람들이나 북조선사람들이나 다 같은 말을 하고있으며 같은 문자를 쓰고있습니다.

　　그런데 만일 우리가 그들의 주장대로 문자개혁을 한다면 어떻게 되겠습니까? 남북조선사람들이 서로 다른 글자를 쓰게 되면 편지를 써보내도 모르게 되고 신문, 잡지를 비롯한 출판물들도 서로 알아볼수 없게 될것입니다. 이것은 조선인민의 민족적공통성을 없애며 결국은 민족을 갈라놓는 엄중한 후과를 가져오게 될것입니다. 그들은 자기의 문자개혁만 보고 민족이 갈라지는것은 보지 못하였습니다. 우리 공산주의자들은 자기 민족을 갈라놓는 그 어떠한 문자개혁도 절대로 허용할수 없습니다.

둘째로, 그들은 당장 문자개혁을 하는것이 과학과 문화의 발전에 큰 지장을 준다는것을 고려하지 않았습니다.

과학과 문화의 발전에서 문자는 매우 중요한 역할을 합니다. 신문, 잡지, 과학기술서적들, 문학작품들이 다 문자로 씌여집니다. 문자가 없이는 과학과 문화를 배울수도 없으며 발전시킬수도 없습니다.

해방전에 일본제국주의자들은 우리 말과 글을 없애려고 하였습니다. 그들은 일본말을 ≪국어≫라고 하면서 조선말을 못쓰게 하고 일본말을 쓰게 하였습니다. 그래서 그때에는 일부 어문학자들이나 조선말을 연구하였지 다른 사람들은 대체로 조선말을 공부하지 못하였습니다.

해방과 함께 우리는 잃어버릴번하였던 자기의 말과 글을 도로 찾았습니다. 해방후 우리는 민족문화를 빨리 발전시키는 방침을 내세우고 문맹퇴치사업을 힘있게 진행하였으며 인민교육을 널리 발전시켰습니다. 이렇게 한 결과 우리 인민은 다 자기 글을 알고 쓰게 되였습니다. 오늘 우리 나라에서는 신문, 잡지를 비롯한 모든 출판물들이 다 우리 글로 나오고 있으며 인민들이 그것을 읽고 리해하고있습니다.

그런데 우리가 갑자기 문자를 고친다면 어떻게 되겠습니까? 모든 사람들이 한꺼번에 다 문맹자로 되여버릴것이며 모두다 글을 새로 배우지 않으면 안될것입니다. 그리고 책들과 그밖의 출판물들도 다 새 글자로 다시 써놓아야 할것입니다. 사람들이 새 글자를 배울 때까지는 출판물을 통하여 근로자들속에 과학과 기술 지식이나 문학과 예술도 보급할수 없을것입니다. 이렇게 되면 우리는 과학문화의 발전에서 몇십년 뒤떨어질수 있습니다.

지금 우리 나라는 과학과 기술의 발전에서 앞선 나라들보다 뒤떨어져있습니다. 그러므로 우리 인민이 이미 다 알고 있는 글을 가지고 과학기술을 빨리 보급하여야 하겠는데 무엇때문에 문자개혁을 하여 과학기술의 발전을 더욱 뒤떨어지게 하겠습니까.

셋째로, 그들은 문자발전의 국제적인 방향도 고려하지 않았습니다. 우리는 공산주의자들입니다. 우리는 자기의 말과 글을 발전시키는데서 세계인민들의 언어발전의 공통적인 방향을 고려하여야 합니다.

물론 언어발전을 세계공통적인 방향에 접근시킨다고 하여 너무 빨리 우리 언어의 민족적인 특성을 버려도 안됩니다.

온 세계가 다 공산주의자로 되려면 아마 상당한 시일이 걸릴것입니다. 그러므로 일정한 시기까지는 민족적인것을 살려야 합니다. 민족적인것만 보고 세계공통적인것을 보지 않는 것도 잘못이며 반대로 세계공통적인것만 보고 민족적인것을 보지 않는것도 잘못입니다.

이런 견지에서 볼 때 그들의 문자개혁론은 우리에게 리해되지 않습니다. 우리는 여러번 그들의 설명을 들어보았으나 그들은 아무런 과학적인 근거도 내놓지 못하였습니다.

우리 당이 그들의 문자개혁론을 반대한것은 전적으로 옳았습니다.

그들은 문자개혁이 우리 사회생활에 미치는 영향을 보지 못하였으며 문자개혁의 옳은 방향도 알지 못하였습니다. 그들은 민족의 앞날도 과학기술의 발전도 고려하지 않고 다만 공명심에 사로잡혀 자기들의 취미에 맞게 주관적으로 새 문자를 만들어냈으며 당장 그것을 보급하려고 하였습니다.

원래 언어는 민족문제와 관련되고 국가적문제와 관련되여있으며 사람들의 모든 생활과 밀접한 관계를 가지고있습니다. 그러므로 말과 글을 어떻게 발전시키는가 하는것은 아주 심중한 문제입니다.

우리는 문자개혁자체를 반대하는것이 아닙니다. 우리의 글에 일정한 결함이 있으니만큼 앞으로 그것을 고칠데 대하여 연구하는것은 필요한 일입니다.

우리 글은 네모난 글입니다. 이 글자를 그냥 쓰겠는가 하는것은 연구해보아야 합니다. 고치면 좋은 점도 있습니다. 보기도 쉽고 타자도 문자의 기술화도 빨리 할수 있습니다.

그러나 문자개혁을 하더라도 남북이 통일된 다음에, 우리의 과학기술이 세계적수준에 오른 다음에 하여야 합니다. 그때에 가서는 문자를 고쳐도 같은 민족이 서로 다른 글을 쓰는 일이 없게 될것이며 또 사람들이 새 문자를 배우는데 일정한 시간이 걸려도 과학문화의 발전에 별로 큰 지장이 없을것입니다.

지금은 남북조선사람들이 다같이 쓰고있는 문자를 그대로 써야 하며 이것을 가지고 과학과 문화를 발전시켜야 합니다.

그리고 앞으로 우리의 문자를 고치더라도 민족적인 특성을 살리면서 세계공통적인것에 쉽게 접근할수 있도록 하여야 합니다.

이와 같은것들은 문자개혁에서뿐만아니라 우리 언어의 발전과 관련된 모든 문제에서 우리가 지침으로 삼아야 할 원칙입니다.

우리 민족이 자기의 고유한 말과 글을 가지고있다는것은 우리의 큰 자랑이며 커다란 힘입니다. 조선인민은 오랜 옛날부터 자기의 고유한 언어를 가지고있기때문에 훌륭한 민족문화를 창조할수 있었으며 자기 민족의 아름다운 풍습과 전통을 계속 간직하여올수 있었습니다. 우리 인민은 자기의 훌륭한 언어를 가지고있음으로 하여 민족적자부심이 높고 단결력도 강합니다.

오늘도 우리의 말과 글은 우리 나라의 경제와 문화, 과학과 기술의 발전에서, 사회주의건설의 모든 분야에서 힘있는 무기로 되고있습니다. 만일 우리에게 좋은 말과 글이 없었고 그것을 통하여 이루어지고 이어받아온 오랜 력사와 문화의 전통이 없었더라면, 오늘 우리의 글이 전체 인민에게 널리 보급되지 못하고 따라서 근로자들의 사상의식과 기술문화수준을 빨리 높이지 못하였더라면 우리는 사회주의건설에서 천리마를 탄 기세로 빨리 나아가지 못할것입니다.

사실 우리 조선말은 아주 좋은 말입니다. 우리 말은 류창하며 높고낮음과 길고짧음이 있고 억양도 좋으며 듣기에도 매우 아름답습니다. 우리 말은 표현이 풍부하여 복잡한 사상과 섬세한 감정을 다 잘 나타낼수 있으며 사람들을 격동시킬수 있고 울릴수도 있으며 웃길수도 있습니다. 우리 말은 례의범절을 똑똑히 나타낼수 있기때문에 사람들의 공산주의도덕교양에도 매우 좋습니다. 또한 우리 나라 말은 발음이 매우 풍부합니다. 그렇기때문에 우리 말과 글로써는 동서양의 어떤 나라 말의 발음이든지 거의 마음대로 나타낼수 있습니다.

우리는 자기의 말과 글을 응당 자랑해야 하며 사랑하여야 합니다.

물론 조선말에도 부족점들이 있습니다. 우리는 자기 나라 말의 부족점들을 없애고 우리 말을 더욱 정확하고 아름다운것으로 발전시켜야 합니다.

지금 우리가 관심을 돌려야 할 가장 중요한 문제는 우리 말에 많이 섞여있는 한자어에 관한 문제입니다.

무엇보다먼저 한자어에 대한 태도를 옳게 가져야 하겠습니다. 지금 옛날사람들이 쓰다가 버린 한문투의 말들이 많이 되살아나오고있으며 또 한자를 되는대로 섞어만든 새로운 단어들이 자꾸 나오고있습니다.

과학과 기술이 발전하고 사회가 전진하는데 따라 우리 말의 어휘도 더 늘어가야 할것입니다. 우리는 새 단어도 많이 만들어야 합니다.

그런데 새로 나오는 말들은 우리 말 어근에 따라 만드는것을 원칙으로 하여야 합니다. 단어체계를 고유어와 한자어의 두 체계로 하여 복잡하게 만들 필요가 없습니다. 단어는 우리 고유어에 근거하여 하나의 체계로 만들어야 합니다. 동무들은 우리 말 어근이 얼마나 되고 한자어근이 얼마나 되는지 조사하여 통계를 내볼 필요가 있습니다. 우리 말 어근이 적기때문에 자꾸 한자어가 들어오지나 않는지도 알아보아야 합니다. 우리 말 어근만 가지고 안된다면 딴 문제이지만 그렇지 않은 한 우리는 우리 말 어근으로 조선어를 발전시켜야 합니다.

례를 들어 《못》이라는 우리 말을 가지고 《나사못》, 《타래못》, 《나무못》과 같이 새로운 단어를 만드는것이 좋습니다. 그러나 요즘 나오는 단어들을 보면 《돈육》, 《자돈》, 《모돈》, 《묘목》, 《묘포전》과 같이 젊은 사람들은 모를것이 많습니다. 우리가 한자를 그냥 쓴다면 몰라도 한자를 쓰지 않는 조건에서 이런 말을 자꾸 만들어내서는 안됩니다. 《뽕잎》, 《뽕밭》, 《뽕나무》라고 하면 될것을 《상엽》, 《상전》, 《상목》이라고 말하는데 한자를 아는 사람들은 이런 말도 알수 있으나 젊은 사람들은 알수 없을것입니다. 《상전》이라고 쓰면 아마 젊은 사람들은 괴뢰들이 미국놈을 자기들의 주인으로 모신다고 욕할 때 쓰는 《상전》과 헛갈릴수 있습니다. 《누에치기》, 《명주》, 《명주실》이라는 좋은 말이 있는데 《양잠》이니, 《잠견》이니, 《잠사》니 하는 말을 쓰며 《돼지우리》라고 하면 될것을 《돈사》라고 하며 《열아홉살》이라고 하면 될것을 《십구세》라고 하는것도 다 잘못입니다.

《담배》라는 좋은 말이 있는데 무엇때문에 《연초》라는 말을 쓰겠습니까? 《석교》라는 말도 《돌다리》라고 쓰는것이 좋습니다.

물론 이미 우리 말로 완전히 되어버린 한자어까지 버릴 필요는 없습니다. 《방》, 《학교》, 《과학기술》, 《삼각형》과 같은 말은 다 우리 말로 되였습니다. 우리가 《학교》를 구태여 《배움집》으로, 《삼각형》을 《세모꼴》로 고칠 필요는 없습니다. 이것은 하나의 편향입니다.

또한 《업》이라는 말도 없앨수 없을것 같습니다. 《사업》, 《농업》, 《공업》과 같은 말은 다 써야 합니다.

특히 과학론문이나 정치보고에서는 한자어가 비교적 많이 쓰일수 있습니다. 정치술어는 좀 복잡합니다. ≪련합회≫, ≪분과회≫ 같은 말들은 아마 그냥 쓸수밖에 없을것입니다. 그리고 한자어를 일정하게 쓰더라도 중국말을 발음만 고쳐서 그대로 써서는 안됩니다. ≪사업보고≫를 ≪공작보고≫라고도 하는데 ≪공작보고≫는 중국말입니다. 누구나 다 아는 ≪사업보고≫라는 말을 써야 합니다. 중국에서 내는 잡지 ≪홍기≫의 조선문판을 보면 현대중국말을 그대로 조선말발음으로 옮겨놓은 단어들이 많습니다. ≪정거장≫을 ≪화차참≫, ≪로동계급≫을 ≪공인계급≫이라고 쓰고있는데 이런것들은 조선말이 아닙니다.

이미 어근이 한자로 되여 굳어진것은 뜯어고칠 필요가 없습니다. 잘못은 우리 말도 많은데 잘 찾아쓰지 않고 한자어를 자꾸 만들어서 쓰는것입니다. 우리는 꼭 써야 할 한자어들을 일정한 정도에 국한시켜놓고 그이상 자꾸 만들어쓰지 않도록 하여야 합니다. 지금처럼 한자어를 제멋대로 막 만들어쓰면 마지막에는 우리 말은 얼마 남지 않게 될것입니다.

한마디로 말하여 같은 뜻의 단어로서 고유어와 한자어의 두가지가 있을 경우에는 될수 있는대로 고유어를 쓰며 일정한 한자어를 쓰되 이미 우리 말로 굳어진것만 쓰고 그 범위를 제한하며 새로운 한자어를 자꾸 만들어낼것이 아니라 어디까지나 우리 나라의 고유한 어근을 기본으로 하여 우리 말을 더 풍부히 하고 발전시켜야 할것입니다.

이렇게 하는것이 우리 말을 발전시키는 옳은 방향이라고 생각합니다.

다음으로 외래어도 정리해야 하겠습니다. 우리는 될수 있는대로 외래어를 쓰지 말고 자기 나라 말을 쓰도록 하여야 합니다. 해방직후에 오기섭은 멋을 부리느라고 ≪이데올로기야≫니, ≪헤게모니야≫니 하는 말을 마구 쓰면서 조선어를 로어화하려고 하였습니다. 그래서 우리는 그를 비판하여주었습니다. 또한 지금 남조선멋쟁이들은 영어와 일본말을 망탕 섞어 쓰면서 우리 말을 못 쓰게 만들고있습니다.

그런데 우리에게도 다른 나라 말을 함부로 쓰는 폐단이 없지 않습니다. 례를 들면 ≪시험≫이라는 말을 ≪에끄자멘≫이라고 하며 ≪학급≫이라는 말을 ≪클라스≫라고 합니다. 지금 ≪빨란≫이라는 말과 ≪계획≫이라는 말, ≪템포≫라는 말과 ≪속도≫라는 말들이 있는데 ≪계획≫, ≪속도≫라는 우리 말을 쓰는 것이 대중에게 더 알기 쉽습니다.

어떤 사람들은 ≪양복저고리≫라고 하면 될것을 ≪우와기≫라고 하며 ≪양복바지≫를 ≪즈봉≫이라고 하면서 계속 일본말을 쓰고있습니다. 특히 광산에서 쓰는 말가운데는 일본말이 아주 많습니다.

사과이름에도 ≪욱≫이니, ≪축≫이니 하는 말이 있는데 이것은 ≪아사히≫니, ≪이와니≫니 하는 일본말을 조선식으로 발음한것입니다. 만일 그 종자가 일본것이라면 일본이름을 붙일것이고 우리 나라것이라면 우리 이름을 붙여야 할것입니다.

다른 나라에서는 술이름을 대체로 그 나라의 지명을 따서 붙이고있습니다. ≪샴팡≫은 프랑스의 지명이며 중국 ≪모태주≫의 ≪모태≫도 중국 귀주의 지명입니다. 우리도 북청에서 나는 시과는 ≪북청≫이라고 부르고 황주에서 많이 나는 사과는 ≪황주≫라고 부르는것이 좋을것입니다.

물론 외래어를 다 없앨수는 없습니다. 외래어를 어느 정도 쓰는것은 피할수 없으며 얼마간은 받아들여야 합니다.

특히 과학기술용어로서는 외래어를 적지 않게 써야 할것입니다. ≪뜨락또르≫, ≪선반≫, ≪볼반≫, ≪타닝반≫과 같은 말은 다 그냥 쓰는것이 좋습니다. ≪뜨락또르≫ 같은것은 원래 우리 나라에 없었던것이기때문에 외래어를 그냥 쓰는수밖에 없습니다. 과학기술용어를 고칠 때에는 전문가들과 협의해야 합니다.

다른 나라 고유명사는 일본말이나 중국말로 발음할것이 아니라 그 나라 발음을 그대로 따르는것이 좋습니다. 나라이름은 그 나라 말로 써야 합니다.

수자를 쓸 때에도 우리 나라의 수사체계에 따라야 합니다. 우리는 만을 서양사람들처럼 ≪10천≫이라고 써서는 안됩니다. 우리는 만을 단위로 해야 합니다. 물론 보통 수자들을 밑으로부터 세단위씩 점을 쳐올라가는것은 세계공통적이기때문에 그대로 하는것이 좋습니다.

우리는 조선말에 많이 섞여들어온 외래어를 정리하고 적게 쓰도록 하며 될수 있는대로 우리 말을 살려야 합니다.

다음으로는 한자문제에 대하여 말하겠습니다. 한자를 계속 써야 하겠습니까 쓰지 말아야 하겠습니까? 한자를 쓸 필요는 없습니다. 한자를 만들어낸 중국사람자신도 배우기 힘들고 쓰기 불편하여 앞으로는 버리자고 하는데 무엇때문에 우리가 그것을 쓰겠습니까?

한자는 하나의 다른 나라 글로서 일정한 시기까지만 써야 합니다.

한자문제는 반드시 우리 나라의 통일문제와 관련시켜 생각하여야 합니다. 우리 나라의 통일이 언제 되는지 누구도 찍어서 말할수는 없으나 어쨌든 미국놈이 망하고 우리 나라가 통일될것은 틀림없습니다. 그런데 지금 남조선사람들이 우리 글자와 함께 한자를 계속 쓰고있는 이상 우리가 한자를 완전히 버릴수는 없습니다. 만일 우리가 지금 한자를 완전히 버리게 되면 우리는 남조선에서 나오는 신문도 잡지도 읽을수 없게 될것입니다. 그러니 일정한 기간 우리는 한자를 배워야 하며 그것을 써야 합니다. 물론 그렇다고 하여 우리 신문에 한자를 쓰자는것은 아닙니다. 우리의 모든 출판물은 우리 글로 써야 합니다.

다음으로 말할것은 단어형태를 어떻게 표시할것인가 하는 문제입니다.

단어는 띄어써야 합니다. 지금 우리 나라 글에서는 단어들이 하나하나 고정된 형태를 이루지 못하고있습니다. 그러니 글자들을 죽 늘어놓은것 같아서 한문이나 구라파나라들의 글보다 얼핏 보아서는 눈에 잘 들어오지 않습니다. 원래 서양글처럼 가로 풀어써야 단어형태가 고정될것입니다. 단어형태가 고정되여있지 않기때문에 철자법도 어렵습니다. 그러나 단어형태를 고정시키는 문제는 아마 남북이 통일된 다음에 해결해야 할것입니다. 이 문제에 대해서는 지금부터 잘 연구해 두는것이 좋습니다.

지금과 같은 네모글자를 가지고라도 띄어쓰기와 점치기같은것으로 조절하면 이 문제도 어느 정도 풀릴수 있을것 같습니다. ≪강과 물≫은 ≪강, 물≫로 써야 하지만 ≪강물≫은 ≪강 물≫로

띠여쓸것이 아니라 ≪강물≫로 붙여써야 합니다. 넓적글자를 가지고도 반드시 단어화하도록 연구해야 합니다.

띠여쓰는것과 붙여쓰는것을 잘 조절하면 우리의 글도 훨씬 보기 쉽게 될것입니다. 타자를 칠때도 반드시 한 단어는 붙여쓰도록 하고 단어와 단어사이에는 일정한 사이를 두어야 합니다.

이밖에도 우리의 언어학발전과 관련하여 많은 문제가 있을것입니다. 이 부문에서 일하고있는 학자들은 우리 나라의 언어학을 발전시키기 위하여 많은 노력을 해야 하겠습니다.

우리 말을 발전시키는데 있어서 어떤 다른 나라 말을 본받아도 안되며 또 영어나 일본말이 많이 섞여든 서울말을 표준으로 할수도 없습니다. 우리는 어디까지나 우리 나라의 고유한 말을 기본으로 하고 사회주의를 건설하고있는 우리가 중심이 되여 조선말을 발전시켜야 합니다.

먼저 우리 말을 좀 정리해야 하겠습니다. 지금 단계에서는 말을 정리하는것이 중요합니다. 말을 정리한 다음에 문자 형태와 철자법도 보아야 합니다. 우리 말을 정리하는것은 결코 쉬운 일이 아닙니다. 여기에는 많은 조사연구사업이 필요하며 또한 강한 통제가 있어야 합니다.

동무들은 조선고유어휘가 얼마나 되고 조선어로 되여버린 한자어가 얼마나 되는가를 알아보아야 하겠습니다. 계속 써야 할 한자어가 얼마나 되고 버릴것이 얼마나 되는가를 조사하여 버려야 할것은 대담하게 사전에서도 빼버리는것이 좋습니다. 사전에 있는 말을 쓴것을 잘못이라고 하기도 곤난합니다. 그러므로 우리가 쓰지 않을 한자어는 한어사전에만 올리고 조선말사전에서는 아예 빼버려야 하겠습니다. 과학원에서 만들어낸 ≪조선말사전≫에는 한자어가 너무 많아서 마치 중국의 옥편 같습니다. 앞으로는 사전을 이렇게 만들지 말아야 하겠습니다.

그리고 성이나 다른 기관들에서 새말을 되는대로 만들어 내지 못하게 하며 모든 기관들이 공문이나 출판물들에서 정확한 조선말을 쓰도록 강하게 통제하여야 하겠습니다.

어문학연구소가 우리 말을 정리하며 새말을 만들어내는것을 통제하는 기관으로 되여야 합니다. 동무들은 그전의 말을 잘 다듬는데 그치지 말고 좋은 말을 많이 만들어내야 합니다. 그러기 위해서는 동무들자신이 더 깊이 연구하고 더 많은 노력을 해야 할것입니다. 우리 말을 정리하는데 있어서 개별적으로 동무들의 귀에 거슬리는것은 나쁘다고 하고 거슬리지 않는것은 좋다고 하여 혼란을 일으키는 일이 없도록 하여야 할것입니다.

언어학자들은 우에서 말한 기본방향에 따라 우리 말을 정리하며 더 풍부히 하고 발전시켜야 하겠습니다.

다음으로 사상적으로 동원하고 사회적운동을 벌려 모든 사람들이 우리 말을 옳바르게 쓰는 기풍을 세워야 하겠습니다. 힘든 한자어를 쓰지 말고 군중이 알수 있는 쉬운 말을 써야 한다는것을 당적으로 널리 선전해야 하겠습니다. 우리 사회주의사회에서는 자본주의사회와는 달리 당이 옳은 방향만 내세우면 대중은 인차 그것을 따라옵니다.

우리는 해방직후부터 힘든 말을 쓰지 말고 쉬운 말을 쓸것을 주장하여왔으나 아직도 대중이 알아듣지 못할 어려운 말을 쓰는 사람들이 많습니다.

어떤 사람들은 마치 남이 모르는 한자어를 많이 쓰는것을 유식한것으로 알고있는데 사실은 이런 사람은 무식한 사람입니다. 쉬운 말을 하고 쉬운 글을 쓰는것이 더 유식하고 고상하다는것을 알려주어야 하겠습니다.

원래 맑스-레닌주의에 정통한 사람들은 어려운 말을 쓰지 않고도 모든 리론을 알기 쉽게 잘 해설합니다. 그런데 리론을 깊이 알지 못하는 사람일수록 책에서 문구를 따기 좋아하며 힘든 말을 늘어놓아 남이 알아들을수 없게 하는것입니다. 여기에는 또한 어문학지식이 적은데도 일정한 원인이 있습니다. 대학을 나온 사람들도 조선말을 잘못 쓰는것으로 보아 학교들에서 조선말을 제대로 가르치지 못하는것 같습니다.

모든 학교들에서 조선어교육을 더욱 개선강화하며 모든 기관들에서도 국어학습을 제도화하여야 하겠습니다.

조선말사전을 고칠뿐만아니라 필요한 참고서적도 내야 합니다. 어문학교과서를 고치며 어문학교원을 많이 길러내야 하겠습니다. 다른 모든 교과서들도 말과 글을 정리하는 방향에서 다시 검토하여야 하겠습니다.

이러한 대책들을 세워 사람들이 다 우리 말과 글을 옳바르게, 알아듣기 쉽게 쓰도록 하여야 하겠습니다.

조선어의 민족적 특성을 옳게 살려나갈데 대하여

- 언어학자들과 한 담화(1966년 5월 14일)

『김일성 저작집』 20권 -

나는 오늘 동무들에게 우리 민족어를 더욱 발전시킬데 대하여 좀 이야기하려고 합니다. 이 문제에 대하여서는 이미 그전에도 말하기는 하였지만 다시한번 강조하려고 합니다.

우리가 늘 말하는것이지만 우리 나라는 중국, 일본, 쏘련과 같은 큰 나라들과 과학기술이 비교적 발전된 나라들사이에 있습니다. 그리하여 지난날 우리 나라 사람들가운데서 이 나라들에 대한 사대주의가 생겨났으며 이 나라들과의 정치적 접촉과 경제문화적교류 과정에 이 나라들의 말이 우리 나라에 적지 않게 들어왔습니다.

리조봉건시기에는 중국에 대한 사대주의가 심하여 그 나라의 말들이 많이 들어왔습니다. 그리하여 지금도 우리 사람들이 중국식한자말을 많이 쓰고있습니다. 어느때인가 소금밭에 가보니 거기에서 쓰이는 말들은 거의다 중국식말들이였습니다. 과학기술용어뿐만아니라 늘 쓰는 말에도 중국식표현이 많습니다. 지금 우리의 일군들이 ≪일하는 시간≫이라는 말을 ≪사업시간≫, ≪공작시간≫이라고 하고 ≪낮잠≫을 ≪오침≫이라고 하는것과 같은것들이 그 전형적실례로 될수 있습니다.

나는 지난날에 중국 광동에 가서 연극을 구경한 일이 있었는데 연극에 나오는 사람들이 말하는 한자음이 우리 사람들이 쓰는 한자음과 비슷하였습니다. 그러니 우리 한자음의 많은것이 중국 광동지방의 한자음 같은것에서 들어왔다고 할수 있습니다.

지난날 일제놈들이 우리 나라를 강점한 다음에는 일본말도 많이 들어왔습니다. 그래서 지금 우리가 쓰고있는 말들가운데는 고쳐야 할 일본식말들이 적지 않은것입니다. 사과이름도 일본말로 부르는것이 많습니다. 지금 우리 사람들이 ≪국광≫이라고 부르는 사과의 이름은 일본사람들이 붙인것입니다. 그 사과가 원래 일본에서 온것도 아니겠는데 이렇게 일본이름이 붙어있습니다. ≪국광≫뿐만아니라 ≪욱≫이나 ≪축≫과 같은 사과이름들도 일본사람들이 붙인것입니다.

사정은 벼이름에서도 마찬가지입니다. 지금 사람들은 ≪류우132호≫요, ≪중생은방주≫요 하면서 일본사람들이 지어놓은 이름을 부릅니다.

심지어 일제때에 살아보지도 못한 우리의 어린이들까지도 ≪양복저고리≫를 ≪우와기≫라고 하고 마시는 ≪차≫를 ≪오차≫라고 하며 차그릇을 받치는 ≪차반≫을 ≪오봉≫이라고 합니다.

해방된 다음에는 로어가 들어와서 우리 말에 뒤섞이려 하는것을 막았습니다.

그런데 오늘 또 우리 나라에 순수한 조선말이 아닌 중국 간도지방에서 사는 조선사람들이 쓰는 중국식조선말도 들어오고 해방후에 남조선사람들이 쓰는 조선말에 영어와 일본말과 한자말이 뒤섞인 범벅이말도 들어오고 귀국동포들을 통하여 일본에서 사는 조선사람들이 하는 일본식조선말도 들어오고있습니다.

지금 중국 연변이나 북간도에서 사는 조선사람들은 ≪정거장≫을 ≪화차참≫이라고 하고 ≪로동계급≫을 ≪공인계급≫이라고 한다든가 그밖에 우리가 모르는 중국식조선말들을 만들어 쓰고 있습니다. 간도에는 조선사람이 한 100만명 있는데 그들이 쓰는 말들이 들어오는것은 큰 문제가 아닙니다.

귀국동포들을 통하여 일본말이 들어오는것도 크게 문제될것이 없습니다.

문제는 남조선에서 쓰고있는 말에 있습니다. 지금 남조선신문 같은것을 보면 영어나 일본말을 섞어쓰는것은 더 말할것도 없고 한자말은 중국사람들도 쓰지 않는것까지 망탕 쓰고있습니다. 사실 남조선에서 쓰고있는 말에서 한자말과 일본말, 영어를 빼버리면 우리 말은 ≪을≫, ≪를≫과 같은 토만 남는 형편입니다. 언어는 민족의 중요한 징표의 하나인데 남조선에서 쓰고있는 말이 이렇게 서양화, 일본화, 한자화되다보니 우리 말 같지 않으며 우리 말의 민족적특성이 점차 없어져가고있습니다. 이것은 참으로 위험한 일입니다. 이것을 그대로 두다가는 우리 민족어가 없어질 위험도 있습니다.

그전에 일본공산당의 한 간부와 이야기하여보니 지금 일본말도 다른 말과 뒤섞이고있다고 합니다. 그의 말에 의하면 일본에서는 과학이 발전하고있기는 하나 자기 민족의것은 거의 없고 미국화되고 있으며 과학자체가 장사군들의 돈벌이에 리용되고있다고 합니다. 말하자면 오늘의 일본과학은 참다운 과학이 못된다는것입니다.

일본사람들이 과학발전에서 이렇게 미국본만 따다보니 영어가 많이 들어와서 섞이고 일본말이 영어화되고있다고 합니다.

참다운 애국자는 공산주의자입니다. 오직 공산주의자들만이 자기 나라 말을 참으로 사랑하고 발전시키기 위하여 힘쓰는것입니다.

공산주의자들인 우리는 우리 말의 민족적특성을 살리고 그것을 더욱 발전시켜나가야 합니다.

공산주의자가 아니라고 하더라도 민족적량심을 가진 조선사람치고 우리 말의 민족적 특성이 없어져가는것을 좋아할 사람은 하나도 없을것입니다. 남조선에도 지주, 매판자본가, 반동관료배들을 내놓고 절대 다수의 인민대중은 우리 민족을 사랑하며 우리 조국을 사랑하는 애국주의사상을 가진 사람들입니다. 그러므로 그들은 다 우리 민족어의 발전을 바랄것입니다.

우리는 한자말과 외래어를 고유한 우리 말로 고치고 우리 말을 체계적으로 발전시켜나가야 하겠습니다.

고유어와 한자말이 뜻이 꼭같을 때에는 고유어를 쓰고 한자말을 쓰지 말도록 하며 사전에서도 그런 한자말은 빼야 합니다. 례를 들어 《상전》, 《석교》 같은 한자말은 버리고 《뽕밭》, 《돌다리》라는 우리 말을 써야 합니다. 인민들속에서 비교적 많이 쓰이고있는 한자말이라고 해도 그에 맞는 고유어가 있으면 사전에서도 빼버리고 고유어를 쓰도록 하여야 합니다. 례를 들어 《하복》이란 말은 비교적 많이 쓰이고있지만 《여름옷》이라고 쓸수 있는것만큼 사전에서 빼야 합니다. 이런것들까지 다듬으면 너무 많이 고친다고 의견을 받을수도 있으나 그렇게 하지 않으면 한자말을 점차 줄일수 없고 고유어를 발전시킬수 없습니다. 만일 앞으로 사전에서 빼버린 말들가운데서 인민들이 계속 쓰는것이 있으면 그것은 그때에 가서 다시 사전에 넣도록 하면 될것입니다.

방언에서도 좋은것들을 찾아내여 써야 합니다. 우리가 지난날 빨찌산투쟁을 할 때에 안길동무는 일반적으로 함경도문화가 서울문화보다 못하다고 하지만 함경도에 조선말은 더 많다고 하면서 함경도에서는 《기차》를 《불술기》라고 하는데 그것이 좋지 않은가고 하였습니다. 그래서 나는 그에게 함경도에는 그대신에 《비지깨》나 《거르만》과 같은 외래어가 있지 않는가고 하면서 롱담한 일도 있습니다.

《불술기》란 말이 얼마나 좋습니까? 물론 지금에 와서 《기차》를 《불술기》라고 고칠 필요는 없습니다. 우리가 방언들을 잘 조사해보면 지금도 쓸수 있는 좋은 우리 말이 있을것입니다.

고유어를 적극 찾아 고장이름도 우리 말로 부르도록 하여야 합니다. 우리 말로 부르는것이 한자말로 부르는것보다 더 고상합니다. 가령 《붉은바위》를 《적암》이라는 식으로 한자말로 바꾸어 놓으면 더 좋은것이 아니라 아주 초라합니다. 지금 고장이름을 한자말과 고유어의 두가지로 부르는것이 적지 않습니다. 《돌다리골》을 《석교동》이라고 하는것이 바로 그런 실례입니다. 고유어로 된 고장이름들을 다 조사하여 될수록 한자말을 쓰지 않도록 하여야 하겠습니다. 우리가 이미 사회과학원에 고장이름을 조사해보라고 하였는데 그 사업이 어떻게 되고있는지 모르겠습니다. 아마 사회과학원의 힘만으로는 그 사업을 다 하기 벅찰것 같습니다. 그러므로 내각에서 이 사업을 보장하기 위한 결정이나 명령을 하나 내려보내도록 하는것이 좋겠습니다. 앞으로 고유어로 된 고장이름을 다 조사하면 그대로 쓰게 하고 지도를 다시 찍으면 됩니다. 행적구역이름도 내각결정으로 고치게 하면 될것입니다.

우리는 이미 있는 고유어를 찾아쓸뿐아니라 고유어로 새말을 만들어쓰기도 하여야 합니다.

물론 새말이 처음에는 쓰기 좀 어색합니다. 그러나 그것도 자꾸 써나면 일없습니다. 한자말이기는 하지만 《최고인민회의》라는 말에 대한 실례를 들어보겠습니다. 우리가 처음에 이 밀을 만들 때 어떤 사람들은 다른 나라에서는 《국회》라고 하는데 고정기관의 이름을 《회의》라고 하면 안된다고 하였습니다. 그러나 우리는 그 말을 듣지 않고 《최고인민회의》라고 쓰기 시작하였습니다. 처음에는 그렇게 부르는것이 어색한것같이 생각되였으나 자꾸 써버릇하니 지금은 좋지 않습니까? 다른 말들도 필요하면 이렇게 새로 지어쓰면 됩니다.

내 생각에는 《국광》이나 《욱》, 《축》 같은 이름도 그 사과가 나는 고장이름을 따서 고쳐 짓는것이 좋겠습니다. 그 사과가 어디서 가장 많이 나며 어디것이 제일 맛있는가를 참작하여 《북청》이나 《송화》라고 할수도 있고 또는 《남포》나 《룡강》이라고 할수도 있을것입니다.

우리는 벼이름도 다 우리 말로 고쳐야 합니다.

지금 어떤 동무들은 사과나 벼 같은것은 이때까지 부르던 이름에 버릇되였기때문에 그것을 다른 이름으로 고치기 힘들다고 하는데 주저하지 말고 대담하게 고쳐야 합니다. 그런것조차 일본말 이름을 그대로 두고 앞으로 후대들에게 무엇이라고 설명하겠습니까? 지금 남조선에서 일본식한자말들을 모두 그대로 쓰고있는 형편에서 우리까지 가만히 있으면 우리 말은 정말 없어지고말것입니다. 우리는 일본식한자말들을 대담하게 고쳐야 합니다.

지난날 우리 조상들은 사대주의병에 걸려 사람의 이름도 한자말로 지었습니다. 앞으로 어린이들의 이름은 될수록 고유어로 짓는것이 좋겠습니다.

다른 나라들과의 과학문화교류를 통하여 새로 들어오는 외래어들은 우리 말로 제때에 고치도록 하여야 합니다. 어떤 나라나 다 과학기술이 먼저 발전한 나라를 따라가기마련입니다. 그러다보니 발전된 나라 말이 들어오게 되여 외래어가 생깁니다. 그러나 외래어도 처음 들어올 때 자기 나라 말로 고치면 됩니다. 우리 나라에 《대백종》과 《씨비리북부종》이라는 쏘련돼지종자가 들어와서 《중화재래종》과 교잡하여 새로운 돼지종자를 만들었을 때 우리는 그것을 《평양종》이라고 하였는데 그것이 얼마나 부르기 좋습니까? 다른것들도 이렇게 우리 말로 고치면 될것입니다.

그런데 학술용어는 너무 풀어쓰지 말아야 합니다. 새로 나오는 말들에 대하여서는 국어사정위원회에서 잘 통제하여야 하겠습니다.

한자말과 외래어를 고친다고 하여 일률적으로 고치지 말아야 합니까. 한자말이라고 하더라도 사람들에게 확고하게 인식되고 우리 말로 완전히 굳어버린것은 그냥두어야 합니다. 례를 들어 《학교》, 《방》 같은것은 한자말이라고 보지 않아도 좋을것이며 따라서 그런 말들은 고치지 않아도 됩니다. 지금 많이 쓰이는 《법칙》이란 말을 놓고보아도 당장 고쳐쓸 다른 신통한 말이 없습니다. 《갱도》라는 말도 마찬가지입니다. 사회과학이나 자연과학에는 이런 말들이 많은데 그것들을 고치는것이 문제입니다.

그리고 한자말과 고유어가 뜻이 같으면서도 뜻의 폭이 꼭같지 않은것들은 잘 고려하여야 합니다. 례를 들어 《지하》와 《땅속》, 《심장》과 《염통》은 뜻이 같지만 그 폭이 다르므로 한자말과 고유어를 다 그대로 두는수밖에 없습니다. 만일 《지하투쟁》이란 말을 《땅속투쟁》이라고 고치거나 《평양은 나의 심장》이란 말을 《평양은 나의 염통》이라고 고치려고 해서는 안될것입니다. 이런 한자말까지 모조리 없애버린다면 우리의 언어생활에 큰 혼란이 일어날수 있습니다. 그러므로 고유어와 한자말이 뜻이 같다고 하더라도 구체적경우에 따라 서로 달리 처리하여야 합니다.

군사용어는 고칠수 있습니다. 해방된 다음에 우리가 몇가지 군사용어들은 고쳤습니다. ≪차렷≫도 우리가 지어준 말입니다. 그전에 쓰던 ≪기척≫은 일본말인데 독립군도 동북에서 이 말을 썼습니다. 홍범도도 그랬고 리범석도 군관학교에서 이 말로 학생들을 가르쳤습니다. 그래서 우리는 ≪기척≫을 ≪차렷≫으로 고쳤습니다. 원래 구령은 마지막소리가 힘이 있어야 합니다. 해방후 우리는 구한국 때와 일제때 쓰던 구령들을 모두 고치자고 하였으나 그대로 넘어가고말았습니다. 지금 군대에서 쓰는 말에는 한자말이 적지 않습니다.

≪방독면≫도 한자말이며 점수를 매길 때 쓰는 ≪우≫, ≪량≫도 다 한자말입니다. 세계적으로 공통적인 군사용어라면 몰라도 그렇지 않은것은 우리 말로 쓰는것이 좋습니다. 군사기술용어도 세계적으로 공통적인것을 내놓고는 우리 말로 써야 합니다.

말을 다듬는데서 단어들의 결합관계를 고려해야 할것도 있습니다. ≪일기≫란 말을 례로 들어보겠습니다. 우리가 그저 ≪일기≫라고 할 때에는 ≪날씨≫라고 쓸수 있으므로 그것을 없앨수 있지만 ≪일기예보≫와 같은 단어의 결합을 고려할 때에는 ≪일기≫라는 말도 그대로 두어야 합니다.

우리 말을 발전시키기 위하여서는 터를 잘 닦아야 합니다. 우리는 우리 혁명의 참모부가 있고 정치, 경제, 문화, 군사의 모든 방면에 걸치는 우리 혁명의 전반적 전략과 전술이 세워지는 혁명의 수도이며 요람지인 평양을 중심지로 하고 평양말을 기준으로 하여 언어의 민족적특성을 보존하고 발전시켜나가도록 하여야 하겠습니다.

그런데 ≪표준어≫라는 말은 다른 말로 바꾸어야겠습니다. ≪표준어≫라고 하면 마치도 서울말을 표준하는것으로 그릇되게 리해될수 있으므로 그대로 쓸 필요가 없습니다. 사회주의를 건설하고 있는 우리가 혁명의 수도인 평양말을 기준으로 하여 발전시킨 우리 말을 ≪표준어≫라고 하는것보다 다른 이름으로 부르는것이 옳습니다.

≪문화어≫란 말도 그리 좋은것은 못되지만 그래도 그렇게 고쳐쓰는것이 낫습니다.

다음으로 우리 말을 잘 다듬기 위하여서는 신문에 내여 지상토론을 하게 하여야 합니다. 언어학도 대중의 평가를 받아야 합니다. 학술용어 같은것도 신문에 한주일에 두세번쯤 내야 하며 다듬을 말을 한번에 열댓개씩 신문에 내여 대중이 평론도 쓰게 하고 질문도 내게 하여야 합니다. 다듬을 말은 중앙신문에도 내고 지방신문에도 내고 그와 반대되는 의견도 다 알려주어야 합니다. 지상토론에서는 제기되는 의견들도 다 알려주어 많은 사람들의 지혜를 동원하도록 하는것이 중요합니다. 지상토론을 많이 하여야 우리 말이 잘 다듬어질뿐만아니라 그것이 대중속에 널리 알려집니다. 이와 같이 용어들을 대중이 평론하게 하고 좋은 의견들을 모아 마지막에 표준으로 삼을 말을 정하여쓰도록 하는것이 좋습니다.

말을 다듬는데서 대중의 지혜를 모으면 좋은것이 나올수 있습니다. 특히 사회과학이나 기술과학에 쓰는 말과 같이 고치기 힘든 말들은 널리 토론하여 다듬어야 합니다.

우리 말을 고치는 일은 빨리 서둘지 말고 오래동안에 걸쳐 하나하나 해나가야 합니다. 결코 모든 단어를 하루이틀동안에 갑자기 다 우리 말로 고칠수는 없습니다. 몇십몇백년동인 내려온 말을 하루아침에 다 고친다면 사람들이 받아들이지 않을것은 물론, 고친 사람들자신도 모두 기억하지 못하여 다 쓰지 못할것입니다. 이 사업은 전체 인민의 일상적인 언어생활과 관련되여있는것만큼 주관적욕망만 가지고 깜빠니야적으로 해서는 절대로 안됩니다. 한자말이나 외래어를 단번에 많이 고치려고 하지 말고 하나하나 고쳐나가는 섬멸전의 방법으로 점차적으로 고쳐나가야 하겠습니다.

먼저 우리가 늘 쓰는 말부터 바로잡아야 하겠습니다. 지금 보통교육부문학교들에서 쓰는 단어가 5,000~6,000개쯤 된다는데 그런 정도의것을 먼저 다듬어 보급하고 그다음것은 다듬어놓았다가 먼저것이 다 보급된 다음에 내놓아야 합니다. 동무들이 내놓은 초안에는 단번에 2만개의 단어를 고쳐 내보낼것을 예견하였는데 그것은 너무 많습니다. 인민들이 늘 쓰는것이 5,000개면 5,000개, 만개면 만개로 정해놓고 그것부터 먼저 고치는것이 좋습니다. 누에가 뽕먹듯이 점차 먹어들어가는 방법으로 하여야지 그렇지 않으면 큰 혼란이 일어날수 있습니다. 그렇기때문에 우리가 늘 쓰는 말부터 먼저 고쳐나가야 하겠습니다.

그리고 우에서 말한대로 군사용어는 고치기는 고쳐야 하는데 지금 당장 고치는것은 좀 이릅니다. 군사용어는 앞으로 형편을 보아서 고쳐야 합니다. 그것을 고칠 때에도 사전에는 넣지 말고 따로 고쳐야 할것입니다.

말을 얼마씩 계획적으로 고치고는 모든 사람들이 반드시 그것을 쓰도록 하여야 합니다. 그러자면 말들을 잘 다듬어 파악있는 용어를 내보내야 합니다. 그렇게 하지 않고 파악이 없는것을 내보내면 사람들이 받아들이지 않고 본래의 말을 그대로 쓸수 있습니다. 그러므로 이 사업은 아주 심중하게 하여야 합니다.

사람들이 고유한 우리 말을 잘 쓰도록 하려면 단어책을 만들어야 합니다. 단어 7,000~8,000개나 만개쯤 들어간 사전을 만들어 표준으로 삼게 하면 사람들이 학자들을 일일이 찾아다니지 않아도 될것입니다. 그러나 이런 단어책은 많이 찍어내지 말아야 합니다.

그리고 동무들이 학술용어집을 출판하겠다고 제기하였는데 그것은 아직 파악이 없으니 출판하여 책방에서 팔게 하지말고 초안을 만들어 기관들에만 주어야 합니다. 그리하여 당 및 국가 기관들에서 그것을 얼마동안 표준으로 삼게 하여 학술용어들이 기관에서부터 점차 아래에 내려가도록 하여야 합니다. 학술용어는 아래에서 지어내는것이 아니라 중앙에서, 내각과 성에서 지어 내려보냅니다. 그러므로 학술용어초안을 기관들에서 먼저 5~6년이나 10년쯤 써보면서 그동안 자꾸 다듬어 내보내도록 하여야 합니다.

다음으로 고유한 우리 말들을 대중속에 빨리 들어가게 하기 위하여서는 그것을 교육부문, 특히 초등학교에서부터 먼저 받아들이게 하며 신문과 방송에서도 제때에 받아들이도록 하여야 합니다.

지금 나이많은 사람들은 한자말에 버릇되였기때문에 보통 쓰는 말도 한자말을 많이 씁니다. ≪일상용어≫라는 말도 ≪늘 쓰는 말≫이라고 하면 되겠는데 한자말에 버릇되다 보니 그대로 씁니다. 나이많은 사람들은 글을 쓸 때에도 낡은 맞춤법에 버릇되여 잘못씁니다.

그러므로 우리 말을 잘 보급하려면 학교에서부터 시작하여야 합니다. 학교에서는 인민학교 1

학년 학생들부터 새로 다듬은 우리 말을 배우도록 하여야 합니다. 고유한 우리 말들을 다 살려 어린이들에게 가르쳐주어 그들이 어른들의 틀린 말을 고쳐주도록 하여야 합니다. 가령 늙은이들이 《오침》이라고 하면 어린이들이 제때에 《낮잠》이라고 고쳐줄수 있도록 하여야 합니다. 그리고 나이많은 사람들은 지난날 말을 잘못배워 한자말에 버릇되였다는것을 깨닫고 우리 말을 배우고 새것을 적극 살리기 위하여 힘써야 할것입니다. 그리하여 우리는 낡은것을 버리고 새것을 받아들이는 방법으로 우리 말을 되살려나가야 합니다.

고유한 우리 말을 빨리 보급하기 위하여서는 표준할 우리 말 초안을 교과서를 만들 때에도 쓰게 하며 그 초안이 정해지는데 따라 교과서의 용어도 몇해에 한번씩 고쳐나가도록 하여야 합니다. 표준할 우리 말 초안은 대학에도 주어 표준으로 삼게 하는것이 좋습니다. 그리고 신문사나 방송국에도 표준할 말 초안을 주어 쓰도록 하여야 합니다. 몇해동안 이렇게 해나가면 지난날 봉건통치배들이 사대주의를 하여 들여온 외래어와 한자말들이 좀 정리될수 있을것입니다.

지난날 우리 사람들에게 사대주의가 많이 작용하다보니 언어학뿐만아니라 다른 부문에도 그 영향이 적지 않게 미쳤습니다.

지난날 평양에는 《기자묘》라는것이 있었는데 이것도 결국 사대주의때문에 생긴것입니다. 우리가 《기자묘》를 없애고 그자리에 정각을 지어놓으니 지금은 누구도 《기자》를 찾는 사람이 없습니다. 이러한 전설들가운데서도 사대주의로 하여 잘못된것은 다 고쳐야 합니다.

지금도 일부 사람들은 사대주의를 버리지 못하고있습니다. 어떤 학자들은 우리 나라의 자원을 연구하여 우리의 공업을 발전시킬 생각은 하지 않고 다른 나라에 붙어살려고 합니다. 우리는 경제건설분야에서 사대주의를 반대하고 주체를 세워 우리 나라의 자원으로 자립경제를 건설하는 방향으로 나가야 합니다.

언어학에서도 주체를 세워 우리 말을 체계적으로 발전시키며 사람들이 그것을 쓰는데서 민족적 자부심과 긍지를 가지도록 하여야 하겠습니다.

온 세계가 다 공산주의로 되기까지는 사람들이 민족별로 갈라져 살기 마련이며 조선사람은 조선땅에서 살게 될것이므로 조선말을 계속 쓰게 될것입니다. 그러므로 우리는 어떻게 해서든지 우리 말을 잘 살리고 발전시켜야 합니다.

사실 우리 나라 말은 높고낮음이 똑똑하고 말소리가 아름답습니다. 우리 나라 발음법을 배우면 아무 나라 말도 다 잘할수 있습니다. 어떤 사람들은 한자말과 외래어를 써야 유식하고 위신있는것으로 생각하는데 이런 관점을 버려야 합니다.

우리는 모든 사람들이 한자말이나 외래어를 쓰는 사람은 민족적긍지가 없는 사람이고 자기 나라 말을 잘하는 사람이 유식하고 민족적자부심이 높은 사람이라고 생각하도록 하여야 합니다. 그리하여 누구나 다 《십구세》라고 하지 않고 《열아홉살》이라고 하는 식으로 자기 말을 살리는 것이 문명하다는 관점을 똑똑히 가지게 하여야 합니다. 그래야 우리말을 살리고 발전시킬수 있으며 후대들에게도 우리 말을 잃지않도록 그 토대를 잘 마련하여줄수 있습니다.

특히 옛날책을 번역하는 학자들속에서 우리 말을 살려 쓰는것이 문명하다는 관점을 똑똑히 세워야 합니다.

우리 학자들이 옛날책을 번역한것을 보면 많은 한자말을 그대로 두었습니다. 물론 그것도 쓰기는 우리 글로 썼지만 한문식말 그대로입니다. 이렇게 한자말을 그대로 두기때문에 사람들이 번역된 옛날책들을 보고도 잘 알지 못합니다. 우리 나라에는 옛날책이 많은데 그것을 다 한문식으로 번역하였기때문에 다시 고유한 우리 말로 번역하여야 할 형편에 있습니다. 그러니 청소년들도 옛날책을 잘 읽으려 하지 않습니다. 청소년들이 옛날책을 읽지 못하다보니 민족적풍속도 모르고 례절도 잘 지킬줄 모릅니다. 우리는 이 문제를 꼭 풀어야 하겠습니다.

우리는 옛날소설들을 현대사람들이 볼수 있도록 현대화하여야 하겠습니다. 옛날책들을 현대화하지 않고 사람들에게 한자를 가르쳐주어가지고 그것을 알게 하자면 어렵습니다. 그 전에 ≪춘향전≫을 알기 쉽게 고치라고 하였더니 지금은 좀 나아졌는데 다른것들도 다 알기 쉽게 만들어야 합니다. 옛날소설뿐만아니라 전설집, 사화집도 현대사람들이 알 수 있도록 현대화하여야 합니다. 그리고 옛날작품이야기가 나왔던김에 한가지 더 말할것은 옛날책을 가지고 영화나 연극 같은것을 만들 때에는 비속화하지 말아야 한다는것입니다. 영화 ≪량반전≫은 지내 비속화되여서 재미없습니다. 원래 이 작품은 그때 당시의 계급투쟁을 그린것인데 비속화하다보니 아이들이 그저 희극으로만 보고있습니다.

옛날책에 대한 번역은 한문지식이 있는 사람에게 시켜야 합니다. 앞으로 김대에 고전문학과와 같은것을 따로 내오고 똑똑한 사람들을 몇십명씩 받아서 한문을 가르쳐주며 또 문학도 가르쳐주도록 하는것이 좋겠습니다. 그들의 학습기간은 4년이 짧으면 6년으로 해도 좋습니다.

우리는 한자말을 될수록 쓰지 않도록 하면서도 학생들에게 필요한 한자는 대주고 그것을 쓰는 법도 가르쳐야 합니다. 남조선출판물과 지난날의 문헌들에 한자가 적지 않게 있는것만큼 사람들이 그것을 읽을수 있게 하려면 한자를 어느정도 가르쳐주어야 합니다.

우리가 학생들에게 한자를 가르쳐준다고 하여 어떤 형식으로든지 교과서에 한자를 넣어서는 안됩니다. 한자를 쓰지 말자고 하는데 왜 교과서에 그것을 넣겠습니까? 교과서들에 한자를 넣으면 남조선모양으로 됩니다. 일본사람들처럼 국한문을 반드시 섞어쓰지 않고는 안된다면 모르겠지만 그렇지 않은 이상에는 교과서에 한자를 쓸 필요가 없습니다.

우리 말을 살려 보급하는것과 함께 우리 글을 더욱 발전시키기 위하여 많이 연구하여야 하겠습니다.

지금의 우리 글자는 네모난 글자이기때문에 쓰기가 좀 불편합니다. 우리 글자는 주로 음을 표준으로 삼았으므로 발음하기는 좋지만 단어형태로 된것은 아닙니다. 그렇기때문에 글이 보기가 좀 어렵고 쓸 때에 조금만 획을 달리 써도 안되게 되여있습니다. 그리고 우리 글자는 인쇄의 기계화에도 불리합니다. 우리 글자를 가지고 타자를 하기도 힘듭니다.

글을 보는데 헐하게 하려면 단어를 형태화하여 한눈에 환히 안겨오도록 하여야 합니다. 물론 한자가 결함도 있지만 매 글자가 뜻을 가지고 눈에 안겨오는 좋은 점은 있습니다. 그렇다고 하여 우리 글을 한자모양으로 고치자는것은 아닙니다. 우리는 어디까지나 우리 글자를 가지고 우리 식으로 만들어야 합니다. 글을 보기 쉽게 만든다고 하여 라틴문자를 받아들이려고 하여도 안됩니다. 라틴문자로 하면 우리 말소리를 나타낼수 없습니다. 될수 있는대로 우리 글자를 가로 풀어서 타자하기도 쉽고 단어를 잘 알아볼수 있도록 하는것이 좋습니다. 옛날 우리 선조들도 글을 고치려고 애를 많이 썼습니다. ≪주시경유고집≫에서 우리의 글을 풀어서 가로 쓴 례를 보니 그것도 나쁘지 않습니다. 그것을 더 고치고 세련시켜보는것도 좋을것 같습니다. 그리하여 글자를 고친 다음에 글자원형은 어떻고 고친것은 어떻다고 알려주어 새 글자도 알게 하는것과 함께 본래의것을 내던지는 일이 없도록 하여야 합니다.

그러나 우리가 글자를 고쳐서 당장 쓰자는것은 아닙니다. 우리 인민은 하나의 민족입니다. 그러므로 조국이 통일되기전에 글자를 고쳐써서는 안됩니다.

지난날에 어떤 자는 공명심에 사로잡혀 글자개혁을 당장 하자고 하였습니다. 남북이 통일되지 못하였는데 글자를 개혁하면 어떻게 되겠습니까? 같은 민족끼리 편지를 하여도 알수 없게 되고 결국 우리 민족이 갈라지고말것입니다. 또한 글자를 개혁하면 과학문화의 발전에도 큰 지장을 줄수 있습니다. 갑자기 글자를 바꾸면 이미 글을 알고있던 사람들도 단꺼번에 다 문맹자가 될것입니다. 그렇기때문에 우리는 글자를 갑자기 개혁하는것을 반대하였습니다.

오늘 우리의 과학문화가 매우 발전하였습니다. 우리는 기술의무교육제를 당장 실시하려고 하는데 그러면 앞으로 우리 근로자들의 전반적인 기술문화수준이 더욱 높아질것입니다. 그러나 근로자들의 기술문화수준이 아무리 높아져도 조국이 통일되기전에는 우리 글자를 절대로 개혁할수 없습니다.

그렇다고 하여 글자를 개혁하기 위한 연구사업을 그만두라는것은 아닙니다. 지금부터 글자개혁안을 준비하여 성숙시켜야 하며 조국이 통일되기전에 그것을 완성하여야 합니다. 잘되면 고친 글자들을 학교에서 조금씩 가르치게 하는것도 좋습니다. 이렇게 준비하였다가 인민들의 기술문화수준이 더욱 높아지고 조국이 통일되면 지금의 네모글자를 없애고 인차 고친 새 글자를 쓸수 있도록 하여야 합니다. 조국통일이 그렇게 오래 걸리지는 않을것입니다. 그러므로 글자를 개혁할 준비도 지금부터 하여야 합니다.

우리의 언어학자들은 글자개혁안을 연구하는 한편 지금의 넓적글자를 가지고도 보기 헐하도록 하기 위하여 적극 힘써야 합니다. 원래 넓적글자는 가로보는것보다는 내리보는것이 더 편리하게 된것이지만 잘만 연구하면 가로읽는데 큰 지장이 없게 할수 있습니다.

우리 글을 보기 헐하게 하려면 띄여쓰기를 잘 규정하여 주는것이 중요합니다. 지금처럼 너무 많이 띄여쓰면 읽기 힘듭니다. 띄여쓰기가 잘되여있지 않으면 글을 잘 읽지 못하는 사람은 말할것도 없지만 그렇지 않은 사람도 글을 제대로 읽지 못합니다. 신문 같은것도 띄여쓰기를 잘못하면 읽기 어렵습니다. 례를 들어 ≪인류문화≫같은것은 ≪인류≫를 쓰고 띄여서 ≪문≫을 쓰고는 줄을 바꾸어서 ≪화≫자를 써놓으면 ≪인류, 문, 화≫로 읽게 되니 문제입니다. 보고서도 이런 식으로 쓰면 누구나 다 읽기 힘들어할것입니다.

우리는 앞으로 띄여쓰기를 잘 고쳐 사람들의 독서력을 올릴수 있도록 하여야 하겠습니다. 네가 그전에도 몇번 이야기하였지만 띄여쓰기에서는 글자들을 좀 붙이는 방향으로 나가야 합니다.

가령 ≪사회주의건설≫이라고 쓸 때에 ≪사회주의건설≫이라고 붙여써야지 ≪사회주의 건설≫이라고 띄여쓰면 독서능률이 오르지 않습니다. 띄여쓰기를 잘 규정하는것은 우리 글을 빨리 읽고 쉽게 리해하게 하는데서 아주 중요한 의의를 가집니다. 그러므로 띄여쓰기를 옳게 규정하고 그것을 사람들에게 잘 가르쳐 주며 출판물에서도 띄여쓰기를 잘하여야 하겠습니다. 타자수들에게도 띄여쓰기를 잘 가르쳐주어야 합니다. 그렇게 하지 않으면 제멋대로 다 다르게 띄여칩니다. 한자를 넣어서 타자를 치면 몰라도 그렇지 않은 이상 규정대로 읽기 편리하게 잘 띄여치도록 하여야 합니다.

띄여쓰기는 새로 정하려는 규정이 지금 쓰는것보다는 좀 나은것 같습니다. 물론 새 규정에도 일부 결함들이 있을수 있습니다. 그러나 그것대로 쓰면서 부족점을 고쳐 더 완성하여나가도록 하여야 하겠습니다.

우리 학자들이 만든 ≪조선말규범집≫ 초안은 그대로 내보내는것이 좋을것 같습니다. 자모의 수를 24자로 하자는 의견과 40자로 하자는 의견이 있는데 글자를 개혁하기전까지는 지금처럼 40자로 쓰는것이 좋겠습니다.

우리 말을 잘 다듬고 그것을 더욱 발전시키기 위하여 언어학자들을 더 길러내야 하겠습니다. 사범대학과 교원대학들에서는 과정안에 조선말시간을 더 넣어야 하며 학생들이 우리 말을 많이 공부할수 있도록 하여야 합니다. 그전에 강건군관학교에 가보니 학생들의 학습에 필요한 자료들을 써서 벽에 붙여놓고 가르치고있었습니다. 사범대학이나 교원대학 같은데서도 조선말과 관련된 것들을 써서 벽에 붙이는것이 필요한것입니다.

당은 동무들에 대한 기대가 매우 큽니다. 동무들은 우리 말을 살리고 우리 글을 발전시키기 위하여 적극 노력함으로써 당의 기대에 훌륭히 보답하여야 할것입니다.

맞춤법

경애하는 수령 김일성동지께서는 다음과 같이 교시하시였다.

≪우리의 언어학자들은 글자개혁안을 연구하는 한편 지금의 넓적글자를 가지고도 보기 헐하도록 하기 위하여 적극 힘써야 합니다.≫(≪김일성저작집≫20권, 351페지)

총 칙

조선말맞춤법은 단어에서 뜻을 가지는 매개 부분을 언제나 같게 적는 원칙을 기본으로 하면서 일부 경우 소리나는대로 적거나 관습을 따르는것을 허용한다.

제1장. 조선어자모의 차례와 그 이름

제1항. 조선어자모의 차례와 그 이름은 다음과 같다.

ㄱ(기윽)　　ㄴ(니은)　　ㄷ(디읃)　　ㄹ(리을)　　ㅁ(미음)　　ㅂ(비읍)　　ㅅ(시읏)

ㅇ(이응)　　ㅈ(지읒)　　ㅊ(치읓)　　ㅋ(키읔)　　ㅌ(티읕)　　ㅍ(피읖)　　ㅎ(히읗)

ㄲ(된기윽)　ㄸ(된디읃)　ㅃ(된비읍)　ㅆ(된시읏)　ㅉ(된지읒)

ㅏ (아) ㅑ (야) ㅓ (어) ㅕ (여) ㅗ (오) ㅛ (요) ㅜ (우)
ㅠ (유) ㅡ (으) ㅣ (이) ㅐ (애) ㅒ (얘) ㅔ (에) ㅖ (예)
ㅚ (외) ㅟ (위) ㅢ (의) ㅘ (와) ㅝ (워) ㅙ (왜) ㅞ (웨)

자음글자의 이름은 각각 다음과 같이 부를수도 있다.

(그) (느) (드) (르) (므) (브) (스) (응) (즈) (츠) (크) (트) (프) (흐)
(끄) (뜨) (쁘) (쓰) (쯔)

제2장. 형태부의 적기

제2항. 조선어의 글에서 쓰는 받침은 다음과 같다.

ㄱ – 책(책이, 책을, 책에)
　　먹다(먹으니, 먹어, 먹지)
ㄳ – 몫 (몫이, 몫을, 몫에)
ㄴ – 논 (논이, 논을, 논에)
　　안다(안으니, 안아, 안지)
ㄵ – 앉다(앉으니, 앉아, 앉지)
ㄶ – 많다(많으니, 많아, 많지)
ㄷ – 낟알(낟알이, 낟알을, 낟알에)
　　굳다(굳으니, 굳어, 굳지)
　　듣다(들으니, 들어, 듣지)
ㄹ – 길(길이, 길을, 길에)
　　멀다(머니, 멀어서, 멀지)
ㄺ – 닭(닭이, 닭을, 닭에)
　　맑다(맑으니, 맑아, 맑지)
ㄻ – 삶(삶이, 삶을, 삶에)
　　젊다(젊으니, 젊어, 젊지)
ㄼ – 여덟(여덟이, 여덟을, 여덟에)
　　넓다(넓으니, 넓어, 넓지)
ㄽ – 돐(돐이, 돐을, 돐에)
ㄾ – 훑다(훑으니, 훑어, 훑지)
ㄿ – 읊다(읊으니, 읊어, 읊지)
ㅀ – 옳다(옳으니, 옳아, 옳지)

    ㅁ – 밤(밤이, 밤을, 밤에)
       심다(심으니, 심어, 심지)
    ㅂ – 집(집이, 집을, 집에)
       곱다(곱으니, 곱아, 곱지)
       굽다(구우니, 구워, 굽지)
    ㅄ – 값(값이, 값을, 값에)
       없다(없으니, 없어, 없지)
    ㅅ – 옷(옷이, 옷을, 옷에)
       솟다(솟으니, 솟아, 솟지)
       잇다(이으니, 이어, 잇지)
    ㅇ – 땅 (땅이, 땅을, 땅에)
       동이다(동이니, 동여, 동이지)
    ㅈ – 낮(낮이, 낮을, 낮에)
       맞다(맞으니, 맞아, 맞지)
    ㅊ – 빛(빛이, 빛을, 빛에)
       쫓다(쫓으니, 쫓아, 쫓지)
    ㅋ – 부엌(부엌이, 부엌을, 부엌에)
    ㅌ – 밭(밭이, 밭을, 밭에)
       맡다(맡으니, 맡아, 맡지)
    ㅍ – 숲(숲이, 숲을, 숲에)
       높다(높으니, 높아, 높지)
    ㅎ – 히읗(히읗이, 히읗을, 히읗에)
       좋다(좋으니, 좋아, 좋지)
    ㄲ – 밖(밖이, 밖을, 밖에)
       엮다(엮으니, 엮어, 엮지)
    ㅆ – 있다(있으니, 있어, 있지)

제3항. 받침 ≪ㄷ, ㅌ, ㅅ, ㅆ, ㅈ, ㅊ≫가운데서 어느 하나로 적어야 할 까닭이 없는것은 관습
    대로 ≪ㅅ≫으로 적는다.

      례: 무릇, 빗나가다, 사뭇, 숫돌, 첫째, 헛소리, 햇곡식, 얼핏, 읽으렷다

제4항. 한 형태부안의 두 모음사이에서 나는 자음은 혀옆소리가 아닌 한에서 받침으로 적지 않
    는다.

	(옳음)	(그름)
례: 1)	겨누다	견우다
	디디다	딛이다
	미덥다	믿업다
	메추리	멧추리
	비치다	빛이다
	소쿠리	속후리
	시키다	식히다
	지키다	직히다
	여기다	역이다
2)	기쁘다	깃브다
	바싹	밧삭
	부썩	붓석
	해쓱하다	햇슥하다
	아끼다	앗기다
	여쭈다	엿주다
	오빠	옵바
	우뚝	웃둑
	으뜸	읏듬

제5항. 한 형태부안의 두 모음사이에서 나는 혀옆소리는 ≪ㄹ ㄹ≫로 적는다.

	(옳음)	(그름)
례:	걸레	걸네
	놀라다	놀나다
	벌레	벌네
	실룩실룩	실눅실눅
	빨래	빨내
	알락달락	알낙달낙
	얼른	얼는

제6항. 한 형태부안에서 받침 ≪ㄴ, ㄹ, ㅁ, ㅇ≫ 다음의 소리가 된소리로 나는 경우에는 그것을 된소리로 적는다.

	(옳음)	(그름)
례:	걸써	걸서

말씀　　　　　　말슴
뭉뚝하다　　　　뭉둑하다
반짝반짝　　　　반작반작
벌써　　　　　　벌서
활짝　　　　　　활작
훨씬　　　　　　훨신
알뜰살뜰　　　　알들살들
옴짝달싹　　　　옴작달삭

그러나 토에서는 ≪ㄹ≫뒤에서 된소리가 나더라도 된소리로 적지 않는다.

　　　　　（옳음）　　　　　（그름）
례:　　～ㄹ가　　　　　～ㄹ까
　　　～ㄹ수록　　　　～ㄹ쑤록
　　　～ㄹ지라도　　　～ㄹ찌라도
　　　～올시다　　　　～올씨다

제7항. 형태부의 소리가 줄어진 경우에는 준대로 적되 본래형태를 잘 파악할수 있도록 받침을
　　　바로잡아 적는다.

　　　　　（옳음）　　　　　　（그름）
례:　　갖가지(가지가지)　　갓가지
　　　갖고(가지고)　　　　갓고
　　　기럭아(기러기야)　　기러가
　　　딛고(디디고)　　　　딧고
　　　엊저녁(어제저녁)　　엇저녁
　　　온갖(온가지)　　　　온갓

제3장. 말줄기와 토의 적기

제8항. 말줄기와 토가 어울릴적에는 각각 그 본래형태를 밝혀 적는것을 원칙으로 한다.

례:　　같다, 같으니, 같아, 같지
　　　낳다, 낳으니, 낳아, 낳지

삶다, 삶으니, 삶아, 삶지
집이, 집을, 집에
팥이, 팥을, 팥에
흙이, 흙을, 흙에
입다, 입으니, 입어, 입지

제9항. 오늘날 말줄기에 토가 붙은것으로 인정되기 어려운 경우에는 그것들을 밝혀 적지 않는다.

	(옳음)	(그름)
례:	고치다	곧히다
	나타나다	날아나다
	바라보다	발아보다
	바치다	받히다
	부러지다	불어지다
	사라지다	살아지다
	자라나다	잘아나다
	자빠뜨리다	잡바뜨리다

말줄기에 토가 붙은것으로 인정되는 경우에도 뜻이 딴 단어로 바뀐것은 그 말줄기와 토를 밝히지 않는다.

	(옳음)	(그름)
례:	-드러나다	들어나다
	스무나문	스물남은
	쓰러지다	쓸어지다
	-(열흘)나마	(열흘)남아
	(고개)너머	(고개)넘어

제10항. 일부 형용사, 동사에서 말줄기와 토가 어울릴적에 말줄기의 끝소리가 일정하게 바뀌여지는것은 바뀐대로 적는다.

1) 말줄기의 끝을 ≪ㄹ≫로 적거나 적지 않는 경우

례: 갈다 - 갈고, 갈며, 갈아
         가니, 갑니다, 가시니, 가오
     돌다 - 돌고, 돌며, 돌아

도니, 돕니다, 도시니, 도오
불다 – 불고, 불며, 불어
부니, 붑니다, 부시니, 부오

2) 말줄기의 끝을 ≪ㅅ≫으로 적거나 적지 않는 경우

례: 낫다 – 낫고, 낫지
나으니, 나아
짓다 – 짓고, 짓지
지으니, 지어
잇다 – 잇고, 잇지
이으니, 이어

3) 말줄기의 끝을 ≪ㅎ≫으로 적거나 적지 않는 경우

례: 벌겋다 – 벌겋고, 벌겋지
벌거오, 벌거니, 벌겁니다
벌개서, 벌거리
커다랗다 – 커다랗고, 커다랗지
커다라오, 커다라니, 커다랍니다,
커다래서,
허옇다 – 허옇고, 허옇지
허여오, 허여니, 허엽니다, 허여리

【붙임】 ≪ㅎ≫받침으로 끝난 본래의 말줄기가 두 소리마디이상으로 된 형용사, 동사는 모두
여기에 속한다.

4) 말줄기의 끝 ≪ㄷ≫를 ≪ㄹ≫로도 적는 경우

례: 걷다 – 걷고, 걷지, 걸으니, 걸어
듣다 – 듣고, 듣지, 들으니, 들어
묻다 – 묻고, 묻지, 물으니, 물어

5) 말줄기의 끝 《ㅂ》을 《오(우)》로도 적는 경우

     례: 고맙다 - 고맙고, 고맙지, 고마우니, 고마와
         곱다 - 곱고, 곱지, 고우니, 고와
         춥다 - 춥고, 춥지, 추우니, 추워

6) 말줄기의 끝 《ㄹ》를 《르 ㄹ》로도 적는 경우

     례: 누르다 - 누르고, 누르지, 누르러, 누르렀다
         푸르다 - 푸르고, 푸르지, 푸르러, 푸르렀다
         이르다 - 이르고, 이르지, 이르러, 이르렀다

7) 말줄기의 끝 《르》를 《ㄹ ㄹ》로도 적는 경우

     례: 기르다 - 기르고, 기르지, 길러, 길렀다
         빠르다 - 빠르고, 빠르지, 빨라, 빨랐다

8) 말줄기의 끝을 《ㅡ》로 적거나 적지 않는 경우

     례: 고프다 - 고프고, 고프지, 고파, 고팠다
         부르트다 - 부르트고, 부르트지, 부르터, 부르텄다
         뜨다 - 뜨고, 뜨지, 떠, 떴다

9) 말줄기의 끝을 《ㅜ》로 적거나 적지 않는 경우

     례: 푸다 - 푸고, 푸지, 퍼, 펐다

제11항. 말줄기가 《아, 어, 여》 또는 《았, 었, 였》과 어울릴적에는 그 말줄기의 모음의
       성질에 따라 각각 다음과 같이 구별하여 적는다.

   1) 말줄기의 모음이 《ㅏ, ㅑ, ㅗ, ㅏㅡ, ㅗㅡ》인 경우에는 《아, 았》으로 적는다.

     례: 막다 - 막아, 막았다
         따르다 - 따라, 따랐다

　　　　얇다 – 얇아, 얇았다
　　　　오다 – 와, 왔다
　　　　오르다 – 올라, 올랐다

【붙임】 말줄기의 모음이 ≪ㅏㅡ, ㅗㅡ≫인것이라도 합친말줄기인 경우에는 ≪어, 었≫으로
　　적는다.

　　　례:　곱들다 – 곱들어, 곱들었다
　　　　　　받들다 – 받들어, 받들었다
　　　　　　올들다 – 올들어, 올들었다

2) 말줄기의 모음이 ≪ㅓ, ㅕ, ㅜ, ㅡ, ㅓㅡ, ㅜㅡ, ㅡㅡ, ㅣㅡ≫인 경우에는 ≪어, 었≫으로
　　적는다.

　　　례:　거들다 – 거들어, 거들었다
　　　　　　겪다 – 겪어, 겪었다
　　　　　　넣다 – 넣어, 넣었다
　　　　　　두다 – 두어, 두었다
　　　　　　부르다 – 불러, 불렀다
　　　　　　치르다 – 치러, 치렀다
　　　　　　크다 – 커, 컸다
　　　　　　흐르다 – 흘러, 흘렀다

3) 말줄기의 모음이 ≪ㅣ, ㅐ, ㅔ, ㅘ, ㅟ, ㅚ≫인 경우와 줄기가 ≪하≫인 경우에는 ≪여, 였≫
　　으로 적는다.

　　　례:　기다 – 기여, 기였다
　　　　　　개다 – 개여, 개였다
　　　　　　베다 – 베여, 베였다
　　　　　　되다 – 되여, 되였다
　　　　　　쥐다 – 쥐여, 쥐였다
　　　　　　하다 – 하여, 하였다
　　　　　　희다 – 히여, 희였다

그러나 말줄기의 끝소리마디에 받침이 있을 때에는 ≪어, 었≫으로 적는다.

    례: 길다 – 길어, 길었다
         심다 – 심어, 심었다
         짓다 – 지어, 지었다

【붙임】 부사로 된 다음과 같은 단어들은 말줄기와 토를 갈라 적지 않는다.

    례: (옳음)   (그름)
         구태여   구태어
         도리여   도리어
         드디여   드디어

제12항. 모음으로 끝난 말줄기와 모음으로 시작한 토가 어울릴적에 소리가 줄어든것은 준대로
    적는다.

    1) 가지다 – 가지여, 가지였다
       가지다 – 가져, 가졌다

       고이다 – 고이여, 고이였다
       괴다 – 괴여, 괴였다

       모이다 – 모이여, 모이였다
       뫼다 – 뫼여, 뫼였다, 모여, 모였다

       보다 – 보아, 보았다
       보다 – 봐, 봤다

       주다 – 주어, 주었다
       주다 – 줘, 줬다

       꾸다 – 꾸어, 꾸었다
       꾸다 – 꿔, 꿨다

       뜨다 – 뜨이다, 뜨이여, 뜨이였다
       뜨다 – 띄다, 띄여, 띄였다

쏘다 – 쏘아, 쏘았다
쏘다 – 쏴, 쐈다

쏘이다 – 쏘이여, 쏘이였다
쐬다 – 쐬여, 쐬였다

쓰다 – 쓰이다, 쓰이여, 쓰이였다
쓰다 – 씌다, 씌여, 씌였다
쪼이다 – 쪼이여, 쪼이였다
쬐다 – 쬐여, 쬐였다

2) 되다 – 되여서, 되였다
   되다 – 돼서, 됐다

   하다 – 하여서, 하였다
   하다 – 해서, 했다

3) 개다 – 개여서, 개였다
   개다 – 개서, 갰다

   메다 – 메여서, 메였다
   메다 – 메서, 멨다

그러나 다음과 같은 단어들은 줄어든대로 적는다.

례: 1) 살찌다 – 살쪄, 살쪘다
       지다 – 져, 졌다
       치다 – 쳐, 쳤다
       찌다 – 쪄, 쪘다
    2) 건느다 – 건너, 건넜다
       잠그다 – 잠가, 잠갔다
       치르다 – 치러, 치렀다
       크다 – 커, 컸다
       쓰다 – 써, 썼다
    3) 가다 – 가, 갔다
       사다 – 사, 샀다
       서다 – 서, 섰다

켜다 - 켜, 켰다

제13항. 말줄기의 끝소리마디 ≪하≫의 ≪ㅏ≫가 줄어지면서 다음에 온 토의 첫 소리 자음이
거세게 될 때에는 거센소리로 적는다.

례:	(본말)	(준말)
	가하다	가타
	다정하다	다정타
	례하건대	례컨대
	발명하게	발명케
	선선하지 못하다	선선치 못하다
	시원하지 못하다	시원치 못하다

그러나 ≪아니하다≫가 줄어든 경우에는 ≪않다≫로 적는다.

례:	(본말)	(준말)
	넉넉하지 아니하다	넉넉치 않다
	서슴지 아니하다	서슴지 않다
	주저하지 아니하다	주저치 않다

【붙임】 이와 관련하여 ≪않다≫, ≪못하다≫의 앞에 오는 ≪하지≫를 줄인 경우에는 ≪치≫
로 적는다.

례: 고려치 않다, 괜치 않다, 넉넉치 않다, 만만치 않다, 섭섭치 않다, 편안치
못하다, 풍부치 못하다, 똑똑치 않다, 우연치 않다

제4장. 합친말의 적기

제14항. 합친말은 매개 말뿌리의 본래형태를 각각 밝혀 적는것을 원칙으로 한다.

례: 1) 걷잡다, 낮보다, 눈웃음, 돋보다, 물오리,
밤알, 손아귀, 철없다, 꽃철, 끝나다
2) 값있다, 겉늙다, 몇날, 빛나다, 칼날, 팥알, 흙내

그러나 오늘날 말뿌리가 뚜렷하지 않은것은 그 본래형태를 밝혀 적지 않는다.

>   례: 며칠, 부랴부랴, 오라버니, 이틀, 이태

제15항. 합친말을 이룰적에 ≪ㅂ≫이 덧나거나 순한소리가 거센소리로 바뀌여나는것은 덧나고 바뀌여나는대로 적는다.

>   례: 마파람, 살코기, 수캐, 수퇘지, 좁쌀, 휘파람, 안팎
>   【붙임】 소리같은 말인 다음의 고유어들은 혼동을 피하기 위하여 아래와 같이 적는다.

>   례: 샛별 - 새 별(새로운 별)
>   빗바람(비가 오면서 부는 바람)
>   비바람(비와 바람)

제16항. 합친말을 이룰적에 빠진 소리는 빠진대로 적는다.

>   례: 다달이, 마소, 무넘이, 부나비, 부넘이, 부삽
>   부손, 소나무, 수저, 화살, 여닫이

제17항. 합친말에서 앞말뿌리의 끝소리 ≪ㄹ≫이 닫김소리로 된것은 ≪ㄷ≫으로 적는다.

>   례: 나흗날, 사흗날, 섣달, 숟가락, 이튿날

제5장. 앞붙이와 말뿌리의 적기

제18항. 앞붙이와 말뿌리가 어울릴적에는 각각 그 본래형태를 밝혀적는것을 원칙으로 한다.

>   례: -갖풀, 덧신, 뒷일, 맏누이, 선웃음, 참외,
>   햇가지, 아랫집, 웃집, 옛말
>   -빗보다, 싯허옇다, 짓밟다, 헛디디다

제6장. 말뿌리와 뒤붙이(또는 일부 토)의 적기

제19항. 자음으로 시작한 뒤붙이가 말뿌리와 어울릴적에는 각각 그 형태를 밝혀적는것을 원칙
  으로 한다.

  1) 새 단어를 새끼치는 뒤붙이

      례: - 곧추, 날치, 덮개, 돋보기, 셋째, 잎사귀
          - 꽃답다, 뜯적뜯적하다, 의롭다
  2) 동사의 사역, 피동의 기능을 나타내는 ≪이, 히, 기, 리, 우, 구, 추≫

      례: 감기다, 걷히다, 놓이다, 담기다. 돋구다, 막히다,
          맞추다, 맡기다, 살리다, 세우다, 꽂히다, 뽑히다,
          앉히다, 옮기다, 웃기다, 익히다, 입히다

  3) 힘줌을 나타내는 ≪치≫

      례: 놓치다, 덮치다, 받치다, 뻗치다, 엎치다

  4) 형용사를 동사로 만드는 ≪추≫, ≪히≫

      례: -낮추다, 늦추다
          -굳히다, 넓히다, 밝히다

  5) ≪하다≫가 붙어서 형용사로 될수 있는 말뿌리와 어울려 부사를 만드는 뒤붙이 ≪히≫

      례: 넉넉히, 답답히, 미끈히, 꾸준히, 똑똑히, 빤히, 씨원히

제20항. 말뿌리와 뒤붙이가 어울려 파생어를 이룰적에 빠진 소리는 빠진대로 적는다.

      례: 가으내, 겨우내, 무질(물속에 잠기는것), 바느질

제21항. ≪리, 려, ㄸ, ㅎ≫ 등의 둘받침으로 끝난 말뿌리에 뒤붙이가 어울릴적에 그 둘받침중
  의 한 소리가 따로 나지 않는것은 안나는대로 적는다.

  례: 말끔하다, 말쑥하다, 실쭉하다, 할짝할짝하다, 얄팍하다

제22항. 말뿌리와 뒤붙이가 어울리여 아주 다른 뜻으로 바뀐것은 그 말뿌리와 뒤붙이를 밝혀적
  지 않는다.

  례: 거두다, 기르다, 도리다, 드리다, 만나다, 미루다,
      부치다, 이루다

제23항. 모음으로 된 뒤붙이가 말뿌리와 어울릴적에는 다음과 같이 갈라 적는다.

  1) 말뿌리와 뒤붙이를 밝혀 적는 경우

  (1) 명사나 부사를 만드는 뒤붙이 ≪이≫

  례: ① 길이, 깊이, 높이, 미닫이, 벼훑이, 살림살이, 손잡이, 해돋이
      ② 네눈이, 삼발이
      ③ 같이, 굳이, 깊이, 많이, 좋이
      ④ 곳곳이, 낱낱이, 샅샅이, 집집이

  그러나 본딴말에 붙어서 명사를 이루는것은 밝혀 적지 않는다.

  례: 누더기, 더퍼리, 두드러기, 무더기, 매미, 깍두기, 딱따기

  (2) 명사를 만드는 뒤붙이 ≪음≫

  례: 갚음, 걸음, 물음, 믿음, 졸음, 죽음, 꽃묶음, 엮음, 웃음, 이음

  그러나 다음과 같은 단어들은 말뿌리와 뒤붙이를 밝혀 적지 않는다.

  례: 거름(거름을 내다)
      고름(고름을 짜다)
      마름(한마름, 두마름)
      주검(주검을 다루다)

(3) 동사의 상을 나타내거나 형용사를 동사로 만드는 ≪이≫, ≪우≫, ≪으키≫, ≪이키≫, ≪애≫

  례: 높이다, 놓이다, 돋우다, 들이키다, 먹이다, 쌓이다, 없애다, 일으키다

(4) ≪하다≫가 붙어서 형용사로 될수 있는 ≪ㅅ≫받침으로 끝난 말뿌리와 어울려서 부사를 만드는 뒤붙이 ≪이≫

  례: 반듯이(반듯하게 펴놓다), 꼿꼿이, 깨끗이, 따뜻이, 뚜렷이, 빵긋이, 뿌듯이, 어렴풋이

(5) 형용사를 만드는 ≪없≫

  례: 객없다, 덧없다, 부질없다, 시름없다

(6) ≪거리≫와 어울릴수 있는 말뿌리에 붙어서 동사를 만드는 뒤붙이 ≪이≫

  례: 반짝이다, 번득이다, 번쩍이다, 속삭이다, 움직이다

2) 말뿌리와 뒤붙이를 밝혀 적지 않는 경우

(1) 말뿌리에 ≪이≫, ≪음≫ 이외의 뒤붙이가 붙어서 이루어진 명사나 부사

  례: ① 나머지, 마감, 마개, 마중, 바깥, 지붕, 지푸래기, 끄트머리, 뜨더귀, 싸래기, 쓰레기, 올가미
       ② 너무, 도로, 바투, 비로소, 자주, 뜨덤뜨덤
       ③ 거뭇거뭇, 나붓나붓, 쫑긋쫑긋, 오긋오긋, 울긋불긋

(2) 어떤 토나 ≪하다≫가 붙어서 단어를 이루는 일이 없는 말뿌리에 뒤붙이 ≪이≫, ≪애기≫, ≪어기(에기)≫, ≪아기≫가 붙어서 된 명사나 부사

  례: 갑가기, 동그라미, 반드시, 슬며시, 호르래기, 부스레기

(3) 뒤붙이 ≪앟, 엏≫ 또는 ≪업≫, ≪읍≫이 붙어서 이루어진 형용사

  례: 가맣다, 간지럽다, 누렇다, 둥그렇다, 미덥다, 발갛다, 부드럽다, 시끄럽다, 징그럽다, 파랗다, 싸느랗다, 어지럽다, 우습다

제24항. 부사에서 뒤붙이 ≪이≫나 ≪히≫가 그 어느 하나로만 소리나는것은 그 소리대로 적는다.

　1) ≪히≫로 적는것(주로 ≪하다≫를 붙일수 있는것)

　　　례: 고요히, 덤덤히, 마땅히, 빈번히, 지극히, 뻔히

　2) ≪이≫로 적는것(주로 ≪하다≫를 붙일수 없는것)

　　　례: 간간이, 고이, 기어이, 객적이, 뿔뿔이, 짬짬이

　3) 말뿌리에 직접 ≪하다≫를 붙일수 없으나 ≪히≫로만 소리나는것은 ≪히≫로 적으며 말뿌리에 직접 ≪하다≫를 붙일수 있으나 ≪이≫로만 소리나는것은 ≪이≫로 적는다.

　　　례:　-거연히, 도저히, 자연히, 작히
　　　　　-큼직이, 뚜렷이

제7장. 한자말의 적기

제25항. 한자말은 소리마디마다 해당 한자음대로 적는것을 원칙으로 한다.

　　　례: 국가, 녀자, 뇨소, 당, 락원, 로동, 례외, 천리마, 풍모

그러나 아래와 같은 한자말은 변한 소리대로 적는다.

(옳음)	(그름)
궁 냥	궁 량
나 사	라 사
나 팔	라 팔
류 월	륙 월
시 월	십 월
오뉴월	오류월, 오륙월
요 기	료 기

제26항. 한자말에서 모음 ≪ㅖ≫가 들어 있는 소리마디로는 ≪계≫, ≪례≫, ≪혜≫, ≪예≫만
 을 인정한다.

  례: 계산, 계획, 례절, 례의, 실례, 세계, 혜택, 연예대, 은혜, 예술, 예지, 예약

그러나 그 본래소리가 ≪게≫인 한자는 그대로 적는다.

  례: 게시판, 게재, 게양대

제27항. 한자말에서 모음 ≪ㅢ≫가 들어있는 소리마디로는 ≪희≫, ≪의≫만을 인정한다.

  례: 순희, 회의, 희망, 유희, 의견, 의의

문장부호법

경애하는 수령 김일성동지께서는 다음과 같이 교시하시였다.

≪…단어형태를 고정시키는 문제는 아마 남북이 통일된 다음에 해결해야 할것입니다. 이 문제에 대해서는 지금부터 잘 연구해두는것이 좋습니다.

지금과 같은 네모글자를 가지고라도 띄여쓰기와 점치기 같은것으로 조절하면 이 문제도 어느 정도 풀릴수 있을것 같습니다.≫ (≪김일성저작집≫ 18권, 24페지)

총 칙

현대조선말의 문장부호는 문장들, 문장안의 각 단위들을 뜻과 기능에 따라 갈라주기 위하여 친다.

제1항. 우리 글에서 쓰는 부호의 종류와 이름

. 점	! 느낌표
: 두점	- 이음표
, 반점	— 풀이표
; 반두점	… 줄임표
? 물음표	

≪ ≫ 인용표   …… 밑점
〈 〉 거듭인용표   ○○○, ×××, ▢▢▢ 숨김표
( ) 쌍괄호   〃 같음표
〔 〕 꺾쇠괄호   ～물결표

제2항. 점(.)

1) 문장(감탄문과 의문문 제외)이 끝났을 때 문장끝의 오른편 아래쪽에 친다.(이 부호의 이름을 ≪끝점≫이라 할수 있다.)

  례: 우리 시대는 위대한 주체시대이다.

2) 략자나 줄임말임을 보여주기 위하여 오른편 아래쪽에 친다.

(1) 년, 월, 일을 줄인 경우에는 그 수의 오른편 아래쪽에 치는것을 원칙으로 한다.

  례: 1985. 10. 10
      1948. 9.
      1945.
      1985 — 1986.

(2) 략자나 달과 날의 수자가 합쳐져 ≪명사화≫되였거나 그뒤에 자립적인 단어가 올 때에는 그 말마디의 사이에 친다.

  례: — ≪ㅌ.ㄷ≫
       — 4.25 축구팀
       민족최대의 명절 4.15
       9.9절
       — 레. 브. 똘스또이

3) 대목이나 장, 절을 가르는 표식에 괄호나 동그라미가 없을적에 그 뒤에 친다.

  례: —제1장. 제1절. 제1조. 제6항.
       — I. 1. 3. ㄱ.
       —그림 1. 모내는 기계의 구조 그림 2. 꿀벌의 구조

그러나 다음과 같은 경우에는 점을 치지 않는다.

　　　례: 도표 1-2
　　　　그림 2-1
　　　　　　1-씨, 2-잎, 3-꽃

제3항. 두점(:)

1) 뒤의 설명을 보라는것을 밝히는 단어나 말마디 뒤에 친다.

　　　례: — 례:
　　　　　— 물음:
　　　　　대답:　　　— 김은덕동무의 토론:
　　　　　— 주의:　　　순이의 야무진 말:
　　　　　비고:　　　— 열매의 종류:
　　　　　　　　　　— 실험조건:

2) 한 문장이 대체로 끝나면서 뒤에 오는 말들이 앞문장을 다시 설명하거나 보충할 때 그 앞문장의 끝에 칠수 있다.

　　　례: ○ 장내는 바야흐로 흥성거렸다: 손님들이 밀려들고 아이들이 뛰놀고 풍악소리가 들리고 하면서…
　　　　　○ 우리 공장에서는 여러가지 제품들을 만들고있다: 옷장, 책장, 걸상, 신발장, 밥상 등

제4항. 반두점(;)

한 문장안에 이미 반점(,)으로 구분된 말이 여러개 잇달아있고 다음에 다른 측면에서의 말이 련달아 올 때 더 크게 묶어지는 단위를 구분하기 위하여 칠수 있다.

　　　례: —상점에는 무우, 배추, 시금치, 쑥갓 등과 같은 남새; 물고기, 미역, 젓갈 등과 같은 갖가지 수산물; 그리고 여러가지 과실들이 차있었다.
　　　　　—공장에서는 종업원들의 기술기능수준을 높이는데 많은 힘을 돌렸다.
　　　　　로동자들의 기술적 자질, 생산장성, 공장의 발전전망 등을 고려하여 이 사업을 계획성있게 끌고나갔으며; 직종, 소질, 작업조건 등을 잘 타산하여 양성반을 조직하여 운영하였으며; 기능이 높고 낮은 로동자들을 잘 배합하여 개별전습을 잘하도록 하였다.

제5항. 반점(,)

1) 복합문에서 이음토가 없이 문장들이 이어질 때 단일문들사이에 친다.

    례: 나는 로동자, 너는 농장원.

2) 어떤 문장이나 말마디가 렬거되거나 맺음토로 끝났다 하더라도 뒤의 문장이나 말마디와 밀접히 련관되여 있을적에는 그 맺음토의 뒤에 친다.

    례: — 왔고나, 왔고나, 혁명이 왔고나.
        — 바람이 세다, 창문을 주의해라.
        — 어제도 좋았고, 오늘도 좋고, 래일은 더욱 좋을 우리 생활!

3) 죽 들어 말한 단어들사이를 갈라주기 위하여 친다.

    례: — 도시와 농촌에서, 일터와 마을에서, 학교와 가정에서 생활은 약동하고있다.
        — 우리는 영화에서 높은 혁명성, 당성, 계급성, 인민성의 본보기를 충분히 받아안았다.

4) 문장의 첫머리나 가운데에 들어있는 부름말, 끼움말, 느낌말 같은것을 구분하기 위하여 친다.

    례: — 동무들아, 이 기세로 굳게 뭉치여 인민경제계획을 승리로 맺자.
        — 우리는 그때에도, 다시말해서 전쟁때도 책을 놓지 않았다.
        — 아, 우리 조국은 얼마나 아름다운가!

5) 제시어뒤에 친다.

    례: — 당, 그가 있음으로 하여 오늘의 승리가 있다.
        — 혁명적 예술인이 되는것, 이것은 사회주의, 공산주의 문화예술을 창조하는 작가, 예술인들에게 있어서 가장 중요한 임무로 된다.
        — 우리 당의 령도밑에 민족간부, 그 가운데서도 기술간부가 많이 자랐다.

6) 동격어뒤에도 칠수 있다.

    례: 영광스러운 우리 조국, 조선민주주의인민공화국

7) 문장성분의 차례를 바꾸어 한 부분을 특별히 힘주어 나타낼 때에는 그 힘준 말뒤에 친다.

　　　례: ― 나가자, 판가리싸움에
　　　　　　 나가자, 유격전으로
　　　　　 ― 그가 왔답니다, 전쟁때 우리 집에 얼마간 묵어갔던 그 군관아저씨가…

8) 하나의 피규정어에 동시에 관계하는 두개이상의 규정어가 잇달을 때 그것들을 구분하기 위하여 친다.

　　　례: ― 한데 뭉친, 아무도 꺾을수 없는 우리 인민의 힘
　　　　　 ― 인민들이 살기 좋은, 번영하는 새 조선을 건설하기 위하여 투쟁하였다.

9) 문장에서 단어들의 관계가 섞갈릴수 있을 경우에는 그것을 구분하기 위하여 친다.

　　　례: ― 세계 혁명적 인민들은, 새 세계대전을 일으키고 인류에게 헤아릴수 없는 참화를 들씌우며
　　　　　　 새로 독립한 나라들을 내부로부터 와해시키고 책동하는 미제국주의를 반대하여 견결히 싸
　　　　　　 워나가야 한다.
　　　　　 ― 그는 재빨리, 달리는 차를 잡아탔다.
　　　　　 ― 인민들의 정성이 깃든, 사랑의 위문품을 가득 실어왔다.

제6항. 물음표(?)

1) 물음을 나타내는 문장의 끝에 친다.

　　　례: ― 사회주의, 공산주의 건설에서 청년들이 하여야 할 임무는 무엇인가?
　　　　　 ― 차는 몇시에 떠났어?

2) 의심쩍거나 망설이게 됨을 나타낼 때 친다.

　　　례: ― 박선생이 왔다?
　　　　　 ― 어떻게 할가? 이것도 가져간다?

【붙임】 ≪수사학적 물음≫으로 된 문장이 끝났을 때에는 점을 치는것을 원칙으로 한다.

　　　례: 동무가 그래서 되겠는가. 대오의 앞장에 서야 할 동무가 말이요.

제7항. 느낌표(!)

  1) 느낌을 나타내는 문장끝에 친다.

        례: ― 여기에 한 당원의 충성의 기록장이 있다!
            ― 아, 금강산은 참말 아름답구나!

  2) 부름말, 느낌말, 제시어 등이 감동적 어조를 가지고있을 때 그뒤에 칠수 있다.

        례: ― 동무들! 우리의 생활이 행복할수록 남녘땅 형제들을 잊지 맙시다.
            ― 백두산! 너는 혁명의 뿌리가 내린 조종의 산, 조선의 넋이여라.

제8항. 이음표(-)
  두개이상의 단어가 어울리여 하나의 통일된 개념을 나타낼 때 칠수 있다.

        례: ○ 조선-꾸바친선협회
            맑스-레닌주의
          ○ 굳은-넓은잎나무
            구조-문법적 특성
          ○ 물리-화학적 성질

제9항. 풀이표(―)

  1) 같은 종류의 문장성분들과 그것에 대한 묶음말사이에 친다.

        례: 벼, 보리, 밀, 강냉이―이런 알곡들은…
            이런 알곡들―벼, 보리, 밀, 강냉이 등은…

  2) 동격어의 뒤에 칠수 있다.

        례: 영광스러운 우리 조국―조선민주주의인민공화국
            렬사들이 걸어온 길―혁명의 길은 간고하고도 영예로운 길이였다.

3) ≪에서—까지≫의 뜻을 나타내기 위하여 칠수 있다.

　　　례: 평양—신의주, 아침—점심

4) 제시어의 뒤에 칠수 있다.

　　　례: 우리 생활—그것은 곧 예술이다.

5) 서로 맞서거나 대응하는 관계를 나타낼 때 칠수 있다.

　　　례: 공대—의대 축구경기

6) 특수한 글에서 주어와 술어가 토없이 맞물렸을 때 그사이에 칠수 있다.

　　　례: ○ 나—≪갈매기≫호 선장,
　　　　　○ 철호—통신병
　　　　　○ 순아—간호원

제10항. 줄임표(…)

1) 문장 또는 문장안의 일부 말마디가 줄어진것을 나타내기 위하여 그 줄어진 부분에 석점을 찍는다.

　　　례: — ≪…갑문건설에서 또다시 조선사람의 본때를 보입시다.≫
　　　　　— 그때 박동무가 있기는 했습니다마는…

【붙임】 인용하는 글에서 번호 한개, 단어 하나, 문장이나 단락 하나, 표현의 일부를 줄여도 석점(…)으로 표시하는것을 원칙으로 한다.

2) 제목이나 차례의 뒤에 보충하는 설명을 붙일 때 칠수 있다. 이때의 점의 수는 제한이 없다.

　　　례: — 머리글……편집위원회
　　　　　≪우리 말 강좌≫……언어학연구소
　　　　　학계소식……편집부

제11항. 인용표(≪ ≫)

1) 이미 이루어진 말이나 대화를 인용할 때 그 문장의 앞뒤에 친다.

　　　　례:　≪야, 백두산이 보인다!≫
　　　　　　박동무는 ≪내가 이겼지.≫라고 힘주어 말하였다.

2) 어떤 말마디나 표현을 특별히 드러내서 나타낼적에 그것의 앞뒤에 친다.

　　　　례: ― ≪김일성저작집≫
　　　　　　　≪영화예술론≫
　　　　　　― ≪80년대속도≫
　　　　　　혁명소설 ≪백두산기슭≫

3) ≪이른바≫라는 뜻을 가지고 따온 일반적인 말마디나 부정적인 표현의 앞뒤에 친다.

　　　　례: ― ≪바다의 왕≫이라는 고래
　　　　　　　≪하늘의 독수리≫라는 비행사
　　　　　　― 미제는 ≪원조≫를 미끼로 남의 나라를 침략한다.

제12항. 거듭인용표(〈 〉)
　인용한 말 안에 또 다른 인용표안에 들어간 말이 인용될 때에 친다.

　　　　례: ― ≪영철동무는 〈하자고 결심만 하면 못할 일이 없습니다.〉라고 하면서 계획된대로 내밀자.≫고
　　　　　　　토론했다.
　　　　　　― ≪우리 분조에는 〈천리마〉호가 3대나 배정되였습니다.≫―분조장의 말

　그리고 인용표안에 들어가는 모든 인용표는 거듭인용표를 친다.

　　　　례: ≪우리의 투쟁목표는 〈다시한번 〈평양속도〉를 창조하자.〉 이것입니다.≫ 그는 힘있게 말하였다.

제13항. 쌍괄호와 꺾쇠괄호(( ), 〔 〕)

1) 본문을 보충하기 위하여 붙인 말의 앞뒤에 쌍괄호(( ))를 친다.

례: — 내가 대학에 입학하던 해였다. (그해도 풍년이 들었었다.) 어머니는 집을 떠나는 나에게
　　훌륭한 농업전문가가 되여 돌아오라고 당부하였다.
　　— 밀영안에서 무슨 일이 일어난것이 분명했다. (무슨 일일가?)
　　— 전보미동무(로력영웅이다.)는 오늘도 자기 계획을 2배로 넘쳐하였다.

2) 인용하는 말이 나온곳을 밝히는 말마디의 앞뒤에 쌍괄호(( ))를 친다.

례: — ≪인적드문 심산유곡에 구차한 생을 도모하고있는 이 늙은 백성이 오매불망 그리워하던
　　장군님의 존안을 이렇게 문득 뵈옵게 되니 황송하기가 그지 없습니다.≫(총서 ≪불멸의
　　력사≫중 장편소설 ≪고난의 행군≫에서)

3) 괄호안에 또 다른 괄호 또는 쌍괄호나 인용표가 있을 때 바깥것은 꺾쇠괄호(〔 〕)로 묶는다.

례: — ≪근대철학의 큰 기본문제는 존재에 대한 사유의 관계여하의 문제이다.≫〔≪루드위히 포
　　이에르바흐와 독일고전철학의 종말≫(에프. 엥겔스) 조선로동당출판사 1957년판, 25페지〕

【붙임】 꺾쇠괄호는 여러가지 형태로 쓸수 있다.

례: 〔 〕, 【 】, …

제14항. 인용표와 괄호 안에서의 부호사용법

1) 인용표나 괄호안의 말이 문장인 경우에는 거기에 해당한 부호를 친다.

례: — ≪올해도 거름을 많이 냅시다! 정당 20톤은 문제없습니다.≫라고 분조장은 신이 나서 말
　　한다.
　　— 우리는 매우 긴장한 투쟁을 하고 있었다. (상반년계획을 4.15전으로 끝내야 했었다.)

【붙임】 ≪〈…〉라고≫로 끝나는 경우에 ≪라고≫의 뒤에는 해당한 부호를 치는것을 원칙으로
　　한다.

례: ≪50톤은 문제없습니다.≫라고,
　　≪빨리 서둘자요!≫라고…
　　≪번개≫라고?

2) 인용표나 괄호 안의 말이 문장이 아닐 때에는 아무 부호도 치지 않는다.

> 례: — 다시한번 ≪80년대속도≫를 창조하자!
> — 학생들(다섯사람)은 노래부르며 마을앞을 지나갔다.

【붙임】 그러나 인용표나 괄호 안의 말이 여러 마디일적에는 그것들사이에 구별하는 부호를 친다.

> 례: — ≪견주다, 겨누다, 겨루다≫는 소리가 비슷하나 뜻이 다른 딴 단어들이다.
> — 같이 있던 네사람(작업반장, 분조장, 태식아바이, 성숙)이 달려왔다.

3) 괄호안의 말이 전체 문장의 끝에 있는 경우는 괄호뒤에 아무 부호도 치지 않는다.

> 례: — 공든 탑이 무너지랴? (속담)
> — 우리는 몹시 기뻤다. (분기계획을 넘쳐수행한것으로 하여)
> — 눈접방법(그림 5)

4) 인용표안에 있는 문장의 끝에서 전체 문장도 끝나는 경우는 끝맺는 부호를 다음과 같이 친다.

> 례: — ≪애, 주의해. 〈낮말은 새가 듣고 밤말은 쥐가 듣는다.〉≫
> — ≪속담에도 있지만 〈때지 않은 굴뚝에서 연기날가?〉≫
> — ≪동무들, 〈생산도 학습도 생활도 항일유격대식으로!〉≫

제15항. 밑점(……)

문장에서 특별히 중점을 두어 강조하는 부분에 치되 점의 수는 글자의 수에 따른다.

> 례: 우리의 관심은 어디서, 언제 그리고 어떻게 이 문제가 해결되였는가에 있었다.

【붙임】 중점을 두어 강조하는 부분을 드러내기 위하여서는 밑줄(____)이나 물결줄(~~~) 같은것도 쓸수 있다.

제16항. 숨김표(×××, □□□, ○○○ 등)

문장에서 글자로 나타낼 필요성이 없을 때 그 글자수만큼 둔다.

례: 아프리카의 일부 지방에 들이닥친 무데기비로 ×××에서는 약 ○○○정도의 재산피해를 보았다.

【붙임】 숨김표는 출판물의 성격에 따라 동일한것을 쓸수도 있고 서로 다른것을 쓸수도 있다.

숨김표의 구체적인 이름은 다음과 같다.
가위숨김표 ××× (가위 가위 가위)
네모숨김표 □□□ (네모 네모 네모)
동그라미숨김표 ○○○ (공 공 공)

제17항. 같음표(〃)

같은 말이나 같은 표현이 겹쳐나올 때 두번째부터의 그 부분을 나타내기 위하여 쓸수 있다.

례: 제1작업반 반장
　　제2 〃 　 〃
　　제3 〃 　 〃
　　제6 〃 　 부반장

【붙임】 때에 따라서는 같음표를 ≪― 〃 ― ≫로도 표시할수 있다.

례: 평양시인민위원회 지도원
　　남포시 ―――― 〃 ――――

제18항. 물결표(∼)

1) ≪내지≫라는 뜻으로 쓰되 단위를 나타내는 말은 마지막 수자에만 붙인다.

례: ― 10∼12시
　　― 5∼8월
　　― 100∼150명
　　　 5∼6개
　　― 10만∼15만개

2) 단위가 되풀이되면서 그 일부를 줄일 때 쓴다

례: 체육
　　∼가
　　∼하다

제19항. 제목글에서의 부호사용법

1) 제목글에서 느낌문, 물음문의 경우는 문장의 끝에 해당한 부호를 치고 서술문의 경우에는 끝점을 치지 않을수 있다.

  례: 우리 식으로 꾸려놓으니 보기도 좋다!
   누가 이겼을가?
   모내기를 끝냈다

2) 신문, 잡지 등의 제목글이 명명문이거나 또는 맺음토없이 끝난 문장인 경우에는 부호를 치지 않는것을 원칙으로 한다.

  례: 충실성의 구감
   한 간호원에 대한 이야기

【붙임】 그러나 특별히 감정의 색채를 뚜렷이 하기 위하여 해당한 부호를 칠수도 있다,

  례: 인간에 대한 지극한 사랑!
   ≪힘장수≫?

제20항. 대목이나 장, 절, 문단 등을 가르는 부호와 그 차례(그 이름도 다음과 같이 통일하여 부르기로 한다.)

  ― Ⅰ, Ⅱ, Ⅲ ……로마수자 일, 이, 삼
   1, 2, 3 ……아라비아수자 일, 이, 삼
   1), 2), 3) ……반괄호 일, 이, 삼
   (1), (2), (3) ……쌍괄호 일, 이, 삼
  ― ㄱ ………그
   ㄴ ………느
   ㄷ ………드
  ― ①, ②, ③ ……동그라미 일, 이, 삼
   △ ……삼각
   ― ……풀이표
   ○ ……동그라미
   · ……풀이점
   ※ ……참고표
   ■ ……꽃표

문화어발음법

경애하는 수령 김일성동지께서는 다음과 같이 교시하시였다.

≪…우리 나라 말은 발음이 매우 풍부합니다. 그렇기때문에 우리 말과 글로써는 동서양의 어떤 나라 말의 발음이든지 거의 마음대로 나타낼수 있습니다.≫ (≪김일성저작집≫ 18권, 19페지)

총 칙

조선말발음법은 혁명의 수도 평양을 중심지로 하고 평양말을 토대로 하여 이룩된 문화어의 발음에 기준한다.

제1장. 모음의 발음

제1항. 모음들이 일정한 자리에서 각각 짧고 높은 소리와 길고 낮은 소리의 차이가 있는것은 있는대로 발음한다.

례: （짧고 높은 소리）　　　　（길고 낮은 소리）

밤(낮과 밤)   밤(밤과 대추)

곱다(손이 곱다)   곱다(꽃이 곱다)

사다(책을 사다)   사람(사람이 온다)

제2항. ≪ㅢ≫는 겹모음으로 발음하는것을 원칙으로 한다.

　　　례: 의리, 의무, 의사, 의주, 의롭다, 의젓하다, 의존하다, 의지하다

【붙임】 1) 된소리자음과 결합될 때와 단어의 가운데나 끝에 있는 ≪ㅢ≫는 〔ㅣ〕와 비슷하게 발음함을 허용한다.

　　　례: ― 띄우다〔띠우다〕, 씌우다〔씨우다〕
　　　　　― 결의문〔겨리문〕, 회의실〔회이실〕, 정의〔정이〕, 의의〔의이〕

　　2) 속격토로 쓰인 경우 일부 〔ㅔ〕와 비슷하게 발음함을 허용한다.

　　　례: 혁명의 북소리 〔혁명에 북소리〕
　　　　　우리의 집은 당의 품 〔우리에 지븐 당에 품〕

제3항. ≪ㅚ≫, ≪ㅟ≫는 어떤 자리에서나 홑모음으로 발음한다.

　　　례: ― 외국, 외삼촌, 외따르다, 대외사업
　　　　　― 위대하다, 위병대, 위하여, 가위

제4항. ≪ㄱ, ㄹ, ㅎ≫뒤에 있는 ≪ㅖ≫는 각각 〔ㅔ〕로 발음한다.

　　　례: 계속〔게속〕, 계시다〔게시다〕, 관계〔관게〕, 례절〔레절〕, 사례〔사레〕,
　　　　　차례〔차레〕, 혜택〔혜택〕, 은혜〔은헤〕

제2장. 첫 소리 자음의 발음

제5항. ≪ㄹ≫은 모든 모음앞에서 ≪ㄹ≫로 발음하는것을 원칙으로 한다.

례: 라지오, 려관, 론문, 루각, 리론, 레루, 용광로

제6항. ≪ㄴ≫은 모든 모음앞에서 ≪ㄴ≫으로 발음하는것을 원칙으로 한다.

례: 남녀, 냠냠, 녀사, 뇨소, 뉴톤, 니탄, 당뇨병

제3장. 받침자모와 관련한 발음

제7항. 우리 말의 받침소리는 〔ㄱ, ㄴ, ㄷ, ㄹ, ㅁ, ㅂ, ㅇ〕의 7개이다.

제8항. ≪ㄹ≫이 받침소리로 될 때는 혀옆소리로 발음한다.

례: ― 갈, 갈매기, 놀다
　　― 달과 별, 말과 글, 쌀과 물, 얼른
　　― 갈라지다, 달리다, 몰리다, 빨래, 쏠리다

제9항. 받침자모와 받침소리의 호상관계는 다음과 같다.

1) 받침 ≪ㄳ, ㄺ, ㅋ, ㄲ≫의 받침소리는 무성자음앞에서와 발음이 끝날 때는 〔ㄱ〕으로 발음한다.

례: ― 넋살〔넉쌀〕, 붉다〔북따〕, 부엌세간〔부억세간〕, 낚시〔낙시〕
　　― 몫〔목〕, 닭〔닥〕, 동녘〔동녁〕, 밖〔박〕

그러나 받침 ≪ㄺ≫은 그 뒤에 ≪ㄱ≫으로 시작되는 토나 뒤붙이가 올 때는 〔ㄹ〕로 발음하는것을 원칙으로 한다.

례: ― 맑고〔말꼬〕, 맑구나〔말꾸나〕, 맑게〔말께〕, 맑기〔말끼〕
　　― 밝고〔발꼬〕, 밝구나〔발꾸나〕, 밝게〔발께〕, 밝기〔발끼〕
　　― 붉고〔불꼬〕, 붉구나〔불꾸나〕, 붉게〔불께〕, 붉기〔불끼〕

2) 받침 ≪ㅅ, ㅈ, ㅊ, ㅌ, ㅆ≫의 받침소리는 무성자음앞에서와 발음이 끝날 때는 〔ㄷ〕으로 발음한다.

> 례: — 잇다〔읻따〕, 잦다〔잗따〕, 닻줄〔닫쭐〕, 밭갈이〔받까리〕, 있다〔읻따〕
> — 옷〔옫〕, 젖〔젇〕, 꽃〔꼳〕, 뭍〔묻〕

3) 받침 ≪ㄼ, ㄿ, ㅄ, ㅍ≫의 받침소리는 무성자음앞에서와 발음이 끝날 때는 〔ㅂ〕으로 발음한다.

> 례: — 넓지〔넙찌〕, 읊다〔읍따〕, 없다〔업따〕, 높다〔놉따〕
> — 값〔갑〕, 앞〔압〕

그러나 받침 ≪ㄼ≫은 그뒤에 ≪ㄱ≫으로 시작되는 토나 뒤붙이가 올 때는 〔ㄹ〕로 발음하는 것을 원칙으로 하며 ≪여덟≫은 〔여덜〕로 발음한다.

> 례: 넓고넓은〔널꼬널븐〕, 넓구나〔널꾸나〕, 얇게〔얄께〕, 얇기〔얄끼〕, 짧고〔짤꼬〕, 짧거나〔짤거나〕

4) 받침 ≪ㄺ, ㄽ, ㅀ≫의 받침소리는 자음앞에서와 발음이 끝날 때는 〔ㄹ〕로 발음한다.

> 례: — 곬빠지기〔골빠지기〕, 핥다〔할따〕, 곯느냐〔골르냐〕, 옳네〔올레〕
> — 돐〔돌〕, 곬〔골〕

5) 받침 ≪ㄻ≫의 받침소리는 자음앞에서와 발음이 끝날 때는 〔ㅁ〕으로 발음한다.

> 례: — 젊다〔점따〕, 젊고〔점꼬〕, 삶느냐〔삼느냐〕, 삶네〔삼네〕
> — 고결한 삶〔~삼〕, 죽음과 삶〔~삼〕

6) 받침 ≪ㄵ, ㄶ≫의 받침소리는 자음앞에서는 〔ㄴ〕으로 발음한다.

> 례: — 앉다〔안따〕, 앉고〔안꼬〕
> 얹게〔언께〕, 얹느냐〔언느냐〕
> — 많다〔만타〕, 많고〔만코〕, 많네〔만네〕

7) 말줄기끝의 받침 ≪ㅎ≫은 단어의 끝소리마디에서와 ≪ㅅ≫이나 ≪ㄴ≫으로 시작한 토앞에서 〔ㄷ〕처럼 발음한다.

> 례: — 히읗〔히읃〕,
> — 좋소〔졷쏘〕, 좋니〔졷니→존니〕

― 놓네〔논네→논네〕

제4장. 받침의 이어내기현상과 관련한 발음

제10항. 모음앞에 있는 받침은 그 모음에 이어서 발음한다.

> 례: ― 높이〔노피〕, 삼발이〔삼바리〕, 깎아치기〔까까치기〕, 깎음〔까끔〕
> ― 몸에〔모메〕, 물에〔무테〕, 조국은〔조구근〕, 조선아〔조서나〕, 꽃을〔꼬츨〕, 입으로〔이브로〕
> ― 받았다〔바닫따〕, 밭았다〔바탇따〕, 잊었다〔이젇따〕, 있었다〔이썯따〕
> ― 8.18〔팔일팔→파릴팔〕, 6.25〔륙이오→류기오〕, 3.14〔삼일사→사밀사〕

제11항. 모음앞에 있는 둘받침은 왼쪽받침을 받침소리로 내고 오른쪽받침은 뒤의 모음에 이어서 발음한다.

> 례: 넋을〔넉슬〕, 닭이〔달기〕, 돐을〔돌슬〕, 맑은〔말근〕, 밟아〔발바〕, 젊음〔절믐〕,
> 훑어〔훌터〕, 얹으니〔언즈니〕, 없음〔업슴〕, 읊어〔을퍼〕

제5장. 받침의 끊어내기현상과 관련한 발음

제12항. 홑모음 ≪아, 어, 오, 우, 이, 애, 외≫로 시작한 고유어말뿌리의 앞에 있는 받침 ≪ㄳ, ㄺ, ㅋ, ㄲ≫은 〔ㄱ〕으로, ≪ㅅ, ㅈ, ㅊ, ㅌ≫은 〔ㄷ〕으로, ≪ㅄ, ㅍ≫은 ≪ㅂ≫으로 각각 끊어서 발음한다.

> 례: ― 넋없다〔넉업따→너겁따〕, 부엌안〔부억안→부어간〕, 안팎일〔안팍일→안파길〕
> ― 옷안〔옫안→오단〕, 첫애기〔첟애가→처대기〕, 젖어머니〔젇어머나→저더머니〕,
> 닻올림〔닫올림→다돌림〕
> ― 값있는〔갑읻는→가빈는〕, 무릎우〔무릅우→무르부〕

그러나 ≪맛있다≫, ≪멋있다≫만은 이어내기로 발음한다.

> 례: 맛있다〔마싣따〕, 멋있다〔머싣따〕

제13항. 단어들이 결합관계로 되여있는 경우에도 앞단어가 받침으로 끝나고 뒤단어의 첫소리가
모음일적에는 끊어서 발음함을 원칙으로 한다.

례: 팥 아홉키로〔팥 아홉키로〕, 짚 열단〔집 열딴〕, 옷 열한벌〔온 여란벌〕

제6장. 된소리현상과 관련한 발음

제14항. 동사나 형용사의 줄기의 끝받침 ≪ㄴ, ㄵ, ㄻ, ㅁ≫에 이어내는 토나 뒤붙이의 순한소
리는 된소리로 발음하는것을 원칙으로 한다.

례: ― (아기를)안다〔안따〕, 안고〔안꼬〕, 안기〔안끼〕
　　― (나무를)심다〔심따〕, 심고〔심꼬〕, 심기〔심끼〕
　　― 앉다〔안따〕, 앉고〔안꼬〕, 앉기〔안끼〕
　　― 옮다〔옴따〕, 옮고〔옴꼬〕, 옮기〔옴끼〕

【붙임】 그러나 사역 또는 피동의 뜻을 나타내는 상토 ≪기≫일적에는 된소리로 발음하지 않는다.

례: 감기다〔감기다〕, 남기다〔남기다〕, 신기다〔신기다〕, 안기다〔안기다〕

제15항. 일부 단어에서나 고유어의 보조적 단어 또는 토에서 ≪ㄹ≫받침뒤에 오는 순한소리를
된소리로 발음하는것을 국한하여 허용한다.

례: ― 발달〔발딸〕, 설정하다〔설쩡~〕
　　― 갈것〔갈껏〕, 열개〔열깨〕, 여덟벌〔여덜뻘〕
　　― 갈가?〔갈까?〕, 갈수록〔갈쑤록〕

제16항. 일부 한자말안에서 울림자음이나 모음으로 끝난 소리마디뒤에 오는 순한소리를 되도록
순한소리로 내며 일부 된소리로 발음하는것을 국한하여 허용한다.

례: ― 군적으로〔군쩍으로〕, 도적〔도쩍〕, 당적〔당쩍〕
　　― 성과〔성꽈〕, 창고〔창꼬〕
　　― 내과〔내꽈〕, 외과〔외꽈〕, 리과〔리꽈〕

제17항. 단어나 단어들의 결합관계에서 울림자음이나 모음으로 끝난 단위의 뒤에 오는 모든 첫소리 마디는 순한소리로 내는것을 원칙으로 하되 일부 경우에만 된소리로 낸다.

> 순한소리의 례:
> — 된벼락, 센바람, 훈장, 안사돈, 인민반, 몸가짐, 봄가을, 봄소식, 날바다, 마을사람, 별세계
> — 가로적기, 교과서, 나무배, 나무순, 로바닥
> 된소리의 례:
> 논두렁[논뚜렁], 손가락[손까락], 손등[손뜽], 갈대숲[갈때숩], 그믐달[그믐딸], 강가[강까],
> 나루가[나루까]

제18항. 말줄기의 끝받침이 ≪ㅎ≫, ≪ㄶ≫, ≪ㅀ≫일적에는 토의 순한소리 ≪ㅅ≫을 된소리로 발음할수 있다.

> 례: 좋소[졷쏘], 많습니다[만씀니다], 옳소[올쏘]

제7장. ≪ㅎ≫과 어울린 거센소리되기현상과 관련한 발음

제19항. 토나 뒤붙이의 첫머리에 온 순한소리는 말줄기의 끝받침 ≪ㅎ, ㄶ, ㅀ≫뒤에서 거센소리로 발음한다.

> 례: — 좋다[조타], 좋고[조코], 좋지[조치]
> — 많다[만타], 많고[만코], 많지[만치]
> — 옳다[올타], 옳고[올코], 옳지[올치]

제20항. 한 단어안에서 받침 ≪ㄱ, ㄷ, ㅂ, ㅈ≫이나 ≪ㄵ, ㄺ, ㄼ≫뒤에 ≪ㅎ≫이 올 때 그 ≪ㅎ≫은 각각 [ㅋ, ㅌ, ㅍ, ㅊ]으로 발음한다.

> 례: — 먹히다[머키다], 특히[트키], 딱하다[따카다], 역할[여칼], 맏형[마텽], 잡히다[자피다],
> 맺히다[매치다], 꽂히다[꼬치다]
> — 앉혔다[안쳗따], 얹히다[언치다], 밝혔다[발켣따], 밝히다[발키다], 넓혔다[널펻따],
> 밟히다[발피다]

제8장. 닮기현상이 일어날 때의 발음

제21항. 받침 ≪ㄷ, ㅌ, ㄾ≫뒤에 토나 뒤붙이인 ≪이≫가 올 때 그 ≪이≫는 각각 〔지, 치〕로 발음한다.

> 례: 가을걷이〔가을거지〕, 굳이〔구지〕, 해돋이〔해도지〕, 같이〔가치〕, 붙이다〔부치다〕, 벼훑이〔벼훌치〕, 핥이다〔할치다〕

제22항. 받침≪ㄱ, ㄲ, ㅋ, ㄲ≫, ≪ㄷ, ㅅ, ㅈ, ㅊ, ㅌ, ㅆ≫, ≪ㄼ, ㅂ, ㅄ, ㅍ≫뒤에 자음 ≪ㄴ, ㅁ, ㄹ≫이 이어질 때는 다음과 같이 발음하는것을 원칙으로 한다.

1) 받침 ≪ㄱ, ㄲ, ㅋ, ㄲ≫은 〔ㅇ〕으로 발음한다.

> 례: 익는다〔잉는다〕, 격멸〔경멸〕, 식료품〔싱료품〕, 몫나눔〔몽나눔〕, 삯말〔상말〕, 동녘노을〔동녕노을〕, 부엌문〔부엉문〕, 닭네〔당네〕

2) 받침 ≪ㄷ, ㅅ, ㅈ, ㅊ, ㅌ, ㅆ≫은 〔ㄴ〕으로 발음한다.

> 례: 받는다〔반는다〕, 맏며느리〔만며느리〕, 웃느냐〔운느냐〕, 옷매무시〔온매무시〕, 낫날〔난날〕, 젖먹이〔전머기〕, 꽃눈〔꼰눈〕, 밭머리〔반머리〕, 있는것〔인는건〕

3) 받침 ≪ㄼ, ㅂ, ㅄ, ㅍ≫은 〔ㅁ〕으로 발음한다.

> 례: 밟는다〔밤는다〕, 법령〔범령〕, 없는것〔엄는건〕, 앞마을〔암마을〕

제23항. 받침 ≪ㄹ≫뒤에 ≪ㄴ≫이 왔거나 받침 ≪ㄴ≫뒤에 ≪ㄹ≫이 올적에는 그 ≪ㄴ≫을 〔ㄹ〕로 발음하는것을 원칙으로 한다.

> 례: ― 들놀이〔들로리〕, 물농사〔물롱사〕, 별나라〔별라라〕, 살눈섶〔살룬섭〕
> ― 근로자〔글로자〕, 문리과〔물리꽈〕, 본래〔볼래〕, 천리마〔철리마〕

그러나 일부 굳어진 단어인 경우에는 적은대로 발음함으로써 닮기현상을 인정하지 않는다.

> 례: 선렬, 순렬, 순리익

제24항. 받침 ≪ㄴ≫뒤에 ≪ㄴ≫이 올적에는 적은대로 발음하는것을 원칙으로 한다.

　　　례: 눈나비, 단내, 분노, 신념, 안내

그러나 일부 굳어진 단어인 경우에는 그 ≪ㄴ≫을 〔ㄹ〕로 발음한다.

　　　례: 곤난〔골란〕, 한나산〔할라산〕

제25항. 이상과 같은 닮기현상밖의 모든 ≪영향관계≫를 원칙적으로 인정하지 않는다.

　　　례:　　(옳음)　　　　　　　　(그름)
　　　　— 밥그릇〔밥그릇〕　　　　〔박끄릇〕
　　　　　밭관개〔받관개〕　　　　〔박꽌개〕
　　　　　엿보다〔엳보다〕　　　　〔엽뽀다〕
　　　　— 안기다〔안기다〕　　　　〔앙기다〕
　　　　　온갖〔온갇〕　　　　　　〔옹갇〕
　　　　　감기〔감기〕　　　　　　〔강기〕
　　　　— 선바위〔선바위〕　　　　〔섬바위〕
　　　　　전보〔전보〕　　　　　　〔점보〕
　　　　— 잡히다〔자피다〕　　　　〔재피다〕
　　　　　녹이다〔노기다〕　　　　〔뇌기다〕
　　　　　먹이다〔머기다〕　　　　〔메기다〕

제9장.　사이소리현상과 관련한 발음

제26항. 합친말(또는 앞붙이와 말뿌리가 어울린 단어)의 첫 형태부가 자음으로 끝나고 둘째 형태부가 ≪이, 야, 여, 요, 유≫로 시작될 때는 그사이에서 〔ㄴ〕소리가 발음되는것을 허용한다.

　　　례: — 논일〔논닐〕, 밭일〔받일→반닐〕, 꽃잎〔꼳입→꼰닙〕, 어금이〔어금니〕
　　　　　— 짓이기다〔짇이기다→진니기다〕, 옛이야기〔옏이야가→옌니야기〕

제27항. 합친말(또는 앞붙이와 말뿌리가 어울린 단어)의 첫 형태부가 모음으로 끝나고 둘째 형태부가 ≪이, 야, 여, 요, 유≫로 시작될 때에는 적은대로 발음하는것을 원칙으로 하면서 일부 경우에 ≪ㄴ ㄴ≫을 끼워서 발음하는것을 허용한다.

레: — 나라일〔나라일〕, 바다일〔바다일〕, 베개잇〔베개잇〕
　　— 수여우〔순녀우〕, 수앙〔순냥〕

제28항. 앞말뿌리가 모음으로 끝나고 뒤말뿌리가 순한소리나 울림자음으로 시작된 합친말 또는
　　단어들의 결합에서는 적은대로 발음하는것을 원칙으로 하면서 일부 경우에 ≪ㄷ≫을 끼워서
　　발음하는것을 허용한다.

레: — 개바닥〔개바닥〕, 노래소리〔노래소리〕, 사령부자리〔사령부자리〕
　　— 가위밥〔가윋밥→가위빱〕, 배전〔밷전→배쩐〕, 쇠돌〔쇧돌→쇠똘〕, 이몸〔읻몸→인몸〕

제10장. 약화 또는 빠지기현상과 관련한 발음

제29항. 말줄기끝의 ≪ㅎ≫은 모음으로 시작된 토나 뒤붙이 앞에서 발음하지 않는다.

레: 낳아〔나아〕, 낳으니〔나으니〕
　　닿아〔다아〕, 닿으니〔다으니〕
　　많아〔만아→마나〕, 싫어〔실어→시러〕

제30항. 소리마디의 첫소리 ≪ㅎ≫은 모음이나 울림자음 뒤에서 약하게 발음할수 있다.

레: 마흔, 아흐레, 안해, 열흘, 부지런히, 확실히, 험하다, 말하다

제31항. 둘받침 ≪ㅀ≫으로 끝나는 말줄기에 ≪ㄴ≫으로 시작되는 토가 이어질 때 ≪ㅎ≫은 받
　　침소리로 내지 않는다.

레: 옳네〔올레〕, 싫네〔실레〕, 곯느니라〔골르니라〕

【붙임】≪ㅀ≫으로 끝나는 말줄기에 ≪ㄴ≫으로 시작되는 토가 이어질 때의 ≪ㅎ≫도 받침소
　　리로 내지 않는다.

레: 〔제9항 6) 참조〕

내 려 쓰 기

조선글은 왼쪽으로부터 오른쪽으로 가로쓰는것을 기본으로 한다.

특수하게 내려쓸 때에는 오른쪽으로부터 왼쪽으로 내려쓴다. 그러나 가로쓰는 글과 배합하여 내려쓰는 경우에는 왼쪽으로부터 오른쪽으로 쓰는것을 원칙으로 한다.

내려쓸 때의 맞춤법, 띄여쓰기, 부호 등은 다 가로쓸 때의 규칙을 그대로 적용한다.

조선말 띄여쓰기규범

위대한 수령 김일성동지께서는 다음과 같이 교시하시였다.

≪우리는 앞으로 띄여쓰기를 잘 고쳐 사람들의 독서력을 올릴수 있도록 하여야 하겠습니다.≫

위대한 령도자 김정일동지께서는 다음과 같이 지적하시였다.

≪우리 말 규범은 민족어의 특징과 요구를 일반화하여 모든 사람이 공동으로 지켜야 할 언어 사용준칙을 규제하고 있다.≫

총 칙

단어를 단위로 띄여 쓰는것을 원칙으로 하고 특수한 어휘부류는 붙여 쓴다.

제1항. 토는 웃단어에 붙여 쓰며 그뒤의 단어는 띄여 쓴다.

> 례:
>> 당은 어머니의 품.
>> 당의 령도는 우리 식 사회주의의 불패성의 원천이다.
>> 민족의 대단결은 조국통일의 전제이다.
>> 사상과 총대, 과학기술은 강성대국건설의 3대기둥이다.

우리의 리상과 포부는 강성대국건설이며 승리의 표대는 주체의 사회주의기치이다.

가는 길 험난해도 웃으며 가자.

오늘을 위한 오늘에 살지 말고 래일을 위한 오늘에 살자

남아 있다, 누워 있다, 놓여 있다, 먹고 있다, 가고 있다, 일하고 있다, 공부하고 있다, 들어 오다, 찾아 오다, 가져 오다, 전개되여 오다, 젊어 가다, 들고 가다, 다져 가다, 물어 보다, 먹어 보다, 타죽고야 말다, 만나 보아 알고 있다, 들어 가 집어 올리다, 넘쳐 수행하다, 앞당겨 수행하다, 가면서 말하다, 앉아서 쉬다, 꿩 구워 먹은 자리, 개밥에 도토리신세.

제2항. 품사가 서로 다른 단어는 띄여 쓴다.

례:

우리 식대로 살아 나가자.

내 나라, 내 조국을 강성대국으로 일떠 세우자.

새 학년도 첫 수업이 시작되였다.

파도 사나운 기슭, 꽃 피는 마을, 가슴 뜨겁게 안겨 오는 이야기, 잘 살다, 잘 먹다, 바로 세우다, 잠 자다, 꿈 꾸다, 밥 먹다.

〔붙임〕 관형사가 외마디단어와 어울려 새 단어를 만들 때에는 단어조성의 앞붙이로 보고 붙여 쓴다.

례:

새해, 새날, 새집, 첫길, 첫날, 첫술, 순금, 전당, 전군, 전민, 맨입, 맨끝, 매해, 매년, 귀국, 귀교, 각파, 각층, 구식, 신식…

일부 관형사들이 명사와 결합되여 일정한 대상의 명칭, 직제로 되는 경우에는 붙여 쓴다.

례:

총비서, 총참모장, 총지휘자, 총감독, 총참모부…

제3항. 두개이상의 말마디가 결합되여 하나의 뜻을 나타내는 덩이로 된것은 품사가 다르거나 토가 끼여도 붙여 쓴다.

례:

강성대국, 사회주의건설, 천리마대고조, 총대중시사상, 사상중시사상, 과학기술중시사상, 반제자주력량, 조직사상생활규범, 사상기술문화혁명, 사회주의경제강국건설

하나하나, 둘둘, 하나둘, 누구누구, 이곳저곳, 네일내일, 넓고넓은, 높고낮은, 크나큰, 기나긴, 주고받는, 자나깨나, 들쑹날쑹, 앞서거니뒤서거니, 또다시, 한마음한뜻으로, 무엇보다먼저, 가슴깊이, 새벽같이, 한결같이, 다시없이, 할수없이, 물샐틈없이, 붉은기, 빨간색, 푸른빛, 식은땀, 늦잠, 된장, 작은아버지, 검바위세벌김, 네발짐승, 만세소리, 차렷자세

일하다, 공부하다, 아니하다, 못하다, 참되다, 구현되다, 각성시키다, 련습시키다, 더시키다, 값지다, 굽이치다, 능청맞다, 방정맞다, 심술궂다, 짓궂다, 멋적다, 객적다, 피어리다, 지성어리다, 기쁨어리다, 꽃답다, 청년답다, 흥겹다, 눈물겹다

〔붙임〕 명사들이 토없이 결합되여 하나의 뜻덩이로 되는 범위를 5개의 말마디가 결합되는 정도로 한정하며 그이상의 경우일 때는 뜻덩이 단위로 띄여 쓰도록 한다.

제4항. 불완전명사는 앞의 단위에 토가 있어도 붙여 쓰며 그뒤의 단어는 띄여 쓴다.
　(단위명사나 단위명사적으로 쓰이는 말마디도 이에 준한다.)

　　례:
　　　아는것이 힘이다.
　　　고기는 물을 떠나서 살수 없다.
　　　제7차 세계륙상선수권대회.
　　　개성행 렬차, 우리측 대표.

　　　사과 다섯알, 총 세자루, 기능공 네사람, 국수 두그릇.

불완전명사 《등, 대, 겸》은 앞단위와 띄여 쓰며 줄임말속에 있을 때에는 붙여 쓴다.

　　례:
　　　사과, 배, 복숭아 등 과일이 많다
　　　서재 겸 응접실로 쓰는 방
　　　의학대학 대 기계대학 롱구경기

　　　지대공미싸일, 공대공미싸일

《형, 식, 성, 적, 용, 급》이 붙은 단위의 뒤에 오는 단어는 앞단위에 붙여 쓴다.

례:

최신형비행기, 혁명적군인정신, 대사급외교관계, 조선식사회주의, 변이성이발주위염,
학생용가방

제5항. 나라이름과 정당, 사회단체, 기관, 기업소이름, 직제이름, 대중운동, 사변, 회의 이름 등
은 붙여 쓴다.

례:

조선로동당, 조선민주주의인민공화국, 김일성사회주의청년동맹, 평양방직공장
선교구역직매점, 창광유치원
3대혁명붉은기쟁취운동, 인쇄직장장, 남새작업반장

조선사람의 성과 이름은 붙여 쓴다.

례:

리옥금, 선우병팔, 독고순, 김철

외국의 고유한 명칭은 그 나라에서 표기하는대로 띄여 쓰기를 한다.

례:

에르네스또 체 게바라
싼디아고 데 칠레

〔붙임〕 고유한 대상의 명칭에 토가 끼이거나 단계적으로 내려 갈 때에는 매 단계마다 띄여 쓴다.

례:

조선의 자주적평화통일을 위한 국제련락위원회
조선로동당 강원도위원회
평양시 중구역 경림동
인쇄직장 부직장장
보천보전투승리 ○○돐기념 중앙연구토론회
최고인민회의 제○○기 제1차회의

제6항. 성명, 직명의 뒤에 오는 부름말, 칭호는 붙여 쓴다.

　레:

　　정성옥영웅, 박영희교수, 김유철선생, 리옥금아주머니, 김선생, 박아바이

그러나 부름말이나 칭호가 앞에 놓일 때에는 뒤단위와 띄여 쓴다.

　레:

　　공화국영웅 정성옥, 교수 박영희, 후방처장 최일철

고유명칭의 앞에 오는 칭호도 이에 준한다.

　레:

　　3대혁명붉은기 남새작업반
　　영예의 붉은기 〇〇인민학교
　　금성친위 제〇〇〇〇부대

제7항. 수 및 수량, 순서와 관계되는것은 다음과 같이 한다.

1) 정수는 ≪백, 천, 만, 억, 조≫ 등을 단위로 하여 띄여 쓰며 하나부터 아흔아홉까지의 수는 한덩이로 붙여 쓴다.

　레:

　　칠백 칠십이(772)
　　8천 5백 20(8,520)
　　서른다섯(35)

2) 분수는 옹근수, 분모, 분자를 각각 단위로 띄여 쓰며 소수는 소수점아래의 수를 수자의 이름으로 다 붙여 쓴다.

　레:

　　삼과 오분의 이　　　　$\left[3\dfrac{2}{5} \right]$

오분의 이분의 칠분의 삼 $\left[\dfrac{\dfrac{3}{7}}{\dfrac{2}{5}}\right]$

일점 사일사 (1.414)

3) ≪~째(~번째)≫가 붙어서 순서를 나타내는 말의 뒤에 온 단위는 띄여 쓴다.

례:

다섯째 며느리, 둘째 줄, 세번째 선수

4) ≪수, 여, 몇, 여러≫ 등이 수사나 명사와 잇달려 량적의미를 나타낼 때에는 붙여 쓴다.

례:

수백명, 수십여개, 몇천명, 여러사람

제8항. 학술용어는 토가 끼여도 붙여 쓴다.

례:

미리덥히기, 지내바숨, 내리켜기, 깊이심기, 함께살이동물, 던져넣기법, 먼바다, 가까운바다, 더운물고기, 찬물, 먹는물, 키작은나무, 키낮은수수, 모내는기계, 모뜨는기계, 짐신고부리는기계, 꿩의밥풀, 나도국수나무

고유한 명칭의 뒤에 토 ≪의≫가 올 때에는 띄여 쓴다.

례:
피타고라스의 정리
옴의 법칙
뉴톤의 제3법칙

제9항. 특수하게 쓰이는 어휘는 다음과 같이 처리한다.

1) 시간, 공간의 의미를 추상화하여 나타내면서 격의 의미를 도와 주는 후치사적명사 ≪앞, 뒤, 우, 아래, 밑, 곁, 옆, 끝, 안, 밖, 속, 사이(새), 가운데, 어간, 때≫ 등은 토가 붙지 않은 앞의 명사, 대명사, 수사에 붙여 쓴다.(복수토 ≪들≫이 있어도 이와 같이 처리한다.)

례:

당앞에 다진 맹세
인민들속으로 들어 간다.
조국과 인민앞에 맹세한다
학교와 집사이에 공장이 있다.

≪해, 달, 날, 곳, 년, 놈, 자≫도 이에 준한다.

2) ≪부문, 분야, 기관, 담당, 관계, 이상, 이하…≫ 등이 붙은 단위와 그뒤의 단위는 띄여 쓴다.

례:

농촌경리부문 일군, 행정경제분야 책임일군, 륙상담당 책임지도원, 국토건설기관 사업실태,
사회과학과목관계 교원, 소대장이하 일군들, 스무살이하 처녀들

3) 앞의 명사, 대명사를 다시 받는다고 할수 있는 ≪자신, 자체≫는 앞단위에 붙여 쓴다.
≪전체, 전부, 전원, 일행, 일가, 일동, 모두, 스스로≫도 이에 준한다.

례:

기사장자신이 말들었다, 지구자체도 돈다.
로동자전체가 일떠섰다, 학생전원이 참가했다.
려행자일행은 휴식도 없이 걸어 갔다.
박사일가는 오늘도 모여 앉았다.
종업원일동이 보낸 편지.
그들모두가 아는 문제다.

4) 부사 ≪일단≫과 명사 ≪전체, 일부, 소수, 극소수, 력대, 해당, 일견, 일종, 일대, 매개, 당
대, 각급, 각종, 각계≫ 등이 명사의 앞에 올 때에는 관형사적으로 처리하여 띄여 쓴다.

례:

일단 유사시에는 우리도 싸운다.
전체 조선인민은 강성대국건설에 떨쳐나섰다.
일부 일군들속에 나타난 결함
소수 자본가들, 매개 기업소들, 극소수 지주들,
당대 사회에서는 력대 통치배들,
각급 학교들에서, 해당 일군들, 각종 식기류들,
일견 강한것 같지만,
일종 류사한 성질을 가진

저자소개

■ 조 오 현

· 건국대학교 국어국문학과 졸업.
· 건국대학교에서 문학박사학위를 받음.
· 현재 건국대학교 국어국문학과 교수.

【주요논저】 『국어의 이유구문 연구』
　　　　　　'15세기 ㅣ의 소리값에 대한 한 가설'
　　　　　　'내림겹홀소리의 홑홀소리 되기 원인' 등 다수.

■ 김 용 경

· 건국대학교 국어국문학과 졸업.
· 건국대학교에서 문학박사학위를 받음.
· 현재 경동대학교 교수.

【주요논저】 『국어의 때매김법 연구』
　　　　　　'상대높임법에서의 형태 변화와 의미 등급 실현의 상관성 연구'
　　　　　　외 다수.

■ 박 동 근

· 건국대학교 국어국문학과 졸업.
· 건국대학교에서 문학박사학위를 받음.
· 현재 협성대학교 강사.
· 한글학회 연구원, 건국대학교 겸임교수.

【주요논저】 '한국어 흉내말의 연구'
　　　　　　'말머리에 나타난 이유없는 된소리 현상 연구' 외 다수

 **남북한 언어의 이해**

초판 1쇄 인쇄   2002년 03월 05일
초판 1쇄 발행   2002년 03월 12일
초판 2쇄 인쇄   2003년 08월 01일
초판 2쇄 발행   2003년 08월 10일
지은이   조오현·김용경·박동근
펴낸이   이 대 현
편 집   이은희·전성호·안영하
펴낸곳   도서출판 역락 / 서울 성동구 성수2가 3동 301-80
          (주)지기코별관 3층(우133-835)
Tel 대표·영업 3409-2058 편집부 3409-2060 FAX 3409-2059
E-mail   yk3888@kornet.net / youkrack@hanmail.net
등 록   1999년 4월 19일 제2-2803호

정가 12.000
ISBN 89-5556-152-0-93700

*잘못된 책은 교환해 드립니다.